Michael Maas
Leben lernen in Freiheit und Selbstverantwortung

Reihe: »**Psychoanalytische Pädagogik**« Band 7

Herausgegeben von Christian Büttner,
Wilfried Datler und Urte Finger-Trescher

Michael Maas

Leben lernen
in Freiheit
und Selbstverantwortung

Eine Psychoanalytische Interpretation
der Alternativschulpädagogik

Psychosozial-Verlag

Die Deutsche Bibliothek - CIP-Einheitsaufnahme

Maas Michael:
Leben lernen in Freiheit und Selbstverantwortung :
eine psychoanalytische Interpretation der
Alternativschulpädagogik /
Michael Maas. - Gießen : Psychosozial-Verl., 1999
(Psychoanalytische Pädagogik; Bd. 7)
ISBN 978-3-932133-91-6

Inhalt

Einleitung

Freie Alternativschulen sind Schulen besonderer pädagogischer Prägung, denen es nicht nur um die Veränderung einzelner Elemente des Schulbetriebs geht, sondern darum, die Schule im ganzen auf sich wandelnde gesellschaftliche und pädagogische Herausforderungen hin neu zu entwerfen. Als Modelle der inneren Schulreform sind sie auch für die zukünftige Entwicklung des allgemeinen Schulwesens von großer Bedeutung. Der Titel der vorliegenden Arbeit „Leben lernen in Freiheit und Selbstverantwortung" kennzeichnet den wahrscheinlich wichtigsten Anspruch der Alternativschulpädagogik. Freie Alternativschulen verstehen sich nämlich nicht nur als Orte des Lernens. Vielmehr wollen sie in einem umfassenden Sinne Lebens- und Erfahrungsräume sein, in denen es im Sinne Hartmut von Hentigs darum geht, „die Menschen zu stärken und die Sachen zu klären". Freie Alternativschulen gehen davon aus, daß dieser Anspruch letztlich aber nur in einem Klima der Freiheit befriedigend einlösbar ist, der Kindern und Jugendlichen wesentlich mehr Verantwortung für ihren eigenen Lernprozeß zugesteht, als dies in anderen Schulen üblich ist.

Viele pädagogische Innovationen, die in Freien Alternativschulen nunmehr schon seit über 25 Jahren praktiziert und erprobt werden, beginnen sich inzwischen auch im öffentlichen Schulsystem durchzusetzen, vor allem im Primarbereich (z.B. vermehrte Projekt- und Wochenplanarbeit, Abschaffung von Noten u.a.). Nach wie vor nehmen Freie Alternativschulen aber viele pädagogische Antworten auf gesellschaftliche Fragen vorweg, denen das vorherrschende Schulsystem in der Bundesrepublik Deutschland sich noch längst nicht gestellt hat.

Wer sich, wie Freie Alternativschulen dies so gerne tun, abseits der ausgetretenen Hauptwege auf neue und unbekannte Pfade begibt, wird sich früher oder später mit Hindernissen konfrontiert sehen, die anfänglich nicht absehbar waren, und sich mitunter gar verlaufen. Freie Alternativschulen hatten in den zurückliegenden 25 Jahren ihrer Praxis so manche herbe Enttäuschung zu verkraften und wurden sich mancher Schwächen bewußt. Da die Schwächen und Irrtümer einer alternativen Schulpraxis aber meines Erachtens von ebenso großem Interesse sind wie ihre Stärken und Vorzüge, sollen erstere in dieser Arbeit keineswegs ausgeblendet werden. Daß Fehler nichts peinlich zu Verbergendes sind, sondern wertvolle Erfahrungen, aus denen man lernen kann, ist ein wichtiger Grundgedanke der Freien Alternativschulen, dem auch ich durch eine kritische und ausgewogene Interpretation der Alternativschulpädagogik gerecht zu werden versuche.

In dieser Arbeit sollen nun Theorie und Praxis der Freien Alternativschulen aus *psychoanalytischer* Sicht untersucht werden. Als eine Theorie des Unbewußten kann die Psychoanalyse zeigen, wie schulische Lernprozesse von unbewußt–emotionalen Vorgängen bestimmt werden und stellt damit einen Aspekt in den Vordergrund, der in der wissenschaftlichen Thematisierung der Schulrealität meines Erachtens nach wie vor zu wenig berücksichtigt wird. Anders als gängige Schultheorien beschäftigt sich die psychoanalytische Pädagogik gerade mit den emotionalen Schwierigkeiten und Nöten der Kinder im Prozeß ihres Aufwachsens und ihrer Auseinandersetzung mit den Anforderungen der Schule. Viele krisenhafte Erscheinungen der gegenwärtigen Schulrealität (z.b. das „Burn–out–Syndrom" bei Lehrern oder die sogenannte „Motivationskrise" bei Schülern) lassen sich deshalb durch einen Rückgriff auf psychoanalytische Erkenntnisse besser verstehen. Obgleich es sich eigentlich von selbst versteht, sei doch ausdrücklich darauf hingewiesen, daß die von mir in dieser Arbeit gewählte psychoanalytische Sichtweise das pädagogische Innovationspotential der Freien Alternativschulen natürlich nur ausschnittweise erfassen kann; sie beleuchtet eine *wichtige*, eine oftmals vernachlässigte Dimension der Schulrealität, aber eben nicht die *einzige*. Die vorliegende Arbeit erhebt also in keiner Weise den Anspruch, dem komplexen Gegenstand „Freie Alternativschulen" in seiner Gesamtheit gerecht zu werden.

Nun zum systematischen Aufbau der vorliegenden Arbeit: Die beiden einleitenden Kapitel geben jeweils einen kurzen Überblick über die Geschichte und das pädagogische Profil der Freien Alternativschulen in der Bundesrepublik Deutschland (Kap. 1) und die psychoanalytische Pädagogik (Kap. 2). Das dritte Kapitel widmet sich den Grundlagen und theoretischen Implikationen der Alternativschulpädagogik in psychoanalytischer Sicht. Zunächst geht es um die gesellschaftliche Bedingtheit (Kap. 3.1), dann um die grundlegenden Bildungs– und Erziehungstheorien (Kap. 3.2) der Freien Alternativschulen. Im vierten Kapitel erfolgt dann eine psychoanalytische Auseinandersetzung mit der konkreten Praxis Freier Alternativschulen. Ausführlich behandelt werden dabei insbesondere Lernprozesse (Kap. 4.1), Kommunikationsstrukturen (Kap. 4.2) und die Besonderheiten jener Freien Alternativschulen, die im Sekundarbereich I arbeiten (Kap. 4.3). Das fünfte Kapitel behandelt abschließend die Frage, welche Möglichkeiten und Grenzen, welche Chancen und Gefahren bei einer praktischen Anwendung psychoanalytischer Erkenntnisse im schulischen Kontext gegeben sind.

In zweifacher Hinsicht stellt diese systematische Gliederung des Themas einen Kompromiß aus sich widersprechenden Ansprüchen dar. Ich meine erstens den Widerspruch zwischen einer möglichst systematischen und klaren Gliederung des Untersuchungsgegenstandes und der realen Verwobenheit seiner analysierten Aspekte. So bietet beispielsweise eine analytische Scheidung von Lernprozessen und Kommunikationsstrukturen in Freien Alternativschulen den Vorteil, daß sie den komplexen Gegenstand dieser Arbeit überschaubarer macht, andererseits ist aber nicht zu leugnen, daß jeder Lernprozeß in bestimmte Kommunikationsstrukturen eingebunden ist und gelungene Kommunikationsprozesse wiederum nichts anderes sind als eine spezifische Form des Lernens. Aufgrund dieser Verwobenheit der analysierten Aspekte des Themas lassen sich Wiederholungen im Argumentationsverlauf nicht vollends vermeiden. Einige Querverweise im Text sollen diese Wiederholungen aber auf ein vertretbares Ausmaß beschränken.

Der zweite Kompromiß bezieht sich auf den Widerspruch zwischen dem Anspruch einer möglichst vollständigen und umfassenden Darstellung einerseits, und dem Anspruch auf Tiefe und Genauigkeit im Detail andererseits. Um die mir besonders wichtig und interessant erscheinenden Aspekte des Themas in einer gebührenden Ausführlichkeit behandeln zu können, mußte ich andere Aspekte notgedrungen vernachlässigen. Es werden im folgenden also keineswegs *alle* Aspekte der Alternativschulpädagogik behandelt, zu denen sich die psychoanalytische Pädagogik potentiell äußern könnte.

Die vorliegende Arbeit ist eine stark überarbeitete und aktualisierte Fassung meiner Diplom–Arbeit, die ich 1995 an der Universität–GHS–Essen abgelegt habe. Bei den Gutachtern meiner Arbeit, den Professoren Wilfried Breyvogel und Andreas Gruschka, möchte ich mich an dieser Stelle noch einmal herzlich für ihre interessanten Rückmeldungen bedanken. Mein besonderer Dank gilt Professor Christian Büttner, der die Überarbeitung des ursprünglichen Textes zum vorliegenden Buchmanuskript mit großer Geduld betreute und mir dabei äußerst wertvolle Anregungen gegeben hat.

Bochum, im April 1999
Michael Maas

1. Freie Alternativschulen in der Bundesrepublik Deutschland

1.1 Was sind Freie Alternativschulen?

Jene Schulen, von denen im folgenden die Rede sein soll und für die sich in den letzten Jahren die Bezeichnung „Freie Alternativschulen" etabliert hat, unterscheiden sich selbst voneinander in vielerlei Hinsicht, so daß eine eindeutige Definition dessen, was „Freie Alternativschulen" sind, kaum möglich ist. Trotzdem soll der Begriff „Freie Alternativschulen" im folgenden näher bestimmt werden, um Mehrdeutigkeiten und Unklarheiten soweit wie möglich zu vermeiden.

Der Begriff „Freie Alternativschulen" setzt sich aus den beiden inhaltlichen Komponenten „Freie Schule" und „Alternativschule" zusammen. Freie Alternativschulen (in diesem Kapitel mit „FAS") lassen sich insofern zurecht als „Freie Schulen" bezeichnen, als sie dem Recht des Kindes auf Selbstbestimmung und freie Entfaltung der Persönlichkeit ein größeres Gewicht beilegen, als dies in anderen Schulen üblich ist. In der Schulpraxis schlägt sich dies vor allem in dem Prinzip der freiwilligen Teilnahme am Unterricht nieder, welches zwar in den meisten FAS inzwischen differenzierter und mit deutlichen Einschränkungen gehandhabt wird, nach wie vor aber als eines der ungewöhnlichsten Merkmale der Alternativschulpädagogik angesehen werden kann. „Frei" sind FAS auch in bezug auf das, was Lehrer und Schüler gemeinsam in der Schule thematisieren und bearbeiten. Es gehört zu dem pädagogischen Konzept dieser Schulen, die zu behandelnden Lerninhalte aus den konkreten Erfahrungen und Interessen der Beteiligten heraus erwachsen zu lassen und nicht vorab in Form detaillierter Curricula festzulegen.

FAS sind insofern „alternativ", als sie mit ihren pädagogischen Prämissen und deren praktischer Umsetzung eine Alternative zu der Misere des Staatsschulwesens aufzeigen wollen, die über kosmetische Reformmaßnahmen hinausgeht. Darüber hinaus sind einige FAS personell und organisatorisch in Projekte eingebunden, die in vielfältiger Weise versuchen, Alternativen zur vorherrschenden Lebens-, Arbeits- und Wohnkultur zu erproben. Eines der größten Kommuneprojekte in Deutschland, die Kommune in Niederkaufungen, steht beispielsweise in engem Kontakt mit der Freien Schule Kassel, die Freie Schule Altmark ist ein autonomes Teilprojekt des „Ökodorfes" in Groß Chüden. Bezogen auf eine Erhebung des Sinus–Institutes stellt Ulrike Köhler in ihrer Absolventen–Studie zur Glocksee–Schule fest, daß der überwiegende Anteil der Eltern aus dem „alternativen Milieu" kommt, obgleich diesem Milieu nur etwa 2% der bundesrepublikanischen Bevölkerung zuzurechnen sind. (Köhler 1997, S. 91 ff.)

Vor diesem Hintergrund kann es nicht als Zufall betrachtet werden, daß sich für die hier thematisierten Schulen der Begriff „Freie Alternativschulen" und nicht etwa „Freie Reformschulen" etabliert hat. Der Begriff „alternativ" steht also zum einen für eine sehr hohe Anspruchshaltung der FAS. Zum anderen steht er für eine sehr scharfe Kritik an der Regelschule und damit verbunden für die Radikalität des schulpädagogischen Ansatzes. FAS wollen und können aber in dieser Gesellschaft kein Insel–Dasein führen, in der Umsetzung ihrer Konzepte stoßen sie notwendigerweise auf die Grenzen der sie umgebenden nicht–reformierten Gesellschaft und werden von dieser massiv beeinflußt. Im Zuge einer jahrelangen, konfliktreichen Auseinandersetzung mit dieser andersartigen gesellschaftlichen Realität haben sich viele Alternativschulen im Laufe der Jahre weit von ihren ursprünglich sehr radikalen Konzepten entfernt und praktizieren heute einen Schulbetrieb, zu dem ein *grundsätzlicher* Unterschied von dem anderer Reformschulen nicht mehr auszumachen ist. Henning Keese–Philipps stellt in seinem Buch „Alternativschulen am Ende?" darum auch zurecht die Frage, ob der Begriff „Reformschule" für manche der hier thematisierten Schulen nicht inzwischen eine passendere Bezeichnung wäre. (vgl. Keese–Philipps 1989, S. 221 ff.) Obgleich ich meine, daß diese Skepsis berechtigt ist, werde ich in dieser Arbeit an der Bezeichnung „Alternativschule" festhalten, denn erstens ist sie geeignet, die Pädagogik der FAS als einen eigenständigen Zweig der deutschen Reformschullandschaft (z.B. neben der Waldorf– oder der Freinet–Pädagogik) zu kennzeichnen, und zweitens drückt sie hinsichtlich der Radikalität des reformpädagogischen Ansatzes der FAS zumindest einen graduellen Unterschied zu anderen Reformschulen aus. Nicht zuletzt bezeichnen sich die hier gemeinten Schulen selbst auch als „Freie Alternativschulen".

In älteren Veröffentlichungen über FAS findet man auch andere Bezeichnungen wie „Gegenschulen" oder „Elternschulen". Der Begriff „Gegenschule" erweckt den Eindruck, als ob die mit ihm bezeichneten Schulen ihre Identität primär oder sogar ausschließlich aus einer Abgrenzung von der Regelschule ableiten, was für die meisten FAS heute jedoch kaum noch zutrifft. Auch der Begriff „Elternschule" ist zur Bezeichnung der hier gemeinten Schulen nicht mehr angemessen. Für einige wenige Schulen trifft er zwar noch zu (sie wurden von Eltern gegründet, werden von ihnen getragen und hinsichtlich ihrer pädagogischen Entwicklung wesentlich von ihnen bestimmt), eine allgemeine Gültigkeit kann er aber nicht mehr beanspruchen. Insbesondere gibt es einige FAS, die zwar ursprünglich von Eltern gegründet wurden, in ihrem pädagogischen Profil heute aber hauptsächlich durch das Lehrerkollegium geprägt sind.

Das pädagogische Profil der FAS werde ich weiter unten noch ausführlicher erläutern. Vorab seien aber einige wesentliche Kennzeichen genannt, die die mit dem Begriff „Freie Alternativschulen" bezeichneten Schulen grob charakterisieren:

- Unterricht in differenzierter Angebotsform
- erfahrungs- und handlungsorientierter Unterricht, Lernen in fachübergreifenden Projekten
- besondere Förderung der sozialen, musisch-künstlerischen und handwerklichen Fähigkeiten
- flexible Formen der Zeiteinteilung im Unterricht
- Integration von lern- und verhaltensauffälligen Kindern
- vielfältige Formen gelebter Alltagsdemokratie
- Überschaubarkeit durch kleine Lerngruppen in kleinen Schulen
- andere Formen der Leistungsbeurteilung: statt Zensuren Lern- und Entwicklungsberichte

Der Begriff „Freie Schulen" bezeichnet juristisch alle Schulen in freier, d.h. nicht-staatlicher Trägerschaft, deren Genehmigungsbedingungen im Grundgesetz Art. 7 Abs. (4) und (5) festgehalten und in den Landesgesetzen weiter ausgeführt sind. Von den derzeit in der Bundesrepublik Deutschland arbeitenden 36 FAS haben die meisten den Status einer staatlich genehmigten, privaten Ersatzschule, bzw. streben denselben an. Zwei Schulen haben den Status einer staatlichen Modellschule (die Glocksee-Schule und die Kinderschule Bremen), zwei weitere Schulen (die Freie Kinderschule Harburg und die Freie Schule Eutin) arbeiten als eine „Regelklasse mit besonderer pädagogischer Prägung" unter dem Dach einer Regelschule.

Unter den Begriff „Freie Schulen" im juristischen Sinne fallen neben den FAS auch die evangelischen und katholischen Bekenntnisschulen, Landerziehungsheime, Waldorfschulen sowie einige Montessori- und Jena-Plan-Schulen. Im Gegensatz zu diesen Schulen sind FAS aber weder religiös noch pädagogisch gebunden, das heißt sie orientieren sich nicht ausschließlich an einem 'Klassiker der Pädagogik' wie Rudolf Steiner, Maria Montessori oder Peter Petersen.

Die Mehrzahl der FAS arbeitet ausschließlich im Primarbereich, der je nach Bundesland die Klassen 1 bis 4 oder 1 bis 6 umfaßt. Einige Schulen haben zusätzlich einen Kindergarten bzw. eine Kindertagesstätte vorgeschaltet. Fünf Schulen umfassen jeweils die Jahrgänge 1 bis 10, während die Freie Schule Köln und die Werkstattschule Hannover ausschließlich im Sekundarbereich I arbeiten.

Alle FAS sind einzügige Schulen und lassen sich angesichts ihrer Größe durchaus als „Zwergschulen" bezeichnen. Die Anzahl der SchülerInnen bewegt sich derzeit zwischen 210 (Glocksee-Schule) und 10 (Freie Schule Roddahn). Zum gegenwärtigen Zeitpunkt besuchen in der BRD insgesamt etwa 1600 schulpflichtige Kinder bzw. Jugendliche FAS.

Seit 1988 gibt es einen „Bundesverband der Freien Alternativschulen in der Bundesrepublik Deutschland", dem inzwischen bis auf zwei Schulen alle FAS als Mitglied beigetreten sind. Diese beiden Schulen rechnen sich aber selbst der Alternativschulbewegung zu und pflegen – in Form gegenseitiger Hospitationen, Teilnahme an überregionalen Arbeitstreffen und Fortbildungen – einen intensiven Erfahrungs- und Informationsaustausch mit anderen FAS. Auch die Mitgliedschaft im Bundesverband der FAS kann also nicht als eindeutiges Kriterium zur Definition einer FAS herangezogen werden.

1.2 Zur Geschichte der Freien Alternativschulen

Mit der Gründung der Glocksee–Schule im Jahre 1972 nahm eine schulpädagogische Bewegung in der Bundesrepublik Deutschland ihren Anfang, die sich nicht nur von der staatlichen Regelschule distanzierte, sondern auch nach pädagogischen Antworten auf aktuelle gesellschaftliche Entwicklungen suchte, auf die die traditionellen Reformschulen mit ihrem Ursprung in den ersten drei Jahrzehnten dieses Jahrhunderts teilweise nur unbeholfen und halbherzig reagieren konnten. Der wichtigste Grund dafür, daß Schulen, die sich dieser „neuen Alternativschulbewegung" (vgl. Borchert 1987, S. 5) zurechnen, überhaupt in der BRD entstehen konnten, war und ist eine massive Unzufriedenheit mit dem bundesrepublikanischen Schulwesen auf Seiten vieler Kinder, Lehrer und Eltern. Diese Unzufriedenheit bezog sich unter anderem auf:
- den entmündigenden Umgang mit Schülern durch undemokratische Schulstrukturen und Disziplinarmittel wie Zensuren und „Sitzen–Bleiben"
- die Eintönigkeit schulischer Lernformen (Frontalunterricht)
- die subjektive Sinn- und Bedeutungslosigkeit vieler Lerninhalte
- die einseitige Betonung des kognitiven Lernens bei gleichzeitiger Vernachlässigung des sozialen, musischen und manuellen Lernens
- die Erfahrungs- und Folgenlosigkeit des schulischen Lernens, die weite Kluft zwischen den wirklichen Lernbedürfnissen der Kinder einerseits und den staatlichen Lehrplänen andererseits.

Allein die Titel solcher Publikationen wie „Gegenschulen" (Ramseger 1975) oder „Schulen, die ganz anders sind" (Borchert/Kunstmann 1979) verraten, wie sehr die radikale Kritik der Regelschule eine Wurzel der Alternativschulbewegung ist. Andererseits läßt sich mit einer Regelschulkritik alleine noch keine neue Schule machen. Die Kritik der bestehenden Verhältnisse reicht nicht aus, um in der Praxis mit alternativen Formen schulischen Lernens zu experimentieren. Die Ablehnung der Regelschule geht also notwendigerweise einher mit der Befürwortung einer neuen, alternativen Schulpädagogik. Die ersten FAS knüpften dabei hauptsächlich an drei (teils historische, teils gegenwartsbezogene) pädagogische Reformbewegungen an (vgl. Borchert 1987, S. 11):

Freie Alternativschulen stehen in vielerlei Hinsicht in der Tradition alter Reform- und Versuchsschulen aus dem ersten Drittel des 20. Jahrhunderts, wie z.B. den Hamburger Gemeinschaftsschulen oder der Odenwaldschule.

„Lernen mit Kopf, Herz und Hand", „Pädagogik vom Kinde aus" – diese oft zitierten Formeln sind für die alten Alternativschulen in gleicher Weise kennzeichnend wie für die neuen. Auch viele der in den heutigen FAS praktizierten Methoden wie Wochenplanarbeit oder der jahrgangsübergreifende Unterricht entstammen unverkennbar dem Inventar der traditionellen Reformpädagogik.

Die antiautoritäre Erziehung der späten 60er Jahre ist eine zweite Wurzel der Alternativschulbewegung. Unter Berufung auf gesellschaftskritische Psychoanalytiker wie Reich, Fromm und Bernfeld verwiesen die Protagonisten der antiautoritären Bewegung auf den Zusammenhang von gesellschaftlichen Produktionsbedingungen und Herrschaftsformen einerseits und familiären sowie schulischen Sozialisationsbedingungen andererseits. Eine autoritäre Erziehung – so lautete die zentrale These – die dem Kind unablässig die Befriedigung seiner spontanen Triebimpulse versagt, erzeugt emotionale Blockaden und schafft den „autoritären Charakter", der die Voraussetzung für die Entstehung autoritärer und totalitärer Gesellschaftsformen ist. Die für die frühe Alternativschulbewegung bedeutende programmatische Idee einer „Selbstregulierung im Kinderkollektiv" (Negt) wurzelt in dieser zugleich pädagogisch und gesellschaftskritisch begründeten Ablehnung jeglicher Zwangs– und Disziplinierungsmittel in der Erziehung.

Ein dritter Zweig, auf den die ersten FAS zurückgehen, sind ausländische Alternativschulen, wie z.B. die Tvind–Schulen in Dänemark, die Free–Schools in den USA oder die berühmte Summerhill–Schule in England. Bei dem Versuch der ersten neugegründeten FAS, Anregungen für die eigene Schulpraxis zu gewinnen, schaute man auch über die Grenzen des eigenen Landes und fand vor allem in den amerikanischen Free–Schools, von denen die erste 1964 von George Dennison gegründet wurde, ein großes Anregungspotential. Viele Merkmale der Free–Schools wurden auch für die Freien Schulen in Deutschland kennzeichnend: „Free–Schools sollen kleine Schulen sein. [...] Es gibt keine Zeugnisse, keine zentral erstellten und verordneten Lehrpläne. Die Lernangebote sollen freiwillig wahrgenommen werden und die Schüler nicht mit Zwang und Strafen zum Lernen getrieben." (Paukens 1979, S. 177)

In den 70er Jahren starrte die Öffentlichkeit auf die mit großen Hoffnungen eingerichteten staatlichen Gesamtschulversuche, so daß die FAS zunächst ein Schatten–Dasein führten. Erst Ende der 70er Jahre, als der Glanz der überdimensionalen Gesamtschulen zu verblassen begann und das Scheitern der staatlichen Bildungsreform offensichtlich wurde, entstand in pädagogischen Kreisen ein reges Interesse an der pädagogischen Arbeit Freier Alternativschulen. Bis 1979 hatte neben der Glocksee–Schule zwar nur eine einzige weitere Alternativschule (die Freie Schule Frankfurt) ihren Betrieb aufgenommen, dafür gab es aber jetzt eine große Anzahl von Initiativen, die sich die Gründung einer FAS zum Ziel gesetzt hatten und sich

1978 das erste Mal zu einem überregionalen, gemeinsamen Arbeitstreffen zusammenfanden.

Neben der Erörterung pädagogischer Fragen war auf diesem und den darauffolgenden „Bundestreffen der Freien Alternativschulen" die Problematik der staatlichen Anerkennung von FAS ein wichtiges Thema. Freie Alternativschulen waren und sind nämlich den meisten staatlichen Schulbehörden ein Dorn im Auge. Während Erziehungswissenschaftler, unter ihnen so namhafte Pädagogen wie beispielsweise Hartmut von Hentig (1985) und Wolfgang Klafki (1992), in gutachterlichen Stellungnahmen den FAS immer wieder das im Grundgesetz für die Gründung einer Privatschule geforderte „besondere pädagogische Interesse" bescheinigten, verweigerten Schulbehörden den FAS immer wieder mit fadenscheinigen pädagogischen Argumenten die staatliche Anerkennung und damit auch die finanzielle Unterstützung. Hinter den pädagogischen Argumenten standen und stehen aber oftmals ganz andere Überlegungen und Vorurteile, die in Verwaltungsgerichtsprozessen nicht genannt werden, aber die Verwaltungsentscheidungen doch wesentlich beeinflussen. In seiner Arbeit „Zur Lage der Alternativschulen in der BRD" nennt Borchert vier solcher Argumente, deren mangelhafte Stichhaltigkeit er jeweils überzeugend nachweist (vgl. Borchert 1987, S. 24 f.):

– das Argument der knappen Finanzen in den Schuletats
– das Argument der Förderung von Eliteschulen
– die Konkurrenz um die Schülerzahlen
– die Angst vor der massenhaften Ausbreitung von Alternativschulen und damit möglicherweise auftretender Störungen im Bereich der staatlichen Schulplanung.

Aufgrund der ablehnenden Haltung der Behörden konnten viele der heute genehmigten FAS ihre staatliche Anerkennung erst nach einem jahrelangen Rechtsstreit gerichtlich durchsetzen (z.B. die Freien Schulen in Frankfurt, Bremen und Bochum). Einige illegal arbeitende Schulen mußten ihren Schulbetrieb nach einem mehrjährigen, vergeblichen Ringen um die staatliche Anerkennung einstellen (Wuppertal, Offenburg, Würzburg u.a.). Unzählige Initiativen zur Gründung einer FAS scheiterten schon vor dem eigentlichen Schulstart an dem Widerstand der zuständigen Behörden (Heidelberg, Essen, Münster, Aachen u.a.).

Vor dem Hintergrund dieser rigiden Genehmigungspraxis staatlicher Schulbehörden und aufgrund der Notwendigkeit eines pädagogischen Erfahrungs– und Informationsaustausches zwischen den FAS hatte sich deren überregionale Zusammenarbeit im Laufe der Jahre zunehmend intensiviert, was 1988 zu der Gründung des Bundesverbandes der FAS führte. Konkreter Anlaß für die Gründung dieses Verbandes war der Prozeß um die Genehmigung der Freien Schule Kreuzberg vor dem Bundesverfassungsgericht. Nach vierjähriger Dauer erließ das höchste Gericht im Dezember 1992 ein für die FAS positives Urteil, was in der Alternativschulszene als ein großer Erfolg gefeiert wurde. Der Bundesverband betreibt seit seiner Gründung eine rege Öffentlichkeitsarbeit für Freie Alternativschulen, berät und unterstützt neugegründete Initiativen bei ihren Genehmigungsverfahren, organisiert Fortbildungen für die Lehrkräfte der FAS und unterhält ein überregionales „Info–Archiv für Freie Alternativschulen".

Die Friedens– und Ökologiebewegung der 70er und 80er Jahre brachte den Alternativschulen neue Impulse. Interkulturelles Lernen und ökologische Inhalte wurden vielfach in den Konzepten dieser Schulen zu Schwerpunkten der pädagogischen Arbeit erklärt. Mitte der 80er Jahre stieg die Anzahl der FAS dann sprunghaft an. Während es im Schuljahr 1984/85 in der BRD erst 8 Schulen dieses Typs gab, waren es drei Jahre später schon 18. Während die „Freie–Schule–Gründungseuphorie" in den alten Bundesländern aber in den frühen 90er Jahren deutlich abnahm, kam mit der Wiedervereinigung Deutschlands aus dem Osten neuer Schwung und neue Hoffnung in die Alternativschulbewegung. Die Aufbruchstimmung und Reformfreudigkeit vieler Menschen in der ehemaligen DDR richtete sich auch auf das Schul– und Bildungswesen, was sich nicht zuletzt in der Gründung von – inzwischen – 15 FAS in den ostdeutschen Bundesländern niederschlug.

1.3 Das pädagogische Profil der Freien Alternativschulen

Trotz mancher – im einzelnen erheblicher – Abweichungen haben alle FAS in ihren pädagogischen Konzepten und in ihrer Praxis eine Reihe von Gemeinsamkeiten aufzuweisen. Diese Gemeinsamkeiten wurzeln in übereinstimmenden Auffassungen von menschlicher Entwicklung, vom Umgang zwischen Kindern und Erwachsenen, vom Sinn und Zweck schulischen Lernens und begründen die Lernpraxis dieser Schulen (vgl. Borchert/Kania 1984, Lindemann 1984, Oelschläger 1986, Göhlich 1997, Maas 1998b). Auf ihrem 16. Bundestreffen (April 1986 in Wuppertal) verabschiedeten die FAS eine Grundsatzerklärung, in der die wesentlichen pädagogischen Prämissen der Alternativschulbewegung formuliert sind. Angesichts der Tatsache, daß dieser Grundsatzerklärung auch insofern eine besondere Bedeutung zukommt, als eine Mitgliedschaft im Bundesverband der FAS das Einverständnis mit ihr voraussetzt, sei sie hier in voller Länge zitiert:

„1. Die gesellschaftlichen Probleme der Gegenwart und Zukunft (Ökologie, Kriege, Armut usw.) sind auf demokratische Weise nur von Menschen zu lösen, die Eigenverantwortung und Demokratie leben können. Alternativschulen versuchen, Kindern, Lehrern und Eltern die Möglichkeit zu bieten, Selbstregulierung und Demokratie im Alltag immer wieder zu erproben. Das ist die wichtigste politische Dimension der Alternativschulen.
2. Alternativschulen sind Schulen, in denen Kindheit als eigenständige Lebensphase mit Recht auf Selbstbestimmung, Glück und Zufriedenheit verstanden wird, nicht etwa nur als Trainingsphase fürs Erwachsenen–Dasein.

3. Alternativschulen schaffen einen Raum, in dem Kinder ihre Bedürfnisse wie Bewegungsfreiheit, spontane Äußerungen, eigene Zeiteinteilung, Eingehen intensiver Freundschaften, entfalten können.
4. Alternativschulen verzichten auf Zwangsmittel zur Disziplinierung von Kindern. Konflikte sowohl unter Kindern als auch Kindern und Erwachsenen schaffen Regeln und Grenzen, die veränderbar bleiben.
5. Lerninhalte bestimmen sich aus den Erfahrungen der Kinder und werden mit den Lehrern gemeinsam festgelegt. Die Auswahl der Lerngegenstände ist ein Prozeß, in den der Erfahrungshintergrund von Kindern und Lehrern immer wieder eingeht. Der Komplexität des Lernens wird durch vielfältige und flexible Lernformen, die Spiel, Schulalltag und das soziale Umfeld der Schule einbeziehen, Rechnung getragen.
6. Alternativschulen wollen über die Aneignung von Wissen hinaus emanzipatorische Lernprozesse unterstützen, die für alle Beteiligten neue und ungewohnte Erkenntniswege eröffnen. Sie helfen so, Voraussetzungen zur Lösung gegenwärtiger und zukünftiger gesellschaftlicher Probleme zu schaffen.
7. Alternativschulen sind selbstverwaltete Schulen. Die Gestaltung der Selbstverwaltung ist für Eltern, Lehrer und Schüler prägende Erfahrung im demokratischen Umgang miteinander.
8. Alternativschulen sind für alle Beteiligten ein Raum, in dem Haltungen und Lebenseinstellungen als veränderbar und offen begriffen werden können. Sie bieten so die Möglichkeit, Abenteuer zu erleben, Leben zu erlernen."

Um das pädagogische Profil der FAS genauer zu skizzieren, möchte ich im folgenden (ohne den Anspruch einer systematischen oder gar vollständigen Darstellung) einige weitere Postulate und schulpraktische Besonderheiten dieser Schulen erörtern, die in der obigen Grundsatzerklärung nicht explizit erwähnt werden. Die natürlich auch in FAS feststellbare Kluft zwischen Anspruch und Wirklichkeit vorerst außer acht lassend, werde ich mich dabei auf wesentliche Postulate der Alternativschulpädagogik konzentrieren. Im Anschluß daran werde ich kurz auf die Frage eingehen, in welchen Punkten sich die einzelnen FAS voneinander unterscheiden.

Lernen in Freiheit und Selbstverantwortung

FAS gehen von der Annahme aus, daß sich menschliche Fähigkeiten und Bildungsansprüche am weitesten im Medium der Freiheit entfalten können. Aus diesem Grunde werden Kindern in FAS größere Freiräume zur Entfaltung ihrer individuellen Bedürfnisse und Interessen zugebilligt, als dies in anderen Schulen üblich ist. Aus dem großen Maß an Freiheit erwächst den Kindern aber auch ein hoher Grad an Selbstverantwortung. Primär sind sie selbst für die Gestaltung ihrer Lernprozesse verantwortlich, dem Lehrer kommt dabei weniger die Rolle eines „Führers", als vielmehr die Rolle eines unterstützenden Begleiters zu. Alternativschulpädagogik wurzelt also in dem vergleichsweise großen Vertrauen in die Fähigkeit und Bereitschaft des Kindes zu eigenverantwortlichem Handeln.

Freiwillige Teilnahme am Unterricht

Eine wichtige, schulpraktische Besonderheit der FAS, die sich aus dieser Haltung ergibt, ist das Prinzip der freiwilligen Teilnahme am Unterricht. Die Einsicht, daß schulischer Unterricht, der ohne innere Beteiligung und Lust am Lernen auf Seiten der Schüler auszukommen glaubt, eine sinn– und zwecklose Veranstaltung ist, begründet den Unterricht in Angebotsform, wie er in FAS praktiziert wird. Vor dem Hintergrund der Erfahrung, daß die Fähigkeit zu selbstbestimmtem Lernen bei Kindern aber nicht einfach vorausgesetzt werden kann und sukzessive erlernt werden muß, gilt das Prinzip der freiwilligen Teilnahme am Unterricht, anders als beispielsweise in der Summerhill–Schule, in den meisten FAS heute allerdings nicht mehr durchgängig, d.h. die Teilnahme am Unterricht ist zu bestimmten Zeiten im Tagesablauf für alle Kinder verbindlich. Die Fähigkeit der Schüler und Schülerinnen, ihren Lernprozeß in der Schule eigenverantwortlich zu organisieren, soll weder überfordert, noch unterfordert werden, deshalb ist der Zeitanteil des verbindlichen Unterrichts je nach Entwicklungsstufe der Kinder und Jugendlichen unterschiedlich groß.

Geborgenheit in einer überschaubaren Schule

Gelungene Lernprozesse setzen voraus, daß die Schüler und Schülerinnen sich in ihrer Schule geborgen fühlen. Allein die Größe manch einer Regelschule erzeugt bei vielen Schülern Schulangst. FAS sind deshalb einzügig. Auch FAS sind zwar Schulen und bieten den Kindern als solche ein Erfahrungsumfeld, welches den familiären Kontext erweitert und ergänzt. Durch ihre überschaubare Größe, mit ihren relativ kleinen, häufig altersgemischten Lerngruppen und dem besonderen Sozialklima knüpfen sie aber an familienähnliche Strukturen an. Eine entscheidende Rolle spielt dabei auch das Lehrer–Schüler–Verhältnis, welches in FAS durch ein dichteres Beziehungsgefüge und ein größeres gegenseitiges Vertrauen geprägt ist. Geborgenheit in einer überschaubaren Schule ist eines der wichtigsten Merkmale der Alternativschulpädagogik.

Schule als Lebensraum

In FAS können Kinder mit sich selbst und mit anderen, mit Dingen und Kenntnissen Erfahrungen machen, wie es ihnen in der Regelschule nicht möglich wäre. Schule wird hier als ein Lebensraum verstanden, der allen Beteiligten einen Raum geben soll, ihren vielfältigen Lebensinteressen (und diese bestehen nicht nur aus Lerninteressen!) nachzugehen. Die meisten

FAS sind Ganztagsschulen und können daher vor allem nachmittags viele Aktivitäten anbieten, die über schulischen Unterricht im traditionellen Sinne hinaus gehen. Auch das gemeinsame Frühstück und Mittagessen trägt wesentlich dazu bei, daß die Schule von den Kindern nicht nur als ein Lernort erlebt wird. Die Gestaltung des Schulgeländes und der einzelnen Räume in FAS ist eine weiterer wichtiger Faktor, den man in diesem Zusammenhang nicht unerwähnt lassen darf. So bieten beispielsweise Hochetagen in den Klassenräumen den Kindern die Möglichkeit, sich dem kontrollierenden Blick der Erwachsenen zu entziehen. Gemütliche Sitz– und Liegeecken kommen dem Bedürfnis nach phasenweiser Entspannung entgegen. In Toberäumen schließlich können Kinder ihren ausgeprägten Bewegungsdrang ausleben. Werkstätten, Ateliers und Schulhöfe mit vielfältigen Erlebnismöglichkeiten sind weitere Aspekte, die FAS zu einem attraktiven Lebensraum für Kinder werden lassen.

Erfahrungsorientiertes, vernetztes, ganzheitliches und individualisiertes Lernen

Unter sinnvollem Lernen versteht man in FAS erfahrungsorientiertes, vernetztes, ganzheitliches und individualisiertes Lernen. „Erfahrungsorientiert" bedeutet dabei zum einen, daß die in der Schule behandelten Lerninhalte an die Erfahrungen der Schüler soweit als möglich anknüpfen sollen und zum anderen, daß Schüler im Unterricht selbst lehrreiche Erfahrungen machen können. Lernen ohne Erfahrung bedeutet, daß der Lernende keinen für seine Persönlichkeitsentwicklung fruchtbaren Bezug zum Lerngegenstand herstellen kann und ist deshalb bestenfalls biographisch bedeutungslos. „Vernetztes Lernen" bedeutet Lernen in Zusammenhängen, welches die für schulisches Lernen übliche Aufteilung in klar abgegrenzte Fächer aufzuheben versucht. Unterricht in Form fachübergreifender Projekte spielt deshalb in FAS eine besonders große Rolle. Mit der Prämisse des „ganzheitlichen Lernens" kritisieren FAS die einseitige Förderung kognitiver Fähigkeiten in der Regelschule. FAS gehen prinzipiell davon aus, daß kognitives, sozial–emotionales, künstlerisch–musisches und handwerklich–manuelles Lernen in der Schule den gleichen Stellenwert haben sollten. Aus diesem Grunde wird den Kindern hier mehr Zeit zum Spielen, Malen, Basteln, Werken oder auch zum „Nichts–Tun" eingeräumt als in anderen Schulen. Durch die „Individualisierung" des Lerngeschehens wird in FAS versucht, jedes Kind dort abzuholen, wo es seiner Entwicklung entsprechend jeweils steht. Davon auszugehen, daß alle Kinder einer Klasse sich zu gleicher Zeit denselben Lerngegenstand in derselben Art und Weise aneignen können, ist im Sinne der Alternativschulpädagogik widersinnig. Wochenplanarbeit und eine individualisierte Entwicklungsbeschreibung sind wichtige Mittel, mit denen FAS dem Anspruch der Individualisierung des Lernens gerecht zu werden versuchen.

Vielfalt der Lerninhalte und –formen

Angesichts der Tatsache, daß FAS auch auf die Anforderungen der weiterführenden Schulen vorbereiten müssen, orientieren sie sich bei der Auswahl der Lerninhalte zwangsläufig auch an den staatlichen Lehrplänen. Darüber hinaus behandeln sie aber auch viele Themen im Unterricht, die nicht in diesen Lehrplänen vorkommen. FAS sind grundsätzlich bemüht, Vorschläge der Kinder und Jugendlichen für Lernaktivitäten aufzugreifen und Lerngelegenheiten auch außerhalb der Schule wahrzunehmen. Die hierdurch entstehende Vielfalt der Lern*inhalte* wird auf unterrichtlicher Ebene ergänzt durch eine Vielfalt der Lern*formen*. Erfahrungen der Freien Alternativschulen mit offenen Lernprozessen haben gezeigt, daß es die allein richtige Lernform nicht geben kann. Je nach dem Entwicklungsstand der Kinder und in Abhängigkeit vom jeweiligen Lerngegenstand, kann der traditionelle Frontalunterricht ebenso sinnvoll sein wie beispielsweise die Freiarbeit, Jahresarbeiten, Wochenplanarbeit, Projekte usw.. Ermöglicht wird eine solche Vielfalt der Lernformen nicht zuletzt durch weitgehend flexible Formen der Zeiteinteilung im Unterricht. In den meisten FAS wird der Tagesablauf zwar auch vorab zeitlich strukturiert, bei der Länge der Arbeitsphasen und Pausen richtet man sich aber auch an dem, was die Kinder und Jugendlichen in der jeweiligen Situation real leisten können und was nicht. Alle FAS verzichten deshalb auf eine Schulglocke.

Andere Formen der Beurteilung

Freie Alternativschulen praktizieren andere als die in der Regelschule üblichen Formen der Leistungsbeurteilung: anstelle von Zensuren gibt es hier das direkte Gespräch zwischen Schülern und Lehrern. In Ergänzung dazu erhalten die Schüler ein– bis zweimal jährlich einen sogenannten „Jahresbrief", bzw. „Entwicklungsbericht", in dem ihre Lernfortschritte und – defizite, ihre persönliche Entwicklung und ihr Leben in der Gruppe qualitativ beschrieben werden. Die quantifizierende Beschreibung von Leistung durch Zensuren kann unterschiedliche Qualitäten der Schüler nicht erfassen und ruft bei „leistungsschwachen" Schülern häufig ein dauerndes Gefühl von Versagen und Minderwertigkeit hervor. Die Lernleistungen eines Schülers werden in Freien Schulen deshalb primär an seinen bisherigen Fähigkeiten und Kenntnissen gemessen, der leistungsmäßige Vergleich mit anderen Schülern spielt demgegenüber nur eine untergeordnete Rolle. Sofern die Kinder von sich aus das Bedürfnis äußern, sich mit anderen zu messen, wird ihnen dieses Recht nicht verwehrt, die Lehrerinnen und Lehrer achten aber darauf, daß ein solches Leistungsmessen nicht auf Kosten anderer stattfindet und nicht zu einem prägenden Moment der Schulatmosphäre wird.

Jede der in Deutschland arbeitenden Freien Alternativschulen legt ihrer Arbeit ein eigenes pädagogisches Konzept zugrunde, zudem hat sich das pädagogische Profil vieler dieser Schulen im Laufe der Jahre entscheidend verändert. Insofern ist es ein gewagtes Unterfangen, von *dem* pädagogischen Profil der Freien Alternativschulen zu sprechen. Um diesem Umstand gerecht zu werden, möchte ich deshalb abschließend noch einige Unterschiede benennen (wiederum ohne Anspruch auf Vollständigkeit), die zwischen den einzelnen Alternativschulen bestehen:

Den pädagogischen Konzepten der Freien Alternativschulen liegen häufig unterschiedliche Weltanschauungen und pädagogische Orientierungen zugrunde. So deklamierte beispielsweise die Freie Schule Würzburg für sich eine „ökologische Weltanschauung", die Freie Comenius–Schule Darmstadt versucht ihre Schulpraxis nach den ethischen Grundsätzen des Christentums auszugestalten, und in den Konzepten einiger neugegründeter Schulen spielt das Gedankengut von Maria Montessori und Rebecca Wild eine herausragende Rolle.

Die Haltung zur Antipädagogik war in den 80er und frühen 90er Jahren innerhalb der Alternativschulszene alles andere als einheitlich. Während einige das kritische Potential der Antipädagogik begrüßten, distanzierten sich andere ausdrücklich von dieser Theorie. Ähnlich umstritten war der Negtsche Begriff der „Selbstregulierung". Beide Konzepte sind heute in der Alternativschulbewegung allerdings kaum noch ein Anlaß für scharf kontrovers geführte Diskussionen.

Alle Freien Alternativschulen fühlen sich zwar pädagogischen Forderungen wie der nach einer Integration lern– und verhaltensauffälliger Kinder, nach Stadtteilorientierung, ökologischem, musischem oder interkulturellem Lernen verpflichtet, die Realisierung dieser Ansprüche wird aber jeweils unterschiedlich ernst genommen, so daß einige Alternativschulen in ihrer Arbeit eine inhaltliche Schwerpunktsetzung vornehmen.

Die Mitwirkung der Eltern am Schulgeschehen spielt in den verschiedenen Alternativschulen eine unterschiedlich große Rolle. Während einige die Eltern zwar durch Unterrichtsangebote, Putz–, Kochdienste usw. in den Schulbetrieb integrieren, sie aber bei wichtigen pädagogischen Entscheidungen des Lehrerkollegiums ausschließen, lassen sich andere als „Elternschulen" im engsten Sinne des Wortes bezeichnen, d.h. Eltern haben hier bezüglich der pädagogischen Entwicklung der Schule einen Einfluß, der mindestens so groß ist wie der der pädagogischen Mitarbeiter.

Auch das Ausmaß der zeitlichen Strukturierung der Unterrichtsangebote ist sehr unterschiedlich. Während in einigen Schulen regelschulähnliche Stundenpläne bestehen, gibt es in anderen Schulen außer den Terminen für das Frühstück und Mittagessen kaum vorab festgelegte Fixpunkte im Tagesablauf.

Das oben erläuterte Prinzip der freiwilligen Teilnahme am Unterricht gilt in einigen Freien Alternativschulen nach wie vor durchgängig, in anderen Schulen, wie beispielsweise im Sekundarbereich der Glocksee–Schule und der Freien Schule Bochum, gilt es nur noch für einige Unterrichtsangebote am Nachmittag.

Einzelne Lernformen und Unterrichtsmethoden spielen in den verschiedenen Schulen eine unterschiedlich große Rolle. So bestehen beispielsweise in der Freien Schule Bochum langjährige Erfahrungen mit Wochenplanarbeit, aber, anders als in der Glocksee–Schule, so gut wie gar keine Erfahrungen mit Epochenunterricht.

Abschließend kann festgehalten werden, daß das pädagogische Profil der Alternativschulbewegung in ihrer Gesamtheit heute wesentlich diffuser ist als etwa Mitte der 80er Jahre. Zu vielfältig und bunt sind inzwischen die pädagogischen Vorbilder und Traditionen, auf die sich die einzelnen FAS in der Begründung ihrer Praxis beziehen: sie reichen von Comenius und Rousseau über Montessori, Freinet und Neill bis hin zu Wild, von Hentig oder Wagenschein. Psychoanalytische Ansätze wurden und werden in der Alternativschulbewegung ebenso rezipiert, wie das Gedankengut der Gestaltpädagogik, des Interaktionismus, der Systemtheorie, des Konstruktivismus oder neuerdings etwa der Edu–Kinestetik – Ansätze und Theorie–Traditionen also, die sich natürlich nicht widerspruchslos unter einen Hut bringen lassen. Wichtiger als die Schärfe und Eindeutigkeit ihres pädagogischen Profils war aber den FAS von jeher der *Prozeßcharakter* desselben. Das pädagogische Bemühen um Freiheit (vgl. dazu Maas 1998a) und darum, im weitesten Sinne „Alternativen" aufzuzeigen, wird aber voraussichtlich immer ein Grundpfeiler des pädagogischen Profils der Alternativschulbewegung bleiben.

1.4 Freie Alternativschulen im Kontext der deutschen Reformschul– landschaft

Um die Pädagogik der FAS gleichsam auch noch von außen zu beleuchten und dem Leser so ein deutlicheres Bild zu vermitteln, was eigentlich die Alternativschulpädagogik ausmacht, unternehme ich im folgenden den Versuch, die FAS in der deutschen Reformschullandschaft zu *verorten*.

Gleich zu Beginn stellt sich allerdings das Problem, was denn überhaupt mit dem Begriff „Reformschule" gemeint sein könne. Angesichts beschleunigter kultureller, sozialer und ökonomischer Modernisierungsprozesse in unserer Gesellschaft ist es zu einem Allgemeinplatz geworden, daß es eine vordringliche Aufgabe der Schule sei, sich ständig selbst zu erneuern, um sich den geänderten gesellschaftlichen Herausforderungen stellen zu können. Messner führt hierzu aus: „Die Reformorientierung, die bisher nur herausgehobenen Schulen zukam, ist – wenigstens tendenziell – zum Systemmerkmal von Schule überhaupt geworden. Neben den traditionellen

Versuchs–, Reform– und Alternativschulen sind eine Vielzahl reformerisch aktiver Regelschulen ins Blickfeld gerückt; die Unterscheidung zwischen Reform– und Regelschulen – falls sie je mehr als abgrenzenden Sinn gehabt hat – hat weitgehend an Relevanz verloren." (Messner 1997, S. 18)

Eine eindeutige Definition des Begriffes „Reformschule" ist heute also weniger denn je möglich. Aus zwei Gründen kann meines Erachtens aber daraus nicht gefolgert werden, daß dieser Begriff überhaupt keinen Sinn mehr mache. Denn erstens geht die besagte Reformorientierung der einzelnen Schulen natürlich unterschiedlich weit und zweitens beinhaltet diese Orientierung in vielen Schulen weitaus mehr als den Versuch, die Schule gesellschaftlichen Modernisierungsprozessen nachträglich anzupassen. Schulreform im engeren Sinne orientiert sich an allgemeinen Werten wie Lebenstüchtigkeit, Sozialität und Mündigkeit (vgl. ebd.), und zwar unabhängig davon, ob das gegenwärtige Gesellschaftssystem solche Werte einfordert oder nicht. Schulreform reagiert im übrigen nicht immer nur auf gesellschaftliche Modernisierung, sondern kann diese auch vorantreiben (vgl. dazu Kap. 3.1.3).

Der Versuch, Freie Alternativschulen in der deutschen Reformschullandschaft zu verorten, ist zuletzt durch Göhlich (1997) und Borchert (1998) unternommen worden. Neben dem offenen Unterricht, der Reggiopädagogik und der Community Education betrachtet Göhlich die Alternativschulpädagogik als eine der vier „neuen Reformpädagogiken", die sich etwa ein halbes Jahrhundert nach der Entstehung der traditionellen Reformpädagogiken – Göhlich nennt hier die Montessori–, Freinet– und Waldorfpädagogik – in Deutschland etabliert hat. Wesentliche Gemeinsamkeiten zwischen den alten und den neuen Reformpädagogiken sieht Göhlich in einer Abgrenzung gegen die heftig kritisierte „Regelschule", sowie in der Entstehung zu Zeiten eines gesellschaftlichen und wirtschaftlichen Umbruchs und einer damit verknüpften hohen Politisierung. Anschließend erörtert er acht Merkmale (drei davon werde ich auslassen), die die neuen Reformpädagogiken von den alten unterscheide (vgl. Göhlich 1997, S. 21 ff.):

– Multipersonale Urheberschaft (versus: monopersonale) – Im Gegensatz zu den alten Reformpädagogiken haben die neuen nicht nur einen Urheber, sind deshalb auch längst nicht so präzise zu umreißen.
– Als in Bewegung konzipiert (versus: starr umrissen) – Pädagogische Handlungsgrundsätze oder zu verwendende Materialien sind in den neuen Ansätzen weniger eindeutig definiert, werden zudem von vornherein als wandlungsfähig und wandlungsbedürftig gedacht.
– Sozialisationstheoretisch orientiert (versus: normativ–anthropologisch) – Dezidierte Vorstellungen über *die* Entwicklung *des* Kindes etwa in der Waldorf– oder Montessoripädagogik stehen einer Auffassung der neuen Ansätze entgegen, die die Wirkungsmacht der Sozialisation und die Einzigartigkeit jedes Kindes betonen.

– Vom Kind eingebrachtes Material (versus: vom Erwachsenen vorgegebenes) – Gemeint sind hier etwa die berühmte Druckerpresse bei Freinet oder die Freiarbeitsmaterialien bei Montessori. Vergleichbares gibt es in den neuen Ansätzen nicht.

– Unsicherheit als Chance (versus: Disziplin ohne Lehrereingriff) – Während die klassischen Reformpädagogiken überwiegend die Disziplinierung des Kindes ohne autoritäre Maßnahmen zu erreichen suchen, gehen die neuen grundsätzlich kritisch mit der Frage der Disziplin um. Daraus erwachsende Unsicherheiten werden aber als Chance begriffen.

Unter der Fragestellung „Was unterscheidet Freie Alternativschulen von anderen Reformschulen?" vergleicht Borchert (1998) das jeweilige pädagogische Menschenbild, Auffassungen über die Entwicklung des Kindes und die Didaktik der Alternativschulpädagogik jeweils mit den einschlägigen Vorstellungen und Konzepten in der Waldorf–, Freinet–, Montessori– und Jena–Plan–Pädagogik. Die geringfügigsten Unterschiede macht Borchert zu den Freinet–, die größten Unterschiede zu den Waldorfschulen aus. Borcherts Verortung der Alternativschulpädagogik ist ähnlich wie die Göhlichs eine kategoriale, seine sich aus den Vergleichen ergebenden Beurteilungen fallen meines Erachtens aber etwas ausgewogener aus – deutlicher als Göhlich weist er auch auf die Stärken der klassischen Reformpädagogiken hin. Daß FAS sich beispielsweise nicht auf einzelne Vordenker berufen, ermögliche zwar unorthodoxes Denken und viele neue Experimente, sei andererseits aber insofern auch eine Schwäche, als „die bei jeder Schulgründung notwendige Vergewisserung des eigenen theoretischen und praktischen Standorts nur in mühsamen zeitraubenden Verständigungsprozessen aller Beteiligten geklärt werden kann, die phasenweise mehr Kraft als die Arbeit mit den Kindern kosten." (Borchert 1998, S. 39)

Gemeinsame pädagogische Grundüberzeugungen und eine bewährte Praxis mit langer Tradition gibt Lehrerkollegien etwa in Waldorf– oder Montessorischulen eine Kraft und Sicherheit, die vielen FAS abgeht. Andererseits lassen sich in diesen Schulen auch Tendenzen zum Dogmatismus beobachten, die „sich z.B. in der Form zeigen, daß Verhaltensweisen von Kindern nur durch von Steiner vorgegebene Interpretationsmuster gedeutet werden und dadurch der Blick auf das jeweils einzelne Kind in seiner Lebenssituation verstellt wird." (ebd., S. 40) Auch die die Alternativschulpädagogik kennzeichnende *Offenheit für die Alltagskultur der Kinder* beurteilt Borchert ambivalent. Sie läßt die Kinder und Jugendlichen zwar ihre Schule als einen Raum erleben, in dem für sie subjektiv wichtige Dinge auslebbar sind, andererseits können sich dadurch Verhaltensmuster und Sprachgewohnheiten in der Schule einbürgern, die das Sozialklima und die Lernkultur negativ beeinflussen.

Borchert und Göhlich vergleichen die Alternativschulpädagogik jeweils mit den bekanntesten – und was die Waldorfschulen angeht, kann man auch sagen: am weitesten verbreiteten – Reformschulen in Deutschland. Daneben gibt es natürlich auch noch eine Vielzahl anderer Reformschulen unterschiedlichster Couleur. Neben den traditionellen Landerziehungsheimen wären hier vor allem staatliche Versuchsschulen wie die Laborschule Bielefeld, die Helene–Lange–Schule in Wiesbaden oder die Reformschule Kassel zu nennen, die mit den Freien Alternativschulen zwar viele Ähnlichkeiten haben, sich selbst aber der Alternativschulbewegung nicht zurechnen.

Eine strukturelle Ähnlichkeit liegt beispielsweise darin, daß die Freien Alternativschulen – ohne allerdings vom Staat eigens dafür eingerichtet worden zu sein – die gesellschaftliche Funktion von Versuchs– bzw. Laborschulen erfüllen. Freie Alternativschulen wurden und werden in der pädagogischen Fachöffentlichkeit so stark diskutiert wie sonst nur einige wenige staatliche Modellschulen. Wenn man sich vor Augen hält, wie unbedeutend die Alternativschulbewegung gemessen an der Zahl der Kinder ist, die diese Schulen besuchen (mit derzeit 1600 etwa so viel wie die SchülerInnen einer *einzigen* staatlichen Gesamtschule), so ist das starke öffentliche Interesse an den Ansprüchen und Erfahrungen der Freien Alternativschulen um so bemerkenswerter. Zahlreiche Veröffentlichungen und Fernsehfilme zeugen von diesem Interesse ebenso wie der nicht abbrechende Strom von Besuchern, die einen Einblick in die konkrete Praxis der Freien Alternativschulen gewinnen möchten. Zudem gibt es viele wissenschaftliche Untersuchungen, die mit jeweils unterschiedichen Fragestellungen die Erfahrungen Freier Alternativschulen systematisch analysieren und auszuwerten versuchen. Wenn man zu solchen empirischen Arbeiten nicht nur die populären Erhebungen ausgebildeter Wissenschaftler zählt, sondern auch die unzähligen studentischen Qualifikationsarbeiten, ist der einschlägige Forschungsstand kaum noch zu überblicken.

Freie Alternativschulen haben sich nie gegen die kritischen Rückfragen einer interessierten Öffentlichkeit abgeschottet, zeichnen sich meines Erachtens auch in herausragender Weise durch die Fähigkeit und Bereitschaft zur Selbstkritik aus und haben so seit ihrem Bestehen auf unterschiedlichen Wegen den schulpädagogischen Diskurs bereichert. Wenngleich die mit alternativer Schulpädagogik verknüpften weitreichenden Hoffnungen der 70er Jahre inzwischen längst verflogen sind, bleibt vor diesem Hintergrund die innovative und herausfordernde Bedeutung der Freien Alternativschulen in der deutschen Reformschullandschaft bestehen.

2. Die Psychoanalytische Pädagogik

2.1 Was ist Psychoanalytische Pädagogik?

Nachdem im vorherigen Kapitel die Pädagogik der Freien Alternativschulen skizziert wurde, soll nun die zweite Grundlage für eine psychoanalytische Durchleuchtung von Theorie und Praxis Freier Alternativschulen gelegt werden: eine Skizzierung der Psychoanalytischen Pädagogik. Einleitend möchte ich einige Bemerkungen dazu machen, was mit dem Begriff „Psychoanalytische Pädagogik" überhaupt sinnvoll gemeint sein kann. Rehm definiert die Psychoanalytische Pädagogik als die „Summe der Erfahrungen und Einsichten, die Psychoanalytiker und psychoanalytisch ausgebildete und orientierte Pädagogen aus einer pädagogisch relevanten Wirklichkeit gewannen und in der Form von Erziehungskritik, Erziehungsanweisungen usw. zum Ausdruck gebracht haben." (Rehm, zit. n. Füchtner 1978, S. 198)

Insbesondere in den letzten zehn Jahren hat sich um den Begriff der Psychoanalytischen Pädagogik eine intensive und oftmals kontroverse Diskussion entfaltet (vgl. Körner 1980, Trescher 1987, Winterhager–Schmid 1992, Figdor 1992, Datler 1995 u.a.). Diese Diskussion dreht sich letztlich um eine zentrale Frage: Wie kann / soll / darf die Relation zwischen pädagogischer und psychoanalytischer Praxis und insbesondere die Relation zwischen den beiden wissenschaftlichen Disziplinen „Psychoanalyse" und „Pädagogik" bestimmt werden? Ganz grob lassen sich in dieser Diskussion zwei gegensätzliche Positionen unterscheiden. Einerseits solche, die die Grenzen zwischen Pädagogik und Psychoanalyse zu überschreiten suchen, deren gemeinsame Praxisformen betonen und auch ausdrücklich von „Psychoanalytischer Pädagogik" oder von „psychoanalytischer Erziehungswissenschaft" reden. Im Gegensatz dazu gibt es Positionen, die eher die Grenzen und Unterschiede beider Disziplinen betonen, vor den Gefahren einer unbedachten „Vereinigung" derselben warnen und deshalb auch lieber von einer Kooperation zwischen Psychoanalyse und Pädagogik reden, oder gar die Sinnhaftigkeit einer solchen Kooperation grundsätzlich in Frage stellen.

Körner (1980) gehört in dieser Kontroverse zu jener „Fraktion", die für eine klare Abgrenzung beider Disziplinen plädiert. Er begründet die Notwendigkeit einer solchen Abgrenzung damit, daß die Erziehung als ein zielorientiertes, instrumentelles und progredientes Handeln bezeichnet werden könne, bei der Psychoanalyse handele es sich demgegenüber um ein hermeneutisches, regredientes und absichtsloses Verfahren. Vor allem sei die Psychoanalyse *als Methode* nicht von ihrer klinischen Praxis zu trennen. Psychoanalyse, so Körner, sei unteilbar, die Pädagogik könne gleichsam nur zu einem „Patienten" der Psychoanalyse werden, die einzig sinnvolle

Anwendungsmöglichkeit sei dementsprechend eine psychoanalytische Supervision von Pädagogen.

Trescher (1987) hält dieser Position entgegen, es sei ein Mißverständnis, Psychoanalyse könne als Methode nur in therapeutischen Praxisfeldern Anwendung finden und beruft sich dabei unter anderem auf Freud, der einräumte, „die Anwendung der Psychoanalyse auf die Pädagogik (sei) vielleicht das Wichtigste von allem, was die Analyse betreibt." (Freud, zit. n. Figdor 1993, S. 68) Datler unterstützt Treschers Plädoyer für gemeinsame Praxisformen beider Disziplinen insoweit, als er immer wieder darauf insistiert, daß psychoanalytisches Handeln genauso wenig wie pädagogisches Handeln absichtslos sei und von daher die von Körner vorgenommene Polarisierung zwischen beiden Diszplinen theoretisch kaum haltbar sei. Datler (1995) erweitert sogar die Position Treschers, indem er in seiner Arbeit „Bilden und Heilen – auf dem Weg zu einer pädagogischen Theorie psychoanalytischer Praxis" (der Titel ist hier Programm!) die These entfaltet, psychoanalytisch–therapeutisches Handeln müsse als Spezialfall pädagogischen Handelns begriffen werden.

Aus der Tatsache, daß ich selbst in dieser Arbeit von „Psychoanalytischer Pädagogik" rede, hat der Leser wahrscheinlich bereits mit gutem Recht geschlossen, daß mir selbst die Gefahren einer gegenseitigen Abschottung beider Disziplinen wesentlich größer erscheinen, als die einer unbedachten Vereinigung. Meines Erachtens stehen die Vertreter einer Abgrenzung beider Disziplinen auch insofern in einer argumentativen Bringschuld, als sie nirgends nachzuweisen versuchen, inwiefern sich konkrete gemeinsame Praxisformen beider Disziplinen als unfruchtbar, schädlich oder kontraproduktiv erwiesen hätten. Gerade die bisherigen praktischen Versuche, Psychoanalyse in pädagogischen Praxisfeldern nutzbar zu machen, haben aber, wie ich meine, die Glaubwürdigkeit und Fruchtbarkeit einer Psychoanalytischen Pädagogik eindeutig erwiesen. Wer etwa behauptet, eine sinnvolle Anwendung der Psychoanalyse könne im Bereich der Schulpädagogik nur in Form einer psychoanalytischen Supervision von Lehrern liegen, der müßte erst einmal die Schwächen *anderer* Anwendungsversuche nachweisen, wie sie beispielsweise in den beachtlichen Arbeiten von Clos, Becker und Heinemann dargestellt werden.

Dennoch teile ich die Einschätzung Winterhager–Schmids, daß eine fruchtbare Kooperation zwischen Psychoanalyse und Pädagogik voraussetzt, daß beide Disziplinen sich mit einer gefestigten, klar konturierten Identität aufeinander einlassen. Insbesondere die Pädagogik sollte sich davor hüten, Psychoanalyse zu idealisieren, und dabei die eigene Identität zu verleugnen. „Wo sich erziehungswissenschaftliche Pädagogik in den letzten dreißig Jahren aus der Ehe mit Philosophie gelöst und sich auf die Partnerschaft mit anderen Wissenschaften eingelassen hat – und darin bestand ja zunächst die Geschichte ihrer Verwissenschaftlichung –, da tat sie dies oft mit der begeisterten Blindheit juveniler Verliebtheit, mit dem Gestus der verschmelzungssüchtigen Verehrung, fast in Selbstaufgabe, ein Gestus, der das Eigene entwertet und das Idealisierte mit der Magie des rettenden Heilsbringers ausstattete: der Behaviorismus, die strukturfunktionalistische Sozialisationstheorie, die Wilhelm Reichsche Variante der Triebtheorie, die Ökonomie des Ausbildungssektors, schließlich die naiven Visionen konfliktfreier Bedürfnispädagogiken mit ihren Versprechungen im ganz entspannten Hier und Jetzt." (Winterhager–Schmid, 1992, S. 53) Winterhager–Schmid plädiert deshalb in Anlehnung an eine Formulierung Eriksons für eine „wählerische Liebe" im Verhältnis zwischen Psychoanalyse und Pädagogik, die nicht durch Heilsbringervisionen und Totalidentifikationen, sondern durch begrenzte Idealbildungen und Partialidentifikationen gekennzeichnet wäre. Die komplexe Theoriesprache der Psychoanalyse stellt dabei allerdings ein ernstzunehmendes Hindernis dar, denn ihr Verständnis setzt eine sehr hohe Identifikation mit ihr voraus. Aus einer Partialidentifikation könne so leicht ein Zwang zur totalen Identifikation werden (vgl. ebd., S. 57).

Aus eigener Erfahrung kann ich diese Einschätzung Winterhager–Schmids insoweit bestätigen, als mir gerade die komplexe Theoriesprache der Psychoanalyse oft genug Verständnisschwierigkeiten und großes Unbehagen bereitet. Wenn ich meine eigene Dummheit abrechne, mag dies gerade darin begründet liegen, daß meine Identifikation mit der Psychoanalyse eben nur eine partielle ist. In erster Linie interessieren mich – auch in dieser Arbeit – schulpädagogische Fragen und nicht psychoanalytische. Zwar schätze ich den Wert psychoanalytischen Denkens im schulischen Kontext als sehr hoch ein, denke aber nicht, die Psychoanalyse sei die wichtigste oder gar die einzige Disziplin, mit der Schulpädagogik kooperieren sollte. Ebenso teile ich nicht Bittners Einschätzung, die Pädagogik könne ihr „verlorengegangenes Menschenbild" nur von der Psychoanalyse beziehen (vgl. Figdor 1993, S. 69), stimme da vielmehr Fatke zu, der die These aufstellt, nur die Pädagogik könne bestimmen, was die Psychoanalyse für sie zu leisten vermag, denn „der Zweck für pädagogisches Denken und Handeln (kann) kann nicht von außen empfangen werden, also nicht von einer außerpädagogischen Disziplin." (Fatke, zit. nach ebd., S. 70)

Zusammenfassend sei festgehalten, daß ich in dieser Arbeit eine weit gefaßte Auffassung von Psychoanalytischer Pädagogik vertrete, die im Sinne der eingangs zitierten Definition Rehms sowohl als ein spezifischer Zweig der Erziehungs*wissenschaft* betrachtet werden kann (dessen Ziel *hier* ein besseres kritisches Verständnis der Alternativschulrealität ist), als auch als eine psychoanalytisch begründete Bildungs– und Erziehungs*lehre*, die mit bestimmten Methoden bestimmte Ziele zu erreichen versucht. Eine Psychoanalytische Pädagogik, die sich auf „Erziehungsanweisungen" beschränken würde, müßte das aufklärerische und kritische Potential der Psychoanalyse aufgeben. Andererseits würde die Psychoanalytische Pädagogik mit einer Beschränkung auf Erziehungskritik ihren Anspruch auf gesellschaftliche Bedeutung und Praxisrelevanz aufgeben. Wenn es ihr ein ernst gemeintes Anliegen ist, die kritisierte Erziehungsrealität zu verbessern, muß sie auch Alternativen zu derselben aufzeigen.

Schließlich möchte ich mit der Verwendung des Begriffes „Psychoanalytische Pädagogik" für eine nicht nur fortzuführende sondern noch zu intensivierende Kooperation zwischen Psychoanalyse und Pädagogik plädieren, wie Figdor dies in der letzten These seines (sehr empfehlenswerten!) Beitrages zu den „Wissenschaftstheoretischen Grundlagen der Psychoanalytischen Pädagogik" tut:

> „Psychoanalytische Pädagogik als *gemeinsame Praxis* von Psychoanalyse und Pädagogik scheint m.E. nicht nur grundsätzlich möglich und im Hinblick auf psychoanalytische wie pädagogische Ansprüche verantwortbar: psychoanalytisches Verstehen eröffnet für pädagogische Herausforderungen neue Perspektiven; und die Einbeziehung der gesellschaftlichen Realität von Erziehung und Bildung erfordert von der Psychoanalyse die Konzeption anderer Handlungskonzepte als das therapeutische Setting. Dazu bedarf es aber mehr als (einander äußerlich bleibende) Kooperation: Pädagogik und Psychoanalyse müssen sich *aufeinander einlassen*. Oder, um an das schöne Bild von der 'wählerischen Liebe' (...) anzuknüpfen: Wählerische Liebe ist zu begrüßen. Bleibt sie jedoch platonisch, wird sie auch keine Kinder zeugen (und also nichts Neues schaffen)." (Figdor 1993, 97)

2.2 Sechs Pioniere der Psychoanalytischen Pädagogik

Was oben bereits für die Alternativschulbewegung behauptet wurde, kann ebenso von der Psychoanalytischen Pädagogik behauptet werden: sie ist äußerst vielschichtig und bunt, hat zudem ganz unterschiedliche Anwendungsfelder und vereinigt theoretische Ansätze und Interessen in sich, die sich im einzelnen durchaus auch widersprechen. Vor diesem Hintergrund geht es mir weniger darum, die Psychoanalytische Pädagogik systematisch oder gar mit einem Anspruch auf Vollständigkeit darzustellen, als vielmehr darum, einen Eindruck von ihrer Vielschichtigkeit zu vermitteln.

Als Einstieg soll deshalb zunächst das Lebenswerk von sechs „Klassikern" der Psychoanalytischen Pägagogik porträtiert werden, die in ganz unterschiedlicher Weise Einfluß auf Theorie und Praxis der Pädagogik genommen haben und jeweils auch eine andere Facette der Psychoanalytischen Pädagogik repräsentieren: August Aichhorn, A.S. Neill, Siegfried Bernfeld, Hans Zulliger, Bruno Bettelheim und Fritz Redl. Diese Auswahl hat, das sei zugegeben, etwas Willkürliches an sich, soll auch keinesfalls so verstanden werden, als wolle sie sich auf die *wichtigsten* Wegbereiter der Psychoanalytischen Pädagogik konzentrieren. Skarbath und Fatke behandeln in ihrem Band „Pioniere der Psychoanalytischen Pädagogik" (1993) beispielsweise mit gutem Recht neben den oben Genannten auch noch Winnicott und Meng, lassen Neill aber außen vor. Wie ich erläutern werde, kann Neill auch kaum als ein Vertreter der Psychoanalytischen Pädagogik im engeren Sinne bezeichnet werden. Die nicht zu unterschätzende Vorbild–Funktion der von ihm gegründeten Summerhill–Schule für die ersten Alternativschulen hat mich aber veranlaßt, ihn in die folgende kleine „Ahnengalerie" mit aufzunehmen. Weitere Pioniere der Psychoanalytischen Pädagogik seien hier zumindest dem Namen nach erwähnt: Vera Schmidt mit ihren psychoanalytischen Erziehungsexperimenten im Moskauer „Kinderheim–Laboratorium" (1921–1923); Homer Lane als Gründer des Kinderheimes „Little Commonwealth" in England (1913–1918); Hermine Hug–Hellmuth, Anna Freud und Melanie Klein als Vertreterinnen der psychoanalytischen Kindertherapie sowie Wilhelm Reich als Initiator der „sexualpolitischen Bewegung" (1927–1937).

Wie sich die Psychoanalytische Pädagogik von ihren Anfängen bis zur Gegenwart entwickelte und wie Aichhorn, Neill, Bernfeld, Zulliger, Redl und Bettelheim in diesem geschichtlichen Kontext zu verorten sind, soll in Kapitel 2.3 erörtert werden. Die Reihenfolge der nun folgenden sechs Portraits richtet sich nur nach dem jeweiligen Geburtsjahr.

August Aichhorn (1878–1949)

Nach dem Ersten Weltkrieg wurde der psychoanalytisch ausgebildete Lehrer Aichhorn von der Stadt Wien mit der Einrichtung und Leitung eines Jugendheimes in Oberhollabrunn (später St. Andrä) betraut. Seine psychoanalytischen Erziehungsversuche in diesem Jugendheim (1918–1922) machten ihn zu einem Pionier der psychoanalytischen Pädagogik. Berühmt geworden ist seine Schrift „Verwahrloste Jugend", in der die Erfahrungen dieser Zeit reflektiert werden. Kennzeichnend für Aichhorn war seine nahezu unbegrenzte Fähigkeit und Bereitschaft, sich mit Liebe und Geduld verwahrlosten Kindern und Jugendlichen zuzuwenden; sie zu verwöhnen, war das „Geheimnis" seiner erzieherischen Erfolge. Die hohe Aggressivität seiner Zöglinge erklärte er sich im Sinne der Psychoanalyse als eine Reaktion auf nicht befriedigte infantile Liebesbedürfnisse. Durch die Rekonstruktion frühkindlicher Erlebnisse und Traumata bei den Jugendlichen, die er betreute, gelang es ihm, den engen Zusammenhang zwischen familialer Sozialisation und dissozialen Entwicklungsverläufen nachzuweisen. Sein Erziehungskonzept hatte einen „kompensatorischen" Charakter. Zum einen ließ er seinen Zöglingen die Freiheit, ihre aggressiven Gefühle abreagieren zu lassen, zum anderen versuchte er sie mit sich selbst und der Umwelt auszusöhnen, indem er ihnen verläßliche und vertrauensvolle Beziehungen bot, die die fehlende Geborgenheit im Elternhaus ausgleichen sollten. Seine psychoanalytischen Einblicke in die Seele verwahrloster Jugendlicher führte ihn dementsprechend auch zu einer scharfen Kritik an den rigiden Strafpraktiken der herkömmlichen Heimerziehung, die oftmals das genaue Gegenteil dessen bewirkten, was mit ihnen eigentlich intendiert war.

An der sozialpädagogischen Arbeit Aichhorns läßt sich auch beispielhaft erklären, warum sich gerade die Psychoanalytische Pädagogik in den

20er Jahren zu dem wohl fortschrittlichsten und gesellschaftskritischsten Zweig der psychoanalytischen Bewegung entwickelte. (vgl. Füchtner 1979 S. 16 ff.) Im Gegensatz zu den psychoanalytischen Therapeuten besaß sein Praxisfeld nicht den privaten Charakter eines Arzt–Patienten–Verhältnisses, sondern brachte notwendigerweise eine Auseinandersetzung mit sozialen und gesellschaftspolitischen Problemen mit sich. Die Arbeit mit verwahrlosten und größtenteils proletarischen Kindern schärfte Aichhorns Wahrnehmung für die gesellschaftliche Determiniertheit von Erziehungsprozessen. Dementsprechend warnte er den Erzieher auch ausdrücklich davor, die Bedeutung der Psychoanalyse für die Fürsorgeerziehung zu überschätzen:

> „Der Fürsorgeerzieher, der nicht erkennt, wie viele psychiatrische, soziologische, kulturpolitische, staatswissenschaftliche Probleme, um nur einige zu nennen, außer den psychologischen mit der Fürsorgeerziehung verwoben sind, und sich ausschließlich psychologischen oder psychoanalytischen Studien widmet, wäre zweifellos seiner Aufgabe nicht gewachsen." (Aichhorn, zit.n. Dienelt 1973, S. 60 f.)

Alexander Sutherland Neill (1883–1973)

Der Name A.S. Neill ist untrennbar mit der von ihm 1924 in England gegründeten Internats-Schule Summerhill verbunden, die Ende der 60er Jahre weltweit bekannt wurde und als *die* Modelleinrichtung einer „antiautoritären Erziehung" galt. Mit einer für viele Außenstehende provozierenden Radikalität pochte er auf das Recht des Kindes, sich frei von jedweden Zwängen selbstbestimmt zu entfalten und verzichtete dementsprechend auf alle offenen und verdeckten Mittel, die Triebnatur der Kinder zu disziplinieren. Summerhill fußte zum einen auf dem Prinzip der Selbstregierung, welches sich am deutlichsten sichtbar in einer wöchentlichen Versammlung der gesamten Schulgemeinde niederschlug, in der über alle wichtigen Angelegenheiten des Schullebens gleichberechtigt verhandelt und abgestimmt wurde. Zum anderen wurzelte die Pädagogik Neills in einer duldend-toleranten, verstehenden und einfühlenden Haltung, die dem Kind unbedingten Respekt entgegenbringt, auch dann, wenn es Aggressionen ausagiert oder die von der Schulvollversammlung beschlossenen Regeln nicht einhält. Gerade in den ersten Jahrzehnten, also zu Neills hauptsächlicher Wirkzeit, waren die meisten Schüler in Summerhill solche, die in anderen Schulen gescheitert waren. Die Therapie war vor diesem Hintergrund die eigentlich entscheidende Tätigkeit Neills und nicht so sehr die des Lehrens. Neill richtete unter anderem sogenannte „Private Lessons" ein, in denen er den Kindern half, über ihre Probleme und Ängste zu reden und sich so derselben bewußt zu werden.

Beeinflußt war Neill dabei von psychoanalytischem Gedankengut. Seine Rezeption der Psychoanalyse muß allerdings, hier ist Bettelheim Recht zu geben, als sehr naiv und wenig differenziert bezeichnet werden: „Der Lehre der Psychoanalyse hat Neill lediglich entnommen, daß Repression schlecht sei und daß Neurosen die Folge sexueller Verdrängung seien." (Bettelheim 1971, S. 88) Neill teilte die Auffassung seines Freundes Wilhelm Reich, daß es das Hauptanliegen der Psychoanalyse sein müsse, triebfeindliche Mechanismen aufzudecken (sowohl in der Gesellschaft, wie in der Psyche der einzelnen), zu kritisieren und sich für die Befreiung des Menschen aus diesen Zwängen einzusetzen.

Einig sind sich letztlich sowohl die meisten Anhänger wie Gegner Neills darin, daß die Bedeutung seines Lebenswerkes weniger in seinen theoretischen Konzepten als vielmehr in seinem praktischen Tun lag. Neill ist immer wieder als große und geniale Erzieherpersönlichkeit bezeichnet worden. Zu Recht weist Kamp auf die Problematik einer solchen Sichtweise hin: „Wo persönliche Zauberkraft (Magie) und angeborenes Genie als Ursache genommen werden, kann man getrost die Hände in den Schoß legen und in Ruhe das Erscheinen des nächsten Genies abwarten." (Kamp 1997, S. 133) Statt dessen komme es darauf an, so Kamp, die Wirkkraft Neills qualitativ zu beschreiben und nicht bloß ihre große Quantität zu beteuern, zumal Neill selbst darauf bestand, eine beschreibbare und *nachahmbare* Methode entwickelt zu haben und die ihm unterstellte quasi hypnotische Zwangswirkung empört zurückwies. Kamps einschlägige Arbeiten beschreiben differenziert, wie sich die intuitiven, einfühlenden Verstehensleistungen Neills in Summerhill konkret äußerten. Von einem tiefen Einfühlungsvermögen in die psychischen Befindlichkeiten der Kinder zeugen etwa jene pädagogischen Handlungen Neills, die im Sinne traditioneller Motivationvorstellungen zwar paradox erscheinen, mit denen Neill aber gleichwohl häufig beachtliche therapeutische Wirkungen erzielte. Kamp nennt diesbezüglich beispielsweise eine „Beteiligung am Fehlverhalten, um das Kind darin womöglich noch zu übertreffen. Es gibt etliche Berichte über Neills Regelbrüche, mit denen er bei bestimmten Problemkindern psychologische Wirkungen zu erzielen suchte. So half Neill einem Jungen, die Hühner des Nachbarn zu stehlen (die dann sofort zurückflogen), und er beteiligte sich (nach heimlicher Absprache mit dem Ladenbesitzer) auch an Ladendiebstählen. Als eine gegen die Regierung rebellierende Bande Zwölfjähriger per Aushang Mitglieder suchte, trat Neill als erster bei und bekam deshalb prompt Ärger mit dem Koch und den Stubenmädchen." (Kamp 1995, S. 183 f.)

Abschließend kann festgehalten werden, daß Neill kaum als Vertreter der Psychoanalytischen Pädagogik im engeren Sinne gelten kann und als Theoretiker bedeutungslos blieb. Wie kaum ein anderer Pädagoge verkörpert er aber das Ideal der Psychoanalytischen Pädagogik einer liebevollen, empathischen Haltung, die die unbewußten Motive und Konflikte des Kindes zu verstehen versucht. „Neills Haupttätigkeit war es anscheinend zu *verstehen*, zu analysieren, die Stimmung Summerhills zu erfassen." (ebd., S. 181)

Siegfried Bernfeld (1892–1953)

Daß Erziehung niemals unabhängig von gesellschaftlichen Einflüssen gedacht werden sollte, hob der psychoanalytisch orientierte Pädagoge Siegfried Bernfeld in seinen Schriften unermüdlich hervor. In seinem bekanntesten Werk „Sisyphos oder die Grenzen der Erziehung" (1925) leistet er eine grundlegende und äußerst scharfe Kritik der bürgerlichen Pädagogik und unterscheidet drei Grenzen der Erziehung: die seelische Grenze im Kinde, d.h. seine begrenzte Erziehbarkeit, die seelischen Grenzen im Erzieher, d.h. seine begrenzte Fähigkeit zu erziehen und drittens die soziale, d.h. die gesellschaftliche Grenze. Vor allem eine Auseinandersetzung mit der gesellschaftlichen Grenze der Erziehung hielt Bernfeld für unabdingbar, um jeder illusionären Schwärmerei in der Pädagogik den Boden zu entziehen. „Nicht die Pädagogik baut das Erziehungswesen, sondern die Politik. Nicht Ethik und Philosophie bestimmen das Ziel der Erziehung nach allgemein gültigen Wertungen, sondern die herrschende Klasse nach ihren Machtzielen; die Pädagogik verschleiert bloß diesen höchst häßlichen Vorgang mit einem schönen Gespinst von Idealen." (Bernfeld 1969, S. 468)

Wissenschaftlich versuchte Bernfeld die Freudsche Psychoanalyse mit der marxistischen Theorie zu einer materialistischen und gesellschaftskritischen Sozialpsychologie zu verknüpfen. Wichtige Themen seines theoretischen Wirkens waren die Psychologie des Jugendalters, psychoanalytische Kindererziehung, Jugendfürsorge und Anstaltserziehung und nicht zuletzt die Verbindung kritischer Sozialpsychologie mit der Arbeiterbewegung und dem „sozialistischen Schulkampf". Bis heute stellen Bernfelds theoretische Schriften insofern eine besondere Herausforderung für die Psychoanalytische Pädagogik dar, als sie sich auf die Bedeutung des „sozialen Ortes" konzentrieren und damit einen oftmals vernachlässigten Aspekt ins Blickfeld rücken, nämlich die Milieuprägung und historische Bedingtheit seelischer Vorgänge (vgl. Müller 1993). Bernfelds psychoanalytische Betrachtungen des Jugendalters zeichnen sich beispielsweise dadurch aus, daß sie schichtenspezifisch differenziert werden: Bernfeld unterscheidet zwischen dem Adoleszenzverlauf der „einfachen Pubertät" (1935), der für Schichten des städtischen Proletariats und der kleinen bäuerlichen Wirtschaft typisch sei und dem der „gestreckten Pubertät" (1922), der eher für das bürgerliche Milieu typisch sei. Trotz der in Bernfelds Schriften erwiesenen Fruchtbarkeit eines solchen milieutheoretischen Ansatzes ist dieser bis heute in der psychoanalytischen Jugendtheorie kaum weiterentwickelt worden.

Bernfeld profilierte sich aber nicht nur als ein Theoretiker der Psychoanalytischen Pädagogik, sondern unternahm mit dem „Kinderheim Baumgarten" auch einen Versuch, seine Ideen von sozialistischer Heimerziehung in die Realität umzusetzen. Im Kinderheim Baumgarten wurden knapp 300 jüdische Kinder im Alter von 3 bis 16 Jahren, meist verwahrlost und ohne Angehörige, betreut. (vgl Bernfeld 1969, S. 84 f.) Er verband hier grundlegende Erziehungsideen Montessoris, Ottos und Wynekens zu dem Konzept einer antiautoritären Erziehung mit Arbeitsunterricht, sich selbst bestimmender Schulgemeinde und einer repressionsfreien sexuellen Entwicklung. Finanziert wurde Bernfelds Erziehungsprojekt von Juden des gehobenen Bürgertums, die sich aber schon bald nach der Gründung des Kinderheimes an seinen sozialistischen Zielsetzungen stießen, ihm eine weitere finanzielle Unterstützung versagten und damit das Ende des Projektes im April 1920 herbeiführten.

Hans Zulliger (1893–1965)

Anders als Bernfeld war der Schweizer Lehrer Hans Zulliger kein Vertreter des linken Flügels der Psychoanalytischen Pädagogik, was ihn aber mit Bernfeld verband, war sein Versuch, massenpsychologische Erkenntnisse für die Erziehungspraxis, vor allem für die Schule, fruchtbar zu machen. So ist auch seine Definition Psychoanalytischer Pädagogik im wesentlichen massenpsychologisch orientiert:

„Psychoanalytische Pädagogik jedoch ist weder medizinisch–therapeutische Psychoanalyse, noch Kinderanalyse, noch psychoanalytische Heilpädagogik. Sie ist hauptsächlich Handhabung der psychoanalytisch erforschten Massenpsychologie. Der psychoanalytische Pädagoge arbeitet bewußt mit den Phänomenen der Massenübertragung, Gegenübertragung, Versagung, Verzicht, Identifikationswunsch der Kinder; er tut es ohne zu 'analysieren', sondern durch eine entsprechende Reaktion und Gegenreaktion, durch sein Verhalten. Psychoanalytische Pägagogik ist eine Erziehungsweise, die auf psychoanalytischem Verständnis der Kinder in ihrer Eigenschaft als Einzelindividuum und als Masse, und auf dem Verständnis der Erzieherreaktionen beruht. Ihr Zweck ist, die Kinder sozial, mit anderen Worten 'gemeinschaftsfähig' im kulturellen Sinn zu machen, wobei die Betonung sowohl auf dem Wort 'Gemeinschaft' als auch auf 'fähig' zu legen ist." (Zulliger, zit. n. Füchtner 1978, S. 201 f.)

Mit seiner Definition Psychoanalytischer Pädagogik als einer Erziehung zur Gemeinschaftsfähigkeit grenzte Zulliger dieselbe auch deutlich von der psychoanalytischen Kindertherapie ab, deren Aufgabe es nicht sei zu erziehen, sondern zu heilen – eine Unterscheidung, die in den Anfängen der Psychoanalytischen Pädagogik, so etwa bei Aichhorn, noch nicht in dieser Deutlichkeit gesehen wurde. Im Unterschied zu den therapeutischen Bemühungen eines Analytikers empfiehlt Zulliger dem Lehrer, das Eingehen von Paarverhältnissen mit den Schülern möglichst zu vermeiden und stattdessen aus der Klasse eine Gemeinschaft zu bilden. Voraussetzung dafür sei, daß der Lehrer sich bemühe, das Objekt des gemeinsamen Ich–Ideals der Schüler zu verkörpern um so einen hohen Grad der Identifizierung der Schüler untereinander zu gewährleisten. Theoretischer Hintergrund dieser Überlegung war Freuds Einsicht, daß eine Gemeinschaft auf einer Anzahl von Individuen beruht, „die ein und dasselbe Objekt an die Stelle ihres

Ichideals gesetzt und sich infolgedessen in ihrem Ich miteinander identifiziert haben." (Freud, zit. n. Füchtner 1979, S. 89) Alfred Burger beschreibt in seiner Arbeit „Der Lehrer als Erzieher" (1992), daß Zulliger in seinem Unterricht auch ganz bewußt Maßnahmen einsetzte, mit denen er versuchte, die gegenseitige Identifikation der Schüler untereinander zu stärken und zu festigen. Die folgenden Beispiele mögen dies verdeutlichen:

> „Im Sprachunterricht macht Zulliger beispielsweise mit der Klasse ein Diktat, eruiert danach nur das Total der Fehler der ganzen Klasse, lässt nach einer gewissen Zeit der Schulung der Orthographie wieder das gleiche Diktat schreiben, um festzustellen, ob die Klasse gesamthaft einen Fortschritt gemacht hat.
> Im Rechenunterricht beginnt Zulliger mit den Schülern die Übungsphase erst, wenn alle versichern, den Stoff begriffen zu haben. Beim Üben läßt er die Schüler kooperativ arbeiten, weil er der Meinung ist, dass Schüler sich untereinander oft Probleme besser begreiflich machen können, als dies ein Erwachsener vermöge. Bei der nachfolgenden Prüfung wird der prozentuale Anteil der richtigen Lösungen ermittelt, und die Klasse diskutiert, was zu unternehmen ist, wenn zu wenig richtige Ergebnisse vorliegen, oder von welchem Fehleranteil an im Stoff weiter fortgeschritten werden könne. Nach Zulliger führt dieses Vorgehen dazu, dass die besseren Schüler beginnen, die weniger erfolgreichen nachzuziehen und sich alle für einander verantwortlich fühlen. So hebt sich das Leistungsniveau der ganzen Klasse." (Burger 1992, S. 253)

Neben der Schule beschäftigte sich Zulliger in seinen Schriften aber auch mit anderen Praxisfeldern der Pädagogik. So befaßte er sich, ähnlich wie Aichhorn, mit der neurotischen Dynamik jugendlicher Delinquenz, insbesondere mit dem eng begrenzten Gebiet der „symbolischen Diebstähle". Die Schaffung einer eigenen, psychoanalytisch fundierten Spieltherapie (Zulliger spricht bezeichnenderweise von den „heilenden Kräften im kindlichen Spiel") ist ein weiterer Aspekt seiner vielfältigen pädagogischen Bemühungen, den man nicht unerwähnt lassen sollte.

Fritz Redl (1902–1988)

Die Bemühungen Fritz Redls, psychoanalytische Erkenntnisse für die Erziehungspraxis nutzbar zu machen, sind sehr vielfältig. 1926 trat er in den Schuldienst ein, arbeitete 1930 als Schulpsychologe in einem Landerziehungsheim und errichtete in den Jahren 1934–1936 zusammen mit Aichhorn in Wien ein Netz von Erziehungsberatungstellen, in denen zum ersten Mal in größerem Stil eine psychoanalytisch fundierte Erziehungsberatung öffentlich angeboten wurde. (vgl. Fatke 1995, S. 86) Seine Erfahrungen in diesen unterschiedlichen Betätigungsfeldern reflektierte er in mehreren Beiträgen, die in der damaligen „Zeitschrift für Psychoanalytische Pädagogik" veröffentlicht wurden und überwiegend alltägliche Probleme des Schulalltags thematisierten.

1936 emigrierte Redl in die USA, beteiligte sich dort zunächst an einem Forschungsprojekt zur Adoleszenzentwicklung und wurde nach verschiedenen anderen Tätigkeiten 1941 als Professor für Sozialarbeit an die Universität von Detroit berufen. 1944 gründete er dann mitten in einem Elendsviertel Detroits ein kleines Erziehungsheim, in dem psychisch schwer gestörte, hyperaggressive Jungen aus der Unterschicht mit delinquenten Verhaltensmustern betreut wurden. Die in diesem „Pioneer House" gemachten Erfahrungen und hier entwickelten, psychoanalytisch fundierten Erziehungskonzepte veröffentlichten Redl und sein Mitarbeiter Wineman in zwei Büchern, die in der pädagogischen Arbeit mit verhaltensauffälligen Kindern neue Maßstäbe setzten und Redl schlagartig international bekannt machten (1951 „Kinder, die hassen"; 1952 „Steuerung des aggressiven Verhaltens beim Kind").

Redls Erziehungskonzept stand in der Tradition der ich–psychologischen Schule Anna Freuds und Heinz Hartmanns. Redl hatte die Beobachtung gemacht, daß die im „Pioneer House" betreuten Kinder herkömmlichen Erziehungs– und Therapiekonzepten nicht zugänglich waren und führte dies auf massive Störungen ihrer Ich–Funktionen zurück. Diese Störungen äußerten sich bei den Kindern etwa in einer geringen Frustrationstoleranz, in der Panik angesichts neuer Situationen, im Zusammenbruch angesichts von Schuldgefühlen, in der leichten Erregbarkeit durch die Gruppe und in anderen Verhaltensweisen. Solchen Kindern, so Redl, könne nur durch ein systematisches pädagogisch–therapeutisches Programm geholfen werden, welches die gestörten Ich–Funktionen neu aufzubauen hilft und im Rahmen eines „therapeutischen Milieus" umgesetzt werden muß. (ebd. S. 100 ff.) Redl lenkte mit dem Konzept des „therapeutischen Milieus" die Aufmerksamkeit auf ein bislang vernachlässigtes Gebiet, nämlich das, was diese Kinder in den „anderen 23 Stunden", also außerhalb der üblichen Therapiestunde erfahren. So wies er beispielsweise eindrücklich darauf hin, daß dieses Milieu einheitlich, klar und für die Kinder durchschaubar gestaltet sein müsse, denn eine Aufspaltung des erzieherischen Kontextes und eine mangelnde Kohärenz des durch die ErzieherInnen vermittelten Wertesystems würde die innere Zerissenheit des Kindes nur verstärken. Indem Redls Pädagogik gleichermaßen eine Überforderung wie eine Unterforderung der Ich–Fähigkeiten des Kindes vermeidet, kann sie, wie Wagner–Winterhager (1987) ausführt, als ein dritter Weg zwischen „autoritärer" und „antiautoritärer" Pädagogik begriffen werden und ist insofern etwa auch für schulpädagogische Fragen von großer Relevanz, als sie auf die das Ich entlastende Funktion institutioneller Routinen und fester Zeitstrukturen hinweist.

Aus finanziellen Gründen mußte das „Pioneer House" schon nach zwei Jahren wieder eingestellt werden. Mit der 1953 aufgenommenen Leitung der Kinderstation eines psychiatrischen Krankenhauses bot sich Redl aber ein neues Feld, in dem er seine theoretischen und praktisch–erzieherischen

Konzepte weiter ausdifferenzieren konnte. Redls Bedeutung für die Erziehungspraxis liegt darin, daß er die Strukturmerkmale eines Ich–stützenden erzieherischen Milieus differenziert herausgearbeitet hat, seine bleibende theoretische Leistung liegt hauptsächlich in der Ausdifferenzierung der Ich–Funktionen, die auch unabhängig von pädagogischen Anwendungen die psychoanalytische Ich–Psychologie nachhaltig bereichert hat.

Bruno Bettelheim (1903–1990)

Bruno Bettelheim als einen „Klassiker der Psychoanalytischen Pädagogik" zu bezeichnen, macht insofern Sinn, als er maßgeblich mit seinen viel gelesenen und immer wieder neu aufgelegten Veröffentlichungen (die bekannteste dürfte wohl das Buch „Kinder brauchen Märchen" sein) der psychoanalytischen Reflexion von Erziehungsfragen zu einer größeren Breitenwirkung verholfen hat (vgl. Göppel 1993). Zum anderen hat er als erster auf psychoanalytischer Grundlage ein Konzept für die institutionelle Erziehung psychotischer und autistischer Kinder entwickelt. 1944 wurde Bruno Bettelheim von der Universität von Chicago dazu beauftragt, eine kinder– und jugendpsychiatrische Institution umzugestalten und zu leiten. Bettelheim nahm diese Herausforderung an und machte diese „Orthogenic School" in den folgenden drei Jahrzehnten zu einer international bekannten Modelleinrichtung. Einige seiner bekanntesten Publikationen wie z.B. „Liebe allein genügt nicht" (1950) oder „Der Weg aus dem Labyrinth" (1974) beschreiben das an der Orthogenic School entwickelte psychoanalytisch-pädagogische Konzept und die damit gemachten Erfahrungen.

Grundlegend für dieses Konzept war das Bemühen Bettelheims und seiner MitarbeiterInnen, sich in die Welt der psychisch schwer gestörten Kinder einzufühlen, zu verstehen, warum sie sich wie verhalten und den Kindern unbedingten Repekt vor den bisweilen bizarren Ausdrucksweisen ihrer Subjektivität entgegenzubringen. Eindrücklich zeichnet Göppel (1993) nach, wie die außergewöhnlich weit gehende Einfühlungsbereitschaft Bettelheims biographisch in seiner KZ–Erfahrung wurzelt. 1938 war Bettelheim von den Nationalsozialisten verhaftet worden; die Extremsituation des Konzentrationslagers wurde zu einer Schlüsselerfahrung. Die eigene psychische Situation und die seiner Mitgefangenen zu beobachten und zu durchdenken wurde für Bettelheim zu einer Art Strategie, die Desintegration der eigenen Persönlichkeit aufzuhalten und trotz aller äußeren Demütigungen Selbstachtung zu bewahren. Bettelheim konnte durch die Intervention einflußreicher amerikanischer Freunde nach einem Jahr Gefangenschaft dem Konzentrationslager entkommen und schreibt im nachhinein über die Bedeutung dieser Erfahrung: „Die KZ–Erfahrung und die mit ihr verbundene Einfühlung eröffneten mir den Zugang zu der Welt, in der die Psychose herrscht." (zit. nach ebd., S. 119 f.) Bezeichnenderweise erörtert Bettelheim in einem zehn Jahre nach seiner KZ–Erfahrung verfaßten Beitrag über die Möglichkeiten des Sozialkundeunterrichts, adoleszente Ängste im schulischen Kontext zu bearbeiten (Bettelheim 1948), auch hier die herausragende Rolle der Selbstreflexion. Schule müsse dem Jugendlichen die Möglichkeit bieten, so die Kernaussage dieses Beitrages, sich seiner entwicklungsbedingten Konflikte, Unsicherheiten und Ängste bewußt zu werden, um sie so besser verarbeiten zu können. Dabei sei auch eine kontinuierliche Selbstreflexion auf Seiten des Lehrers unabdingbar. „Wie Jugendliche müssen wir alle lernen, in einem fortgesetzten Zustand der Unsicherheit zu leben und ihn durch intellektuelles Verstehen und kritische Erforschung zu beherrschen versuchen." (ebd., S. 347)

Während eine solche Beschäftigung mit schulpädagogischen Fragen im Lebenswerk Bettelheims freilich eher einen Exkurs darstellt, seine Haupttätigkeit sich vielmehr auf den Umgang mit psychisch schwer gestörten Kindern richtete, ist die hier deutlich werdende, verstehende und empathische Einstellung für Bettelheim durchaus typisch. Göppel sieht darin auch den „Kernpunkt, der Bettelheims Pädagogik zur Psychoanalytischen Pädagogik macht: das ständige intensive Bemühen darum, das Handeln und die Motive der betreuten Kinder zu verstehen, und die ständige Verschränkung dieser Verstehensbemühung mit der Selbstreflexion darüber, welche gefühlsmäßigen Reaktionen diese Handlungen beim Erzieher auslösen, sowie darüber, wo die lebensgeschichtlichen Quellen für diese gefühlsmäßigen Reaktionen liegen." (Göppel 1993, S. 123)

2.3 Die Geschichte der Psychoanalytischen Pädagogik

Der psychoanalytische Pädagoge Wilfried Datler weist in seiner Arbeit „Bilden und Heilen" (1995) differenziert nach, daß psychoanalytisch-psychotherapeutische Praxis durchaus auch sinnvoll als ein Spezialfall von pädagogischer Praxis zu begreifen ist. Tatsächlich enthält die klassische psychoanalytische Therapie, wie sie Freud und seine Nachfolger betrieben, zweifellos auch pädagogische Elemente. In der psychoanalytischen Therapie des erwachsenen Patienten werden kränkende Kindheitserlebnisse des Patienten aufgespürt und bearbeitet. Dem Analytiker fällt dabei die Aufgabe zu, das Ich des Patienten zu stärken und ihn zu einer realitätsgerechten Befriedigung seiner Triebansprüche hinzuführen. Dementsprechend sprach Freud in seinem Vorwort zu August Aichhorns „Verwahrloste Jugend" (1925) von der psychoanalytischen Therapie als einer Art „Nacherziehung".

Es liegt auf der Hand, daß sich die Entstehung der Psychoanalytischen Pädagogik vor diesem Hintergrund kaum eindeutig datieren läßt. Gleichwohl lassen sich zwei Phasen in der Entstehungsgeschichte der Psychoanalytischen Pädagogik relativ deutlich voneinander unterscheiden: die Jahre der Grundlegung und der ersten Anwendungen (ca. 1905–1918) und die erste „Blütezeit" in den zwanziger und dreißiger Jahren bis 1938 (vgl. Füchtner 1979, S. 12). Ein grundlegendes Werk – nicht nur der Psychoanalytischen Pädagogik sondern der Psychoanalyse überhaupt – stellen die „Drei Abhandlungen zur Sexualtheorie" dar, die Freud im Jahre 1905 veröffentlichte. Vor allem die zweite Abhandlung mit dem Titel „Die infantile Sexualität" bot eine ungeheure Fülle an Einblicken in die Psychologie des Kindes und räumte überzeugend mit dem alten Irrglauben auf, das Kind sei frei von sexuellen Strebungen.

Schon drei Jahre später, auf dem ersten psychoanalytischen Kongreß in Salzburg, hielt Sándor Ferenczi ein Referat zum Thema „Psychoanalyse und Pädagogik". Während aber die Pädagogik nie zu einem wesentlichen Interessengebiet des Psychoanalytikers Ferenczi wurde, kann man den protestantischen Pfarrer Oskar Pfister als einen der ersten psychoanalytischen Pädagogen im engeren Sinne bezeichnen. Schon 1913 veröffentlichte er seine Schrift „Die psychoanalytische Methode", die seine Versuche schildert, Leistungs– und Verhaltensstörungen mit Hilfe psychoanalytischer Deutungstechnik zu behandeln. Er gab der von ihm entwickelten Methode die eigenwillige Bezeichnung „Pädanalyse" und definierte sie als eine „vom Fachpädagogen ausgeübte Erziehungskunst." (Pfister, zit. n. Körner 1980, S. 770) Wenngleich einer der *ersten* Vertreter der Psychoanalytischen Pädagogik, kann Pfister doch keineswegs als ein *typischer* Vertreter dieser Disziplin gelten. Gesellschaftskritische Aspekte spielen in seinen Schriften kaum eine Rolle, zudem war sein Verfahren der „Pädanalyse" deutlich von christlicher Ethik geprägt. Was die Psychoanalyse für den Erzieher „sympathisch" mache, war nach Pfisters Meinung vor allem Freuds Lehre von der Sublimierung, die Ablenkung vom Sexuellen. Die Förderung der Sublimierung, so Pfister, sei eine „heilige Aufgabe des Erziehers". (vgl. Dienelt 1973, S. 57 f.)

Die katastrophalen Auswirkungen des Konfliktes zwischen den imperialistischen Großmächten im Ersten Weltkrieg behinderten zunächst die weitere Entwicklung der psychoanalytischen Bewegung. Mit dem Zusammenbruch der Monarchien in Österreich und Deutschland und der damit verbundenen Demokratisierung konnte sich aber diese Bewegung freier entfalten. Es begann die „Blütezeit der psychoanalytischen Pädagogik" (vgl. Füchtner 1979, S. 14 ff.), die vor allem in der „Zeitschrift für Psychoanalytische Pädagogik" (1926–1937) ihren publizistischen Niederschlag fand. Die psychoanalytische Auseinandersetzung mit Fragen der Pädagogik war in dieser Zeit äußerst innovativ, produktiv und vielseitig. Das Interesse der psychoanalytischen Pädagogen richtete sich, um nur einige Schwerpunkte zu nennen, auf die Sexualität und Entwicklungspsychologie des Kindes, die Kritik der Erzieher und der Erziehungsmittel, die Erziehungsinstitutionen wie Familie, Kindergarten und Schule, sowie Massenpsychologie und jugendliche Delinquenz.

Die höchst unterschiedlichen Interessen, theoretischen Vorannahmen und praktischen Betätigungsfelder der im vorigen Kapitel portraitierten Pioniere der Psychoanalytischen Pädagogik verdeutlichen exemplarisch den

Tatbestand, daß es unmöglich ist, von der Psychoanalytischen Pädagogik als einer *einheitlichen* Bewegung zu sprechen. Eine Gemeinsamkeit der psychoanalytischen Pädagogen der 20er Jahre besteht aber darin, daß sie die Möglichkeiten und Chancen einer Verknüpfung von Psychoanalyse und Pädagogik, zumindest in bestimmten Phasen ihres Wirkens, mit einem aus heutiger Sicht kaum nachvollziehbaren Enthusiasmus beurteilten. Die Psychoanalytische Pädagogik war in dieser Zeit von der Hoffnung getragen, eine konsequente und breit angelegte Anwendung psychoanalytischer Erkenntnisse auf die Erziehung könne zu einer nachhaltigen Neurosenprophylaxe in der Bevölkerung führen. Man malte die Utopie einer zukünftigen Gesellschaft, die durch die Psychoanalyse von jeglichem neurotischen Leiden befreit worden sei. Diese unrealistischen Hoffnungen mußten dann notwendigerweise enttäuscht werden, was ab 1932 zu einer „Revision der psychoanalytischen Pädagogik" (vgl. Füchtner 1978, S. 195) führte. Dem pädagogischen Optimismus der 20er Jahre folgte der Pessimismus der 30er Jahre. Auch verschob sich die pädagogische Zielsetzung zunehmend von der „Befreiung des Kindes" zu einer auf Ich–Stärkung gerichteten, positiven Erziehungslehre.

Mit der Machtergreifung Hitlers und spätestens mit dem Ausbruch des Zweiten Weltkrieges im Jahre 1939 wurde die weitere Entwicklung der psychoanalytischen Pädagogik jäh unterbrochen. Mit der Parole „Gegen seelenzersetzende Überschätzung des Trieblebens, für den Adel der menschlichen Seele!" hatten die Nationalsozialisten schon 1933 „die Schriften der Schule Sigmund Freud" verbrannt. (Fatke 1995, S. 90) Viele Psychoanalytiker und mit ihnen die psychoanalytischen Pädagogen emigrierten ins Ausland, vor allem in die anglo–amerikanischen Länder. Die Psychoanalytische Pädagogik wendete in diesen Jahren ihr Interesse von allgemeinen Fragen des Erziehungs– und Bildungswesens weitgehend ab und im Zuge einer allgemeinen Medizinalisierung der Psychoanalyse verlor sie ihren gesellschaftskritischen Impetus. Gleichwohl gilt es zu bedenken, daß in den USA in diesen Jahren bahnbrechende theoretische Neuerungen ihren Anfang nahmen. Es sei nur daran erinnert, daß im gleichen Jahr, nämlich 1944, Bruno Bettelheim in Chicago seine Orthogenic School und Fritz Redl in Detroit sein Pioneer House gründeten.

Im deutschsprachigen Raum kam es erst ab 1950 wieder zu einer Beschäftigung mit psychoanalytisch–pädagogischen Fragestellungen. (vgl. Datler 1995, S. 71 ff.) Bolterauer gründete etwa in diesem Jahr die August–Aichhorn–Gesellschaft in Wien, in der Schweiz setzten Zulliger und Meng ihre regen Publikationstätigkeiten der Vorkriegszeit wieder fort, und in Deutschland bemühten sich in den 50er und 60er Jahren Autoren wie Horst–Eberhard Richter, Peter Fürstenau, Alexander Mitscherlich oder Günther Bittner um eine Weiterentwicklung der Psychoanalytischen Pädagogik. Datler weist allerdings darauf hin, daß diese Aktivitäten zwar dem „allmählichen Wiederaufblühen" der Psychoanalytischen Pädagogik in den folgenden Jahrzenten den Boden bereiteten, daß aber andererseits „zunächst nur an einigen wenigen Orten und zumeist nur von einzelnen Personen versucht wurde, explizit an der Verknüpfung von Psychoanalyse und Pädagogik zu arbeiten. Überdies wurden diese Versuche von der psychoanalytischen und pädagogischen Fachöffentlichkeit kaum rezipiert". (ebd., S. 74)

Erst mit den Studentenunruhen der späten 60er Jahre wurde das gesellschaftskritische Potential der Psychoanalyse wieder aufgegriffen und gerieten die Möglichkeiten, psychoanalytische Erkenntnisse auch in außerklinischen Zusammenhängen anzuwenden, wieder in das Blickfeld einer breiteren Öffentlichkeit. Die antiautoritären Kinderläden der Studentenbewegung stellten den praktischen Versuch dar, Kindern ein angst– und repressionsfreies Aufwachsen zu ermöglichen. Die Rezeption der Psychoanalyse durch diese Bewegung muß aus heutiger Sicht allerdings als sehr einseitig bezeichnet werden. Hauptsächlich las man die Werke marxistisch orientierter Psychoanalytiker (allen voran Wilhelm Reich); neuere Entwicklungen der Psychoanalyse wie die Herausbildung einer Ich–Psychologie (A. Freud, Hartmann, Redl) oder Autoren wie Margaret Mahler und Melanie Klein wurden aber weitgehend ignoriert. In den Kinderläden führte diese einseitige Rezeption der Psychoanalyse häufig zu einer äußerst problematischen Laisser–faire–Erziehung, die sich mit einzelnen Versatzstücken der psychoanalytischen Theorie zu legitimieren suchte. Andererseits muß der antiautoritären Erziehung der 60er Jahre zugute gehalten werden, daß sie vor dem Hintergrund der Erfahrungen mit dem dritten Reich den bis dato engagiertesten Versuch darstellte, an die Stelle des für den Faschismus anfälligen autoritären Charakters (vgl. die 1936 von Erich Fromm verfaßte Studie „Autorität und Familie") einen neuen liebes–, genuß– und konfliktfähigen Charakter zu setzen, der sich engagiert für die Demokratie und für Werte wie Solidarität und Brüderlichkeit einsetzen würde. Wagner–Winterhager führt hierzu aus:

> „Es ist und bleibt das große Verdienst dieser Bewegung, Kategorien wie Liebesfähigkeit, Genußfähigkeit, Solidarität und Konfliktfähigkeit als Erziehungsziele in die pädagogische Diskussion überhaupt eingebracht zu haben. Der älteren, etablierten und spekulativen Pädagogik waren solche Ziele eigentlich immer Fremdworte geblieben. Wo sie von Zielen gehandelt hatte, da waren diese „edler", hatten mit Liebe wenig, mit Genußfähigkeit und Solidarität gar nichts zu tun." (Wagner–Winterhager 1987, S. 60)

Die Psychoanalytische Pädagogik erhielt nach 1968 auch dadurch Auftrieb, daß sich die universitäre Beschäftigung mit Fragen der „Erziehungsschwierigkeiten" bzw. „Verhaltensgestörtenpädagogik" deutlich verstärkte (vgl. Datler 1995, S. 75 f.). Da dies schon lange originäre Themenfelder der Psychoanalytischen Pädagogik waren, neigte man an einigen Hochschulen dazu, einschlägige Planstellen an psychoanalytisch versierte Erziehungswissenschaftler zu vergeben. So erhielt beispielsweise Aloys Leber schon 1972 an der Universität Frankfurt eine Professur für Heilpädagogische Psychologie. Im Zuge dieser Entwicklung begann nun also die Psychoanalyse auch in der universitären Erziehungswissenschaft Fuß zu fassen.

Datler konstatiert für die 70er Jahre dann eine kontinuierliche Verzweigung und Ausbreitung der Beschäftigung mit psychoanalytisch–pädagogischen Fragestellungen und stellt fest, daß sich diese seit 1980 noch einmal erheblich intensiviert hat, so daß es durchaus möglich sei, von einer „Renaissance" Psychoanalytischer Pädagogik zu sprechen. Tatsächlich sprechen viele Fakten dafür, diese Bezeichnung nicht als eine unbotmäßige Übertreibung zurückzuweisen (ebd., S. 77 ff.): Die argumentativen Bemühungen psychoanalytischer Pädagogen, ihr wissenschaftliches und praktisches Selbstverständnis zu klären und dabei insbesondere der Frage nachzugehen, in welches Verhältnis die beiden Disziplinen Pädagogik und Psychoanalyse überhaupt sinnvollerweise zu stellen sind – dies ist oben bereits erörtert worden – haben in den letzten Jahren ein sehr hohes Niveau erreicht. Eine solche metatheoretische Selbstvergewisserung und Standortbestimmung hatten die psychoanalytischen Pädagogen zwischen den beiden Weltkriegen noch fast ausnahmslos vernachlässigt. Zum zweiten hat sich die Psychoanalytische Pädagogik erst seit 1980 nachhaltig institutionell etablieren können: seit 1993 gibt es in der Deutschen Gesellschaft für Erziehungswissenschaften eine ständige Kommission „Psychoanalytische Pädagogik" (vgl. dazu Datler/Fatke/Winterhager–Schmid 1994), seit 1989 erscheint das von Hans–Georg Trescher und Christian Büttner gegründete „Jahrbuch für Psychoanalytische Pädagogik". Das beste Argument, mit dem Datler seine Behauptung einer gegenwärtigen „Renaissance psychoanalytischer Pädagogik" untermauert, sehe ich aber letztlich darin, daß heute nicht mehr nur einige wenige Autoren verstreut zu vereinzelten psychoanalytisch–pädagogischen Themenbereichen publizieren (einen Eindruck von der heutigen Themenvielfalt vermitteln die im oben erwähnten Jahrbuch regelmäßig erscheinenden „Umschauartikel"), sondern sich vielmehr ein lebendiger psychoanalytisch–pädagogischer Diskurs entwickelt hat, in welchem sich die einzelnen Autorinnen und Autoren „nicht nur auf 'Klassiker' beziehen, sondern auch aufeinander, so daß man sich heute mit einem dichten Netz an Querverweisen und Diskussionstraditionen konfrontiert findet, an dem beständig 'weitergewoben' wird." (Datler 1995, S. 78)

2.4 Psychoanalyse und Schule

Einige Aspekte der Anwendung psychoanalytischer Erkenntnisse auf die Institution Schule sind oben bereits angeklungen. In diesem Kapitel soll nun der Versuch unternommen werden, die vielfältigen Aspekte, die bei einer psychoanalytischen Durchleuchtung der Theorie und Praxis von Schule in Betracht kommen, zu systematisieren. D.h., die vielfältigen Bezüge zwischen Psychoanalyse und Schule sollen kurz aufgezeigt, aber nicht inhaltlich, etwa in Form einer Darstellung bisheriger Forschungsergebnisse, ausgeführt werden. Eine Auseinandersetzung mit dem Thema „Freie Alternativschulen aus psychoanalytischer Sicht" kann nicht sinnvoll von einer Auseinandersetzung mit dem allgemeineren Thema „Schule aus psychoanalytischer Sicht" getrennt werden. Deshalb werde ich auf die bisherigen schultheoretischen Beiträge der Psychoanalytischen Pädagogik erst später eingehen. Die nun folgende – zumindest grobe – Systematisierung der Bezüge zwischen Psychoanalyse und Schule scheint mir aber eine unabdingbare Voraussetzung zu sein, um der großen Komplexität des Themas dieser Arbeit gerecht zu werden.

Anna Freud setzte sich 1929 in einem Vortrag für Erzieher und Erzieherinnen mit dem Titel „Die Beziehungen zwischen Psychoanalyse und Pädagogik" unter anderem mit der Frage auseinander, welchen Beitrag die Psychoanalyse für die Pädagogik zu leisten vermag:

> „Sie eignet sich zur Kritik der schon bestehenden Erziehungsformen. Als psychoanalytische Psychologie, als Lehre von den Trieben, vom Unbewußten, als Libidotheorie erweitert sie [...] die Menschenkenntnis des Erziehers und schärft sein Verständnis für die komplizierten Beziehungen zwischen dem Kind und dem erziehenden Erwachsenen. Als eine Behandlungsmethode schließlich, als Kinderanalyse, bemüht sie sich, Schäden wieder auszubessern, die dem Kind während des Erziehungsprozesses zugefügt wurden." (A. Freud 1971, S. 51)

Überträgt man diese drei „Nutzanwendungen" der Psychoanalyse nun auf die Schule, so sind hier vor allem die beiden zuerst genannten Aspekte, nämlich erstens die Erziehungskritik und zweitens das Verständnis des Erziehungsprozesses von Interesse:

Zu einer Kritik der Schule kann die Psychoanalyse insofern beitragen, als sie ein besonderes Gespür für Gefühlsambivalenzen, für Widersprüche in unseren Strebungen oder, allgemeiner formuliert, für *Konflikte* kultiviert hat. Anders als gängige Schultheorien beschäftigt sich die Psychoanalytische Pädagogik gerade mit den Schwierigkeiten und Nöten der Kinder im Prozeß ihres Aufwachsens und ihrer Auseinandersetzung mit den Anforderungen der Schule; sie steht dadurch gewissermaßen auf der Seite des Kindes. Ihr gesellschaftskritisches Potential kann die Psychoanalytische Pädagogik freilich nur dann voll entfalten, wenn sie sich stets der Gefahr einer „subjektivistischen Verkürzung" (vgl. Vinnai 1976, S. 74 ff.) ihres Ansatzes bewußt bleibt und unter Einbeziehung sozialwissenschaftlicher Erkenntnisse auch das Verhältnis zwischen der Schule als Institution und dem Gesellschaftssystem zu klären versucht.

Als eine Theorie des Unbewußten kann die Psychoanalyse zeigen, wie das Erleben, Verhalten und die wechselseitige Kommunikation von Schülern und Lehrern von unbewußten Vorgängen mitbestimmt wird. Die Schule ist eine Institution, in der vor allem gelehrt und gelernt wird. Die Ausrichtung auf dieses vernunftgeleitete und bewußt–praktische Tun kann den Lehrer dazu verleiten, die unbewußten Faktoren außer acht zu lassen.

Psychoanalytisches Denken in der Schule bietet also die Möglichkeit, unbewußte, aber gleichwohl handlungsleitende Motive der an der Interaktion Beteiligten zu entschlüsseln und entsprechend zu berücksichtigen. Gleichzeitig lenkt psychoanalytisches Denken damit auch die Aufmerksamkeit auf die Bedeutung des emotionalen Klimas in der Schule.

Versucht man nun, die möglichen Beziehungen zwischen Psychoanalyse und Schule nicht aus den theoretischen Annahmen der Psychoanalyse, sondern aus einer Theorie der Schule heraus zu systematisieren, so ergeben sich im wesentlichen fünf Bereiche des Themenfeldes Schule, zu der die psychoanalytische Forschung ihren Beitrag leisten kann:

1. das Verhältnis zwischen dem Gesellschaftssystem und der Schule als einer Institution dieser Gesellschaft
2. die der Organisation der Schule und dem konkreten Handeln der Lehrer zugrunde liegenden Bildungs– und Erziehungstheorien
3. der organisatorische Aufbau der Schule selbst sowie der Schulunterricht und das Schulleben
4. die schulischen Interaktions– und Kommunikationsprozesse aller Beteiligten (d.h. vor allem der Lehrer und Schüler, im weiteren Sinne aber auch der Eltern, Hausmeister, Schulaufsichtsbeamten usw.)
5. spezielle Konflikte in der Schule wie Schul– und Prüfungsangst, Lernhemmungen, Gewalt usw.

zu 1.: Schule und Gesellschaft

Die Schule ist eine von der Gesellschaft getragene und kontrollierte Einrichtung. Ähnlich wie Erich Fromm in seiner sozialpsychologischen Studie „Autorität und Familie" (1936) von der Familie als einer „psychologischen Agentur der Gesellschaft" spricht, kann auch die Schule als eine psychologische Agentur der Gesellschaft verstanden werden. „Die Schule als Institution läßt sich formal als ein komplexes Gefüge von Normen, Regeln und Rollenerwartungen verstehen, das den Zweck hat, die Sozialisation der Kinder und Jugendlichen so zu steuern, wie es gesellschaftlich erwünscht ist." (Wellendorf 1993, S. 16) Ihre wesentliche Funktion besteht also darin, jene Wertvorstellungen, Verhaltensdispositionen und emotionalen Strukturen in der nachwachsenden Generation anzupflanzen, die den weiteren Bestand des jeweiligen Gesellschaftssystems sichern. Aus psychoanalytischer Sicht ist hier erstens danach zu fragen, welcher Art die von der Gesellschaft eingeforderten psychischen Strukturen sind und zweitens, in welcher Weise, und das heißt auch mit welchen Schwierigkeiten, Konflikten und Verlusten die Schule diese Strukturen in der Psyche des Kindes, bzw. des Jugendlichen verankert. Sofern bei einer psychoanalytisch orientierten Beantwortung gerade der ersten Frage die Gefahr einer Psychologisierung vermieden werden soll, ist eine Bezugnahme auf gesellschaftstheoretische Überlegungen unabdingbar. Ohne eine Auseinandersetzung mit den grundlegenden Strukturmerkmalen unserer Gesellschaft wäre eine fundierte Bestimmung der psychischen Struktur ihrer Mitglieder kaum möglich. Siegfried Bernfeld war der erste psychoanalytische Pädagoge, der in diesem Sinne eine Kritik der Schule mit marxistischer Gesellschaftstheorie verband. Der Aufsatz von Vinnai zum Thema „Psychoanalyse und Schule" (1974) kann in diese Tradition eingereiht werden.

Andere Autoren, wie Fürstenau (1964), Wellendorf (1979) oder Muck (1980) beschäftigen sich in ihren Arbeiten demgegenüber hauptsächlich mit der zweiten Frage, also in welcher Weise die Schule zu einer gesellschaftsadäquaten Ausformung der kindlichen Triebenergie beiträgt. Beide Fragen sollen im Zusammenhang mit der psychoanalytischen Durchleuchtung Freier Alternativschulen eingehend erörtert werden.

zu 2.: Grundlegende Bildungs- und Erziehungstheorien

Lehrerinnen und Lehrer wirken in der Schule nicht nur als Wissensvermittler, sondern auch, zumal in der Grundschule, als Erzieher. Sicherlich gibt es vereinzelt Lehrkräfte, die für sich die Rolle des Erziehers ablehnen, faktisch ist es aber jedem Erwachsenen, der mit einem bestimmten Auftrag vor einer Gruppe von Kindern steht, unmöglich, *nicht* in irgendeiner Art und Weise erzieherisch auf diese Kinder zu wirken. Erziehungstheorien machen daher ihren Einfluß also nicht etwa nur im Kindergarten oder in der Jugendfürsorge geltend, sondern auch in dem Praxisfeld Schule. Ebenso wie die Vorstellungen darüber, was „geglückte Bildung" sei, prägen sie die zeitliche und räumliche Organisation der Schule, die Lehr- und Stundenpläne, aber auch den jeweiligen Lehrstil des Lehrers, sein berufliches Selbstbild, seinen Umgang mit Schülern, Eltern, Kollegen und Vorgesetzten – und werden in einem Wechselverhältnis wiederum selbst von diesen verschiedenen Faktoren geprägt.

Psychoanalyse kann Bildungs- und Erziehungstheorien daraufhin kritisch überprüfen, ob sie den psychoanalytischen Erkenntnissen über entwicklungsbedingte emotionale Bedürfnisse und Krisen des Kindes gerecht werden oder nicht. So wurde beispielsweise schon in den 20er und 30er Jahren die Sinnhaftigkeit der Strafe, insbesondere der körperlichen Züchtigung, als ein Erziehungsmittel von vielen psychoanalytischen Pädagogen mit nachhaltigem Erfolg in Frage gestellt. (so z.B. von Schmideberg 1931 und Redl 1935). Neben einer Kritik herrschender Erziehungstheorien kann die Psychoanalyse durch ihre Einsichten in die Voraussetzungen und Hindernisse psychischer Gesundheit aber auch selbst konstruktive Beiträge zu einer Erziehungstheorie leisten. Ein häufig von der psychoanalytischen Pädagogik formuliertes Erziehungsziel ist beispielsweise das der „Ich-Stärkung" (vgl. Balint 1939, Wagner-Winterhager 1987). Auch hier darf aber nicht vergessen werden, daß die Psychodynamik nur *einen* Aspekt des

Erziehungsprozesses ausmacht. Eine gute Erziehungstheorie kann deshalb nicht ausschließlich auf psychoanalytischen Erkenntnissen beruhen.

zu 3.: Schulorganisation, –unterricht und –leben

Sowohl was das Verhältnis von Schule und Gesellschaft, als auch was die der Schule zugrunde liegenden Erziehungstheorien betrifft, kann die Psychoanalyse also wichtige Beiträge zu einem tieferen Verständnis beisteuern. Aber auch die Schulpraxis selbst läßt sich mit Hilfe psychoanalytischer Kategorien fundierter erfassen und kritisieren. Das Praxisfeld „Schule" setzt sich im wesentlichen aus drei Bestandteilen zusammen: der Schulorganisation, dem Schulunterricht und dem Schulleben.

Unter *„Schulorganisation"* verstehe ich hier den organisatorischen Aufbau der Schule, ihre räumliche und zeitliche Strukturierung, ihre hierarchische Gliederung. Der Begriff „Schulorganisation" beinhaltet also, um nur einige konkrete Aspekte zu nennen, die Größe der Schule und der Klassen, die Art und den Umfang der jeweiligen Entscheidungsbefugnisse von Lehrern, Schülern und Eltern, die zeitliche Strukturierung des Schulablaufes in Unterrichtseinheiten und Pausen, die Gliederung der Schüler nach Jahrgangsstufen usw. Psychoanalyse kann hier die Frage stellen, ob und inwiefern die organisatorischen Rahmenbedingungen des Schulunterrichtes und –lebens den emotionalen Bedürfnissen der Beteiligten gerecht werden oder nicht. So kann etwa allein schon die Größe einer Schule darüber mitbestimmen, ob ein Kind sich in dieser Schule geborgen fühlt oder schwerwiegende Ängste des Verloren–Seins und der Ohnmacht entwickelt.

Der *Unterricht* bildet den eigentlichen Kern des komplexen Systems Schule. In ihm soll das geschehen, was Zweck und Auftrag der Schule ist, nämlich eine planmäßige und professionalisierte Vermittlung von Fähigkeiten, Kenntnissen und Fertigkeiten an die Schüler. Der konkrete Schulunterricht wird zum einen durch seine Inhalte (z.B. Bruchrechnen, Mittelalter, englische Grammatik) und zum anderen durch seine Formen (z.B. Wochenplanarbeit, Frontalunterricht, Projektunterricht) bestimmt. Unterrichtsinhalte können für den Schüler von höchst unterschiedlicher emotionaler Bedeutsamkeit sein. Auch die verschiedenen Unterrichtsmethoden modellieren die Triebenergie des Schulkindes jeweils anders. Das ist der Punkt, an dem eine psychoanalytische Kritik des Schulunterrichtes ansetzen kann. Mit dem psychoanalytischen Instrumentarium ist es beispielsweise möglich zu untersuchen, ob ein konkreter Unterrichtsinhalt in einer bestimmten Schulsituation eher einen konfliktverarbeitenden Charakter hat (vgl. Leber 1986) oder ob er eher zu einer Verdrängung psychodynamischer Konflikte beim Schüler beiträgt.

Schulleben bezeichnet schließlich jene Aspekte des Systems Schule, die den Unterricht selbst nicht unmittelbar betreffen oder aus ihm hervorgehen, für die Schüler und Lehrer aber gleichwohl von großer Bedeutung sind, also z.B. Spiele, Pausengestaltung, Schul– und Klassenfeiern, Ausflüge und Wanderungen, Schulspeisungen, Arbeitsgemeinschaften, Elternabende etc. Die Erlebnisse, die Schüler außerhalb des eigentlichen Unterrichts in der Schule machen, sind oftmals die biographisch bedeutsamsten der Schulzeit; demgegenüber wird der normale Unterrichtsalltag später meist nur noch als eine Art „Zeitbrei" erinnert (vgl. Ziehe 1991, 107 f.). Die Psychoanalyse kann hier Aufklärung darüber geben, in welcher Weise außerunterrichtliche Erfahrungen die Triebenergie des Schülers modellieren und warum gerade die nicht alltäglichen Erfahrungen den Triebschicksalen des Schülers entscheidende Weichen stellen.

zu 4.: Schulische Kommunikations– und Interaktionsprozesse

In der psychoanalytischen Behandlung neurotischer Störungen spielen zwei Mechanismen eine ganz zentrale Rolle: der Wiederholungszwang und die Übertragung bzw. Gegenübertragung. Kommunikationsprozesse zwischen Schülern und Lehrern sind ebenfalls in nicht unerheblichem Ausmaß von diesen psychischen Mechanismen gekennzeichnet. Für die Schule bedeutet dies, daß der Schüler tendenziell dazu neigt, unverarbeitete traumatische Erfahrungen aus seiner Kindheit in der Interaktion mit dem Lehrer unbewußt und in vielerlei Verkleidungen immer wieder neu in Szene zu setzen (Wiederholungszwang). Der Lehrer wird dabei gewissermaßen mit einer wichtigen Bezugsperson aus der Kindheit des Schülers 'verwechselt', d.h. er wird vom Schüler so erlebt, als ob er wirklich der mißbrauchende Vater, die kontrollierende Mutter oder der rivalisierende Bruder wäre (Übertragung). Sofern es sich um relativ positiv gefärbte Übertragungen handelt, kann die pädagogische Tätigkeit des Lehrers dadurch erleichtert werden. Wenn der Schüler sein Bild der um sorgenden Mutter auf ihn überträgt, erhält er sozusagen einen 'Vertrauensvorschuß'. Sofern es sich aber bei den Übertragungsreaktionen um eine Wiederbelebung konflikthafter, traumatischer Erfahrungen handelt, wird die pädagogische Beziehung zwischen Lehrer und Schüler empfindlich gestört.

Die Beziehungsdynamik in einer Schulklasse läßt sich allerdings nicht nur als eine Summe der Paarbeziehungen zwischen dem Lehrer und seinen Schülern begreifen. Vielmehr bildet die Gruppe als Ganzes eine eigene Dynamik, die unabhängig von den einzelnen Paarbeziehungen ihre Wirkung entfaltet. Nicht zu vernachlässigen sind schließlich auch die Beziehungen der Schüler untereinander und das Beziehungsgefüge im Lehrerkollegium. Eine fundierte Erfassung dieser komplexen Beziehungsdynamik setzt psychoanalytische Erkenntnisse über unbewußte Implikationen der Lehrer– und Schülerrolle sowie Einsichten in die Ergebnisse der gruppenanalytischen Forschung voraus (vgl. Muck 1980, Finger–Trescher/ Büttner 1987, Hirblinger 1992, Büttner 1995 u.a.).

Daß die Psychoanalyse gerade zu einem Verständnis der schulischen Kommunikations– und Interaktionsprozesse beitragen kann, ist angesichts der Bedeutung naheliegend, die der Analyse der Kommunikationsstrukturen im Rahmen der klassischen psychoanalytischen Therapie beigemessen wird. Aus diesem Grunde ist der bisherige Beitrag der psychoanalytischen Pädagogik zu diesem Themenfeld der Schule auch besonders reichhaltig. Mit seinem Konzept des „szenischen Verstehens" (vgl. Trescher 1985) hat der psychoanalytische Pädagoge Hans–Georg Trescher in Anlehnung an einschlägige Arbeiten Lorenzers zudem einen unmittelbar in der Schulpraxis anwendbaren Ansatz entwickelt, der durch die Entschlüsselung szenisch inszenierter Wiederholungen lebensgeschichtlich verankerter Beziehungskonflikte dabei hilft, die aktuellen Beziehungsprobleme im Klassenzimmer zu verstehen, zu klären und im Rahmen der gegebenen Möglichkeiten zu lösen.

zu 5.: Schulische Konflikte

Daß der in Lehrplänen und Grundsatzpapieren formulierte hohe Anspruch hinsichtlich der Ziele schulischer Bildung in der Realität meist nur äußerst bruchstückhaft eingelöst wird, wird von allen Beteiligten als „normal" empfunden und gefährdet den gängigen Schulbetrieb kaum in seiner Kontinuität. Nicht selten treten in der Schule aber Konflikte auf, die über den alltäglichen Widerspruch zwischen Anspruch und Wirklichkeit hinausgehen und die üblichen Formen des Schulehaltens in ihrer Mangelhaftigkeit bloßstellen. Die sonst wirksame Integrationsfähigkeit der Schule wird in solchen Fällen außer Kraft gesetzt, eine Fortführung des Schulbetriebs ohne besondere pädagogische Maßnahmen oder professionelle Hilfe von außen scheint dann nicht mehr möglich. Schul– und Prüfungsangst, massive Lernhemmungen, aggressive Verhaltensweisen oder konsequente Lernverweigerungen auf Seiten der Schüler sind Beispiele für solche Konflikte. Die von diesen Problemen betroffenen Schüler handeln meist gegen ihren Willen, zumindest sind die Ursachen ihrer Schulangst oder ihrer Verweigerungshaltung ihnen nicht bewußt.

Als eine Theorie des Unbewußten vermag die Psychoanalyse die subjektiven und objektiven Faktoren aufzudecken, die bei einer Entstehung solcher Konflikte eine Rolle spielen. Mit „subjektiven Faktoren" sind hier unverarbeitete, schmerzhafte Erfahrungen aus der eigenen Lebensgeschichte des Schülers gemeint. „Objektiv" sind demgegenüber jene Faktoren zu nennen, die in den Mängeln des Schulsystems selbst begründet liegen. Angesichts der Tatsache, daß Schüler mit schwerwiegenden Schulproblemen in der Vergangenheit häufig einer psychoanalytischen Behandlung unterzogen wurden, sind die bisherigen psychoanalytischen Forschungsergebnisse zu diesem Themenfeld vergleichsweise gut ausgearbeitet und differenziert (vgl. Redl 1933, Klein 1949, Moeller 1968, 1969, Singer 1974, Meder 1993 u.a.). Es kommt hinzu, daß die in den beiden letzten Jahrzehnten unternommenen Versuche, psychoanalytisches Verstehen für die praktische Schularbeit nutzbar zu machen, hauptsächlich in Sonderschulen unternommen wurden (vgl. Clos 1987, 1993, Heinemann 1992, Becker 1995 u.a.).

3. Grundlagen und theoretische Implikationen der Alternativschulpädagogik aus psychoanalytischer Sicht

3.1 Schule und Gesellschaft

Die Zeitschrift „Familiendynamik" (Heft 1/98) zitierte jüngst einen 1983 in der Frankfurter Rundschau abgedruckten Briefwechsel:

Giessen, den 19.September 1983

Sehr geehrte Frau Koch–Klenske,
hiermit muß ich Ihnen leider mitteilen, daß ihr Sohn Alexander im Monat September im Mathematik–Unterricht
– häufig Heft oder Bücher vergessen hatte
– häufig zu spät in den Unterricht kam.
Da es für Ihr Kinder sehr wichtig ist, den neuen Stoff im Unterricht mit zu erarbeiten und zu Hause das Neugelernte in den Hausaufgaben selbständig anzuwenden, bitte ich Sie, mit Alexander in diesem Monat zu sprechen, um größere Lücken und ein Absinken der Note zu vermeiden. Falls Sie mit mir darüber sprechen wollen, bitte ich Sie, über Ihr Kind einen Termin mit mir auszumachen oder mich anzurufen. Meine Telefonnummer ist: 0641–4712
Hochachtungsvoll, Werumeith

Giessen, den 20. September 1983

Sehr geehrte Frau Werumeith,
hiermit möchte ich Ihnen mitteilen, daß Ihr Schüler Alexander im Monat September im häuslichen Bereich
– häufig das Zimmer nicht aufgeräumt hat
– häufig die Kleider abends nicht auf den Stuhl gelegt hat
– häufig die Zähne nicht geputzt hat
– häufig den Vogel nicht gefüttert hat.
Da es für Ihren Schüler sehr wichtig ist, den neuen Stoff an Hygiene– und Sozialverhalten zu Hause zu erlernen und dann in anderen Situationen das Neugelernte selbständig anzuwenden, bitte ich Sie, mit Alexander über sein häusliches Verhalten in diesem Monat zu sprechen, um größere Probleme und allgemeinen Ärger mit mir zu vermeiden.
Falls Sie mit mir darüber sprechen wollen, bitte ich Sie, über Ihren Schüler einen Termin mit mir auszumachen oder mich anzurufen. Meine Telefonnummer ist: 0641–48979
Hochachtungsvoll, Koch–Klenske

Dieser Briefwechsel macht uns in einer humoresken, aber um so eindrücklicheren Art und Weise deutlich, wie ehemals unhinterfragte „pädagogische Zuständigkeiten" im Laufe der letzten Jahrzehnte ins Schwimmen geraten sind. Schule kann heute weniger denn je ihren Erziehungsauftrag einfach an andere Institutionen deligieren. Ihre gesellschaftliche Funktion hat sich damit entscheidend gewandelt: Neben der – dem althergebrachten Selbstverständnis der Schulpädagogik nicht fremden – Qualifikationsfunktion der Schule, tritt ihre Sozialisationsfunktion immer mehr in den Vordergrund. Schule muß heute auf eine Vielzahl gesellschaftlicher Entwicklungen reagieren, von denen nur einige hier stichwortartig benannt seien:

– weitgreifende familiale Strukturveränderungen (Tendenz zur Kleinstfamilie, wachsende Anzahl alleinerziehender Eltern, immer mehr Einzelkinder etc.)
– eine schon heute in weiten Teilen multikulturelle und wertepluralistische Gesellschaft
– Tendenzen einer Ghettoisierung armer und reicher Bevölkerungsschichten in Großstädten
– aggressive Formen der Konfliktverarbeitung, vor allem bei Jugendlichen aus unterprivilegierten Milieus
– die rasanten Entwicklungen im Bereich der Informationstechnologien und Kommunikationsmedien.

Schule steht heute also unter einem wachsenden Modernisierungsdruck – damit einhergehend hat sich im erziehungswissenschaftlichen Diskurs der letzten Jahre eine Analyse der gesellschaftlichen Bedingtheit von Schule fest etabliert. Der einleitende Hinweis auf gesellschaftliche Modernisierungsprozesse ist in schulpädagogischen Artikeln – hier schwimme ich im mainstream – fast zu einer Pflichtübung verkommen. Indem ich in diesem Kapitel das Verhältnis von Schule und Gesellschaft psychoanalytisch betrachte, wähle ich freilich eine eher unübliche Perspektive. Ob und inwieweit insbesondere Freie Alternativschulen auf die gegenwärtigen gesellschaftlichen Modernisierungsprozesse adäquat reagieren oder, wie ich es als These formulieren werde, die Moderne in gewisser Hinsicht sogar zuspitzen und radikalisieren, werde ich am Ende kurz erörtern. Vorher möchte ich aber psychoanalytisch orientierte Erwägungen zur gesellschaftlichen Bedingtheit von Schule anstellen, die meines Erachtens auch jenseits kultureller Modernisierungsprozesse an Relevanz nichts einbüßen.

Ein weiterer Grund, in diesem Kapitel das Verhältnis von Schule und Gesellschaft zu reflektieren, liegt aber auch in meinem Bemühen, eine theoretische Verkürzung tunlichst zu vermeiden, die Vinnai (1976) die „subjektivistische Verkürzung" nennt. Gemeint ist damit die Gefahr, die analysierten subjektiven Problemlagen in der Schule lediglich als Ausdruck persönlicher, individualgeschichtlich zu erklärender psychischer Dispositionen aufzufassen. Die meisten schulischen Konflikte haben, so Vinnai, ihre Basis weniger in den subjektiven Konfliktlagen der beteiligten Schüler und Lehrer, sondern in erster Linie in der Objektivität institutioneller Strukturen. Diese Strukturen „sind zwar von Menschen geschaffen worden, sie haben sich diesen gegenüber aber so verselbständigt, daß ihr Funktionieren und damit das Handeln, das sie den Subjekten abverlangen, keineswegs mehr aus deren individuellen, persönlichen Strebungen heraus zu verstehen ist und sich folglich der psychologischen Erklärung sperrt." (Vinnai 1976, S. 75)

3.1.1 Freie Alternativschulen: behagliche Schulen in der unbehaglichen Kultur?

Eine wesentliche Funktion der Institution Schule besteht darin, wie in Kapitel 2.4 bereits angesprochen, der nachwachsenden Generation jene Normen, Verhaltensdispositionen und psychischen Strukturen zu vermitteln, die den weiteren Bestand des jeweiligen Gesellschaftssystems sichern. Angesichts der Tatsache, daß die heutige Gesellschaft eine hochzivilisierte ist, läßt sich die Fortsetzung der schon in der Familie und im Kindergarten angelegten „Zivilisierung" des Kindes als eine erste zentrale Aufgabe der Institution Schule bestimmen. Norbert Elias beschreibt diese Zivilisierung des Kindes in seinem Buch „Über den Prozeß der Zivilisation" als eine Rekapitulierung des kollektiven Zivilisationsprozesses:

> „Die Distanz zwischen dem Verhalten und dem ganzen psychischen Aufbau der Kinder auf der einen, der Erwachsenen auf der anderen Seite vergrößert sich im Laufe des Zivilisationsprozesses. (...) Der spezifische Prozeß des psychischen 'Erwachsenwerdens' in den abendländischen Gesellschaften, der den Psychologen und den Pädagogen heute oft genug Anlaß zum Nachdenken gibt, ist nichts anderes als der individuelle Zivilisationsprozeß, dem jeder Heranwachsende in den zivilisierten Gesellschaften als Folge des jahrhundertelangen, gesellschaftlichen Zivilisationsprozesses von klein auf automatisch in höherem oder geringerem Grade und mit mehr oder weniger Erfolg unterworfen wird." (Elias, zit. n. Rutschky 1988, XXXIII)

Psychoanalytisch betrachtet besteht dieser „individuelle Zivilisationsprozeß" in einer Art „Selbstunterdrückung": das Kind muß lernen, die Befriedigung spontan auftretender Bedürfnisse aufzuschieben oder gar ganz auf sie zu verzichten, vollsinnliche Befriedigungsformen müssen zunehmend durch sublimierte ersetzt werden, ein nicht unerheblicher Anteil der Triebenergie muß verleugnet und so ins Unbewußte abgedrängt werden. Erst auf dieser Grundlage kann eine psychische Struktur entstehen, die sich nach dem strukturellen Modell Freuds mit den Kategorien Es, Ich und Überich beschreiben läßt. Es ist nun von entscheidender Bedeutung sich zu vergegenwärtigen, daß dieser häufig auch als „Enkulturation" bezeichnete Prozeß für jeden heranwachsenden Menschen äußerst schmerzhaft ist, daß er gewissermaßen ein „erzwungenes Opfer" (vgl. Bietau/Breyvogel/Helsper 1981, S. 341) darstellt, welches das Kind bzw. später der Jugendliche erbringt, um in dieser auf Triebumbildungen, Triebsublimierung und Triebverzicht basierenden Kultur überhaupt bestehen zu können. Mit der „Zivilisierung" des Menschen entsteht also notwendigerweise auch das, was Freud das „Unbehagen in der Kultur" nannte. Weil der Mensch in jeder hochentwickelten Gesellschaft auf eine ungehemmte Befriedigung seiner libidinösen und aggressiven Impulse verzichten muß, ist er chronisch unzufrieden. Die Ursache für das Unbehagen in der Kultur lag für Freud also in der Kultur selbst: „Wir wären viel glücklicher, wenn wir sie aufgeben und in primitivere Verhältnisse zurückfinden würden." (Freud, 1936, S. 83)

Bei einer Durchsicht pädagogischer Konzepte Freier Alternativschulen drängt sich nun der Eindruck auf, daß diese das Unbehagen in der Kultur, im deutlichen Gegensatz zu Freud, für vermeidbar halten. Freie Alternativschulen verstehen sich als Orte, in denen Kindern die Möglichkeit gegeben wird, freiwillig und lustvoll zu lernen, sie definieren sich als „Schulen ohne Zwang", sie verzichten auf Zwangsmittel zur Disziplinierung der Kinder und betonen ausdrücklich das Recht des Kindes, im Hier und Jetzt glücklich zu sein. Die in diesen pädagogischen Prämissen sich ausdrückende Weigerung, den Prozeß der Zivilisation um jeden Preis weiterzutreiben, scheint mir angesichts der Tatsache, daß der zivilisiertere Mensch nicht notwendigerweise auch der bessere Mensch sein muß, in vollem Maße gerechtfertigt. Auschwitz und Hiroshima lassen berechtigte Zweifel an den oft gepriesenen „Errungenschaften" unserer Zivilisation aufkommen. Gleichwohl stimme ich mit Freud darin überein, daß zwischen den Triebansprüchen des Subjekts und den von der Zivilisation auferlegten Einschränkungen ein unversöhnlicher, letztlich nicht auflösbarer Gegensatz besteht. – Andererseits ist nicht zu leugnen, daß die Leidensfähigkeit des Menschen begrenzt ist. Die entscheidende Frage kann deshalb nicht lauten: Wie können wir eine vollends behagliche Kultur schaffen?, sondern: Welches Ausmaß an innerpsychischer Spannung ist dem kultivierten Menschen zuzumuten? Oder anders formuliert: Ab welchem Punkt schlägt das Unbehagen in der Kultur in destruktive Kulturfeindlichkeit um?

Sofern Freie Alternativschulen also versuchen, das historisch gewachsene Ausmaß innerpsychischer Spannung im Umgang mit der nachwachsenden Generation durch eine weitgehend freie und zwanglose Schulkultur ein Stück weit zurückzunehmen, haben deren oben dargelegte Ansprüche ihre volle Berechtigung. Irrtümlich wäre es aber zu glauben, Freie Alternativschulen könnten in ihrer Praxis tatsächlich auf jedweden Zwang und jegliche Disziplinierungsmittel verzichten. Freie Alternativschulen sind Bestandteile einer Kultur, die, wie oben erläutert, ganz wesentlich auf einer Disziplinierung der Triebansprüche des Subjekts beruht. Der Prozeß der Zivilisation läßt sich nicht umkehren und auch die radikalste Alternativschule kann dem heranwachsenden Menschen das gegenwärtige und zukünftige Unbehagen in der Kultur nicht ersparen. *Die behagliche Schule in der unbehaglichen Kultur ist deshalb ein Ding der Unmöglichkeit.* Dieses Faktum findet in Veröffentlichungen Freier Alternativschulen, soweit diese den pädagogischen Anspruch und nicht die Praxis beschreiben, meiner Ansicht nach zu wenig Berücksichtigung. Diese theoretische Verkürzung ist insofern problematisch, als sie den an für sich sinnvollen Gedanken, Schule soweit wie möglich von zwanghaften Strukturen zu befreien, ad absurdum führt. Die Utopie einer „Freien Schule ohne Zwang" wird mit dem bereits Machbaren verwechselt und erhält so einen äußerst weltfremden Anstrich. Was der Psychoanalytiker Mario Muck als typisch für die pädagogische Zunft bezeichnet und als Reaktionsbildung interpretiert, nämlich eine Idealisierung der mangelhaften Praxis (vgl. Muck 1994, S. 17), prägt oft auch die Veröffentlichungen Freier Alternativschulen. Dieser Abwehrmechanismus dient generell dazu, Erfahrungen und Impulse von Zwang, Ungenügen und Entwertung durch die vehemente Übersteigerung gegenteiliger, gesellschaftlich hoch angesehener Werte dem Bewußtsein fernzuhalten. Jenseits aller pädagogischen Schönfärberei belegt die folgende Äußerung eines Schülers der Freien Schule Bochum aber exemplarisch, daß die Praxis der Freien Alternativschulen weniger weltfremd ist, als manche theoretischen Konzepte der Alternativschulpädagogik befürchten lassen: „Ich meine, lernen mußt du hier auch, die zwingen dich auch dazu, aber irgendwie anders."(vgl. Maas 1994, S. 9) Im Laufe dieser Arbeit werde ich deutlich zu machen versuchen, was mit diesem „irgendwie anders" konkret gemeint sein könnte und daß es auch heißen könnte: „bedeutend anders".

3.1.2 Die psychoanalytische Kritik der Schule als psychologische Agentur der Gesellschaft

Ich habe bisher unsere Gesellschaft als „zivilisiert" bezeichnet und die sich hieraus ergebenden Konsequenzen für die Schule als einer Institution dieser Gesellschaft erörtert. Zur Kennzeichnung der wesentlichen Strukturmerkmale unserer Gesellschaft ist diese Bezeichnung alleine aber sehr pauschal und zu ungenau. Das Verhältnis von Schule und Gesellschaft soll deshalb im folgenden konkreter bestimmt werden. Zu diesem Zwecke werde ich zunächst auf die Beziehung der Schule zum Bereich der materiellen Produktion eingehen, die Vinnai in seiner Schrift „Psychoanalyse der Schule" (1976) in Anlehnung an die marxistische Gesellschaftstheorie analysiert.

Vinnai versucht aufzuzeigen, inwiefern die Struktur der Schule durch den Entfremdungszusammenhang der kapitalistischen Ökonomie bestimmt wird und verbindet diese Analyse mit den psychoanalytischen Kategorien der Verdrängung und Ritualisierung. Der Produktionsprozeß im Kapitalismus hat, so Vinnai (vgl. Vinnai 1976, S. 90 ff.), einen Doppelcharakter, er ist Arbeitsprozeß und Kapitalverwertungsprozeß. Weil der Kapitalverwertungsprozeß, in dem der Gebrauchswert der produzierten Waren primär als Träger des Tauschwertes Bedeutung erlangt, den Arbeitsprozeß dominiert und diesem eine spezifische Gestalt aufzwingt, bekommt die Arbeit einen spezifischen Charakter von Leere und Abstraktheit, sie wird zu einer rein mechanischen, gleichgültigen Tätigkeit.

> „Die konkreten Arbeitsleistungen verfallen einer Rationalität, die von Besonderem abstrahiert und nur das Quantitative, das Immergleiche kennt. Das mit

dem Tauschverkehr verbundene Prinzip der quantifizierenden Abstraktion von allem Besonderen leitet eine rationell–kalkulatorische Verplanung und Zerlegung des Arbeitsprozesses an, die die Individualität des Arbeiters negiert. (...) Was den Arbeiter zum Arbeiten bewegt, ist nicht das Interesse an der Erzeugung bestimmter Gebrauchswerte, der Status des Lohnarbeiters bringt notwendig die Entfremdung vom Gebrauchswert der eigenen Arbeit mit sich. (...) Die Arbeiter verhalten sich zur Arbeit, der spezifisch menschlichen Lebensäußerung, die den Menschen über das Tier erhebt, als zu einer ihnen äußerlichen Aktivität, die ein Mittel ist, über den Lohn, den sie einträgt, Bedürfnisse außerhalb ihrer zu befriedigen."(ebd., S. 91)

Vinnai stellt nun die These auf, daß die wesentliche Funktion der Schule in einem kapitalistischen Gesellschaftssystem darin besteht, Produktionsstätte der Ware Arbeitskraft zu sein. D.h. die Arbeitsprozesse, Umgangsformen und Autoritätsverhältnisse in der Schule müssen den Schülern eine Vorerfahrung von dem liefern, was sie nachher im Beruf erwartet. Betrachtet man nun die wesentlichen Strukturprinzipien der Institution Schule, so ist Vinnais Vermutung tatsächlich zutreffend, daß diese sich aus den oben dargelegten Strukturprinzipien der kapitalistischen Produktionsweise ableiten lassen. Auch schulische Arbeit läßt sich größtenteils als leere Betriebsamkeit beschreiben, sie ist gekennzeichnet durch die Gleichgültigkeit der Schüler gegenüber dem, was gelernt wird und sperrt sich damit einer unmittelbaren libidinösen Besetzung. Die Motivation zu lernen speist sich aus Prämien und Disziplinarmitteln, die dem Inhalt des Lernens gegenüber äußerlich sind. „Das schulische Notensystem muß Anreize schaffen, die – ähnlich wie der Lohn des Arbeiters – dem Gebrauchswert der Arbeit gegenüber gleichgültig sind." (ebd., S. 94) Die „rationell–kalkulatorische Verplanung und Zerlegung des Arbeitsprozesses" äußert sich im schulischen Kontext in der säuberlichen Trennung komplexer Lerninhalte in schulische Fächer und in der Zerlegung des Lernprozesses in 45–minütige Lerneinheiten, die den spontanen Lernbedürfnissen der Schüler gegenüber volkommen indifferent sind. Die Verleugnung der individuellen Bedürfnisse, Interessen und Erfahrungen der Schüler nötigt dieselben zu kontinuierlicher Verdrängungsarbeit und vermittelt so eine herrschaftskonforme Diszipliniertheit.

„Ritualisiertes Verhalten in der Schule, das im Horizont der Psychoanalyse als Abwehrformation gegenüber Triebregungen erscheint, entspricht der Funktion einer Schule, die Arbeitskräfte hervorzubringen hat, die sich in einer entfremdeten Produktion verdinglichen lassen müssen. Die eigene Sinnlichkeit, die eigene Lebendigkeit negieren zu können macht eine wesentliche Qualifikation der Ware Arbeitskraft aus, die die Schule für das Kapital zu produzieren hilft." (ebd., S. 94 f.)

In eine ähnliche Richtung weist auch die psychoanalytisch fundierte Kritik der Schule als Institution in den Arbeiten von Fürstenau (1964), Wellendorf (1979) und Muck (1980, 1993). Diese drei Autoren verbinden ihre psychoanalytische Durchleuchtung der Institution Schule zwar nicht mit der marxistischen Gesellschaftstheorie, sie kommen in ihren Analysen aber doch zu ähnlichen Ergebnissen wie Vinnai.

Fürstenau definiert die Schule als eine institutionalisierte Erziehung mit ritualisiertem Unterricht und weist auf die psychodynamische Funktion von Ritualen hin, sich der Gefahr einer Triebüberflutung zu erwehren. Eine wesentliche Funktion der Ritualbildung übernimmt im schulischen Kontext die Isolierung von Zusammengehörigem. Indem das Lernen aus dem Lebenszusammenhang in die Schulsituation verlagert wird, wird es gleichzeitig vom Lebenszusammenhang isoliert und büßt so seine affektive Bedeutung für den Lernenden ein:

> „Die Ersetzung des Lernens in Lebenssituationen durch ritualisiertes Lernen in artifiziellen Schulsituationen gliedert die Gehalte des Weltverständnisses auf, isoliert sie und zerstört damit den vorherigen Sinnzusammenhang und das diesem Zusammenhang entsprechende intensive Gefühlserlebnis. Dadurch wird die Welt angstfrei erlebbar, beherrschbar; die welthaften Beziehungen werden lehr- und lernbar, alles Erschreckende und Erregende, Überwältigende und Dunkle ist ihnen nun genommen." (Fürstenau 1964, S. 274)

In seiner Arbeit „Schulische Sozialisation und Identität" (1979) geht Franz Wellendorf unter Bezugnahme auf soziologische und psychoanalytische Theorieansätze der Frage nach, inwieweit das szenische Arrangement der Schule den beteiligten Schülern und Lehrern ermöglicht, zwischen der Anforderung, zu sein wie die anderen und der Anforderung, zu sein wie kein anderer eine Balance zu finden und so Ich–Identität herauszubilden. Wellendorf geht davon aus, daß eine solche Balance zwischen persönlicher und sozialer Identität nur dann entstehen kann, wenn die Beteiligten in angst- und herrschaftsfreier Kommunikation ihre persönliche Identität in das szenische Arrangement der Schule einfließen lassen können. In Form einer detaillierten Analyse zahlreicher schulischer Rituale weist er aber nach, daß die persönliche Identität der Schüler und Lehrer im szenischen Arrangement der Schule tendenziell ausgegrenzt wird.

So erläutert Wellendorf beispielsweise, wie Rituale des „self-government", also der kontrollierten Mitbestimmung der Schüler letztlich im Dienste einer Stabilisierung der hierarchischen Struktur der Institution Schule stehen. Rituale des „self-government" räumen den Schülern in vergleichsweise unbedeutenden Aspekten des Schullebens (wie beispielsweise der Vorbereitung von Schulfesten) Mitbestimmungsrechte ein und werden gemeinhin ideologisch als „Vorbereitung auf das Leben in der Demokratie" legitimiert. Wellendorf führt hierzu aus: „Die Berufung auf einen Bezugspunkt jenseits der Situation, der den gegenwärtigen marginalen Aktivitäten einen Sinn und eine Bedeutung gibt, die ihnen als solchen nicht zukommen, hat zugleich die Funktion, möglichst affektive Reaktionen der Schüler auf die Erfahrungen von Marginalität eigenen Handelns, von Ohnmacht und Unterlegenheit im Ritual zu absorbieren. Derartige Erfahrungen, in denen sich die Herrschaftstruktur der Schule niederschlägt, werden rituell neutralisiert, indem die mobilisierten Affekte wie etwa Angst und Aggression in den marginalen Aktivitäten gebunden bleiben; den Schülern wird eine Partizipation am Status der Erwachsenen partiell zugestanden: sie dürfen dort „mitbestimmen", wo es – in der Interpretation der erwachsenen Repräsentanten des Systems – „sinnvoll" ist." (Wellendorf 1979, S. 69 f.) Auf diese Weise, so Wellendorf, wird aber eine gleichberechtigte, öffentliche Kommunikation von individuellen und kollektiven Bedürfnissen und Interessen durch eine institutionell reglementierte Kommunikation ersetzt und so die Bewahrung bzw. Wiederherstellung von Identitätsbalance empfindlich gestört.

Muck setzt sich in seinen Arbeiten mit der Schule als einer Zwangsanstalt auseinander und stellt vor dem Hintergrund seiner Beobachtung, daß viele Züge der Institution Schule einer zwanghaften Persönlichkeitsstruktur analog sind, die provokante Frage, ob die Schule eine Krankheit sei (Muck 1993). Zwanghafte Charakterzüge wie Ordnungsliebe, Pünktlichkeit, Sauberkeit, Pedanterie, Disziplin und Gehorsam werden von der Schule deutlich favorisiert, Werte wie Originalität, Spontaneität oder Selbständigkeit sind demgegenüber kaum gefragt, erfahren teilweise sogar eine krasse Ablehnung.

> „Betrachtet man die Mechanismen der Ritualisierung (z.B. Schulzwang, Klassenzuteilung, Zeit– und Fächerverteilung, Lohn–Strafe–Systeme usw.), des Kontrollzwangs (Benotung, Beaufsichtigung, Prüfungen usw.), der Reaktionsbildung (die oben genannten Werte, das 'Bravsein' und den Gehorsam) und des Isolierens (Überbewertung formaler Gesichtspunkte im Vergleich zu inhaltlichen Gesichtspunkten wie Beziehung, Erleben, Interessen usw.) nach neurosen–psychologischen Kriterien, so haben wir damit alle Abwehrmechanismen beschrieben, wie wir sie bei Zwangsneurotikern und zwanghaften Charakteren finden." (Muck 1993, S. 18)

Den Analysen von Vinnai, Fürstenau, Wellendorf und Muck ist eines gemeinsam: Sie begreifen die Schule als eine Zwangsanstalt, die durch institutionalisierte und ritualisierte Formen des Erziehens und Unterrichtens im wesentlichen die Funktion einer Triebreglementierung und herrschaftskonformen Disziplinierung der nachwachsenden Generation erfüllt. Während der Vorzug der Arbeiten von Muck, Wellendorf und Fürstenau darin liegt, daß sie die Institution Schule auch in ihren Details analysieren, liegt die hauptsächliche Leistung der Arbeit Vinnais darin, die Verflechtungen der Institution Schule mit den ökonomischen Verhältnissen unserer Gesellschaft aufzuzeigen. Ich meine nun, daß die marxistische Gesellschaftstheorie tatsächlich zu einem Verständnis der Strukturmerkmale unseres Schulsystems unabdingbar ist, andererseits aber nur einen begrenzten Erklärungswert hat. Das „Wesen" eines Gesellschaftssystems und seiner Institutionen läßt sich nicht alleine aus den Verhältnissen der materiellen Reproduktion ableiten.

Einen völlig anderen Ansatz zur Erklärung der gegenseitigen Bedingtheit von Schule und Gesellschaft bietet beispielsweise die Philosophie

Nietzsches. Nietzsches „Gesellschaftstheorie" ist ähnlich wie die Marxsche eine historische. Anders als diese steht in ihrem Mittelpunkt aber nicht die Sphäre der Ökonomie, sondern der Ursprung und die Entwicklungsgeschichte der moralischen Urteile in den abendländischen Gesellschaften. Wesentlich für Nietzsche ist seine kritische Auseinandersetzung mit der christlichen Moral und seine hieraus abgeleitete Diagnose des „europäischen Nihilismus". Der mit dem „Tode Gottes" eingeleitete Zerfall der obersten Werte, der Glaube an die absolute Sinnlosigkeit des menschlichen Lebens, das sich ausbreitende Bewußtsein, alles sei um sonst, nichts lohne sich, macht für Nietzsche das Grundproblem der Moderne aus. Den einzigen Ausweg aus dieser gesamtgesellschaftlichen Misere sieht Nietzsche in einer radikalen Umwertung der christlichen Werte, die er als lebensfeindlich und „weltverleumderisch" kritisiert. Jeder Versuch, dem Nihilismus durch eine „Wiederbelebung" christlicher Werte und Dogmen zu begegnen, ist für ihn von vornherein zum Scheitern verurteilt und verschärft nur das Problem. Die Moderne ist durch das Leiden gekennzeichnet, die überkommenen christlichen Werte nicht mehr glaubhaft vertreten zu können, andererseits aber noch nicht den Mut und die Kraft zu haben, sich selbst neue, umfassende Ziele zu setzen, die aus der Krise des Nihilismus herausführen könnten. „Man möchte *herumkommen* um den Willen, um das *Wollen* eines Zieles; um das Risiko, sich selbst ein Ziel zu geben; man möchte die Verantwortung abwälzen." (Nietzsche 1988, S. 355 f.)

Betrachtet man nun die gesellschaftliche Funktion von Schule vor dem Hintergrund des von Nietzsche beschriebenen europäischen Nihilismus aus psychoanalytischer Sicht, so wäre beispielsweise danach zu fragen, in welcher Weise die ältere Generation in der Schule ihr verzweifeltes Beharren auf christliche Moralvorstellungen und ihre mangelnde Bereitschaft und Fähigkeit „sich selbst ein Ziel zu geben" in der nachdrängenden jüngeren Generation reproduziert. Der in den letzten Jahren um sich greifende Ruf aus dem wertkonservativen Spektrum, man solle sich doch in der Schule endlich wieder auf altbewährte Tugenden und Werte zurückbesinnen, um „der Jugend eine Orientierung zu geben", wirkt zwar auf den ersten Blick hilflos und geradezu lächerlich. Meinem Eindruck nach findet er aber durchaus bei vielen Gehör und ist insofern nicht zu verharmlosen. Ein naheliegendes Beispiel hierfür waren die im Sommer 1995 heftig geführten Diskussionen um das sogenannte „Kruzifix–Urteil" des Bundesverfassungsgerichtes. Die häufig empörten, teilweise hysterischen Reaktionen auf dieses Urteil aus dem wertkonservativen Spektrum lassen sich unschwer im psychoanalytischen Sinne als eine Abwehr gegen die Auseinandersetzung mit der nihilistischen Problematik unserer Gesellschaft deuten. Das verdrängte, weil unerträgliche Wissen um den „Tod Gottes" läßt die Bedeutung von Kruzifixen in Klassenzimmern für den weiteren Bestand unserer christlich orientierten Gesellschaft in der Wahrnehmung dieser Menschen offensichtlich ins Unermeßliche steigen.

Auch die von Fürstenau, Muck und vielen anderen Autoren beschriebene Gleichgültigkeit der Schüler gegenüber schulischen Lerninhalten wäre dann nicht mehr nur im Sinne Vinnais als eine „wesentliche Qualifikation der Ware Arbeitskraft" zu verstehen, sondern als adäquater Ausdruck einer nihilistischen, orientierungs– und hoffnungslos gewordenen Gesellschaft. In sarkastischer Form bringt Nietzsche diesen Sachverhalt in einem Aphorismus aus seiner „Götzendämmerung" auf den Punkt:

> „*Aus einer Doktor–Promotion.*
> 'Was ist die Aufgabe alles höheren Schulwesens?'
> Aus dem Menschen eine Maschine zu machen.
> 'Was ist das Mittel dazu?'
> Er muß lernen, sich langweilen.
> 'Wie erreicht man das?'
> Durch den Begriff der Pflicht.
> 'Wer ist sein Vorbild dafür?'
> Der Philolog: der lehrt ochsen.
> 'Wer ist der vollkommene Mensch?'
> Der Staats–Beamte.
> 'Welche Philosophie gibt die höchste Formel für den Staats–Beamten?'
> Die Kants: der Staats–Beamte als Ding an sich zum Richter gesetzt über den Staats–Beamten als Erscheinung." (Nietzsche 1889, S. 129 f.)

Was Fürstenau am vorherrschenden Schulsystem psychoanalytisch als eine „Isolierung von Zusammengehörigem" kritisiert, findet sich schon ganz ähnlich in der Bildungskritik Nietzsches wieder, der nach einer Analyse der Literatur des höheren Schul– und Erziehungswesens seiner Zeit zu dem Ergebnis kommt, daß offenbar bei allen Widersprüchen und allen Schwankungen der Vorschläge die folgende Grundprämisse der modernen (und das heißt für Nietzsche eben auch: nihilistischen!) Erziehung bestehen bleibt:

> „(...) der junge Mensch hat mit einem Wissen um die Bildung, nicht mit einem Wissen um das Leben, noch weniger mit dem Leben und Erleben selbst zu beginnen. Und zwar wird dieses Wissen um die Bildung als historisches Wissen dem Jüngling eingeflößt und eingerührt; das heißt, sein Kopf wird mit einer ungeheuren Anzahl von Begriffen angefüllt, die aus der höchst mittelbaren Kenntnis vergangener Zeiten und Völker, nicht aus der unmittelbaren Anschauung des Lebens abgezogen sind. Seine Begierde, selbst etwas zu erfahren und ein zusammenhängend lebendiges System von eigenen Erfahrungen in sich wachsen zu fühlen – eine solche Begierde wird betäubt und gleichsam trunken gemacht, nämlich durch die üppige Vorspiegelung, als ob es in wenig Jahren möglich sei, die höchsten und merkwürdigsten Erfahrungen alter Zeiten und gerade der größten Zeiten in sich zu summieren." (Nietzsche 1874, S. 327)

3.1.3 Freie Alternativschulen als Keimzellen einer neuen Gesellschaft?

Freie Alternativschulen stellen den anspruchsvollen Versuch dar, Auswege aus der Misere des allgemeinen Schulwesens aufzuzeigen, indem sie neue

Umgangsweisen zwischen Erwachsenen und Kindern und alternative Lernformen praktisch erproben. Nicht selten wird mit der Realisierung dieser
andersartigen Lernkultur auch die Hoffnung auf eine andersartige Gesellschaft verbunden. Die Rede von den Freien Schulen als „Keimzellen einer
neuen Gesellschaft" (vgl. Kraus 1992, S. 82 ff.) bringt diese Hoffnung
deutlich zum Ausdruck. Freie Alternativschulen orientieren sich an der
Utopie einer friedlichen, humanen und gerechten Welt. In deutlicher Opposition zu unserer zweckrationalen Leistungsgesellschaft vertreten sie
Werte wie Genußfähigkeit, Muße, Spontaneität und freie Entfaltung *aller*
potentiellen Kräfte und Begabungen der Persönlichkeit, d.h. unabhängig
davon, ob diese später auf dem Arbeitsmarkt wirtschaftlich „verwertbar"
sind oder nicht. Ihre Zielsetzungen sind implizit damit zugleich antikapita-
listisch und antinihilistisch. Für viele LehrerInnen und Eltern verkörpern
Freie Alternativschulen auch tatsächlich die gelebte Utopie einer Lebens-
und Lernkultur, die sich von der gesellschaftlich dominanten deutlich unterscheidet und mit ihrer ganzheitlichen, solidarischen und basisdemokrati-
schen Prägung zukunftsweisend ist.

Als „reformierte Schulen in einer unreformierten Gesellschaft" stehen
Freie Alternativschulen nun aber in einem grundlegenden Dilemma: auch
wenn sie sich in vielerlei Hinsicht von dem herrschenden Gesellschaftssystem kritisch distanzieren, müssen sie doch die ihnen anvertrauten Kinder
und Jugendlichen dazu befähigen, sich in dieser kritisierten Gesellschaft zu-
rechtzufinden und zu behaupten. Eine unabdingbare Voraussetzung dafür
ist, daß die Schüler Freier Alternativschulen zumindest soweit mit den gesellschaftsadäquaten Normen, Verhaltensweisen und psychischen Strukturen vertraut gemacht werden, daß sie nach ihrer Schulzeit nicht zu „Opfern"
einer ganz andersartigen Realität werden. Auch Freie Alternativschulen
fungieren daher als psychologische Agenturen der kritisierten Gesellschaft,
wenngleich ungewollt und sicherlich weniger „perfekt" als die staatliche
Regelschule. Umgehen ließe sich diese zwangsläufige Funktionalisierung
durch die Gesellschaft nur durch eine bewußte und systematische Vorbereitung der Kinder auf eine revolutionäre Umwälzung der gesellschaftlichen
Verhältnisse. Eine solcherart ideologisch verbrämte Funktionalisierung des
Kindes für die Interessen des Erwachsenen steht nun aber im deutlichsten
Widerspruch zu den Grundgedanken der Alternativschulpädagogik und
spielt glücklicherweise dementsprechend in Theorie und Praxis Freier Alternativschulen keinerlei Rolle.

Freie Alternativschulen sind hinsichtlich ihrer reformpädagogischen und
gesellschaftlichen Zielvorstellungen zwar sehr radikal, aber keineswegs re-
volutionär, sie wollen die Gesellschaft nicht umwälzen, sondern verändern.
Auch Freud hielt übrigens „revolutionäre Kinder in keiner Hinsicht [für]
wünschenswert. Die psychoanalytische Erziehung nimmt eine ungebetene
Verantwortung auf sich, wenn sie sich vorsetzt, ihren Zögling zum Aufrüh-
rer zu modeln. Sie hat das Ihrige getan, wenn sie ihn möglichst gesund und

leistungsfähig entläßt. In ihr selbst sind genug revolutionäre Momente enthalten, um zu versichern, daß der von ihr Erzogene im späteren Leben sich nicht auf die Seite des Rückschritts und der Unterdrückung stellen wird." (Freud 1932, S. 147)

Das Dilemma der Freien Alternativschulen, reformierte Schulen in einem unreformierten Kontext zu sein, besteht aber noch auf einer zweiten Ebene. Sie müssen ihre Klienten nicht nur auf die allgemeinen Anforderungen der Gesellschaft vorbereiten, sondern zunächst auf die spezifischen Anforderungen weiterführender Schulen. Bedeutsame Konsequenzen hat dies vor allem für jene Schulen, die im Bereich der Sekundarstufe I arbeiten. An einem Beispiel möchte ich dies verdeutlichen. Man stelle sich einen vielfältig interessierten Schüler mit einer ausgeprägt sprachlichen Begabung vor, der nur mit einem einzigen Fach, nämlich der Mathematik, massive Probleme hat. Gesetzt den Fall, die Schule hätte lediglich die Aufgabe, diesen Schüler auf die grundlegenden Anforderungen der Gesellschaft und des Arbeitsbereiches vorzubereiten, den dieser Schüler aller Voraussicht nach wählen wird, so wäre es im Sinne der Alternativschulpädagogik keineswegs nachteilig, wenn sich seine mathematischen Kenntnisse nach Abschluß der 10. Klasse auf die Beherrschung der vier Grundrechenarten beschränken würden. Womöglich möchte dieser Schüler später aber auch gerne an einer Hochschule eine Fremdsprache studieren, müßte also noch das Abitur erwerben, und dies würde eben unter den gegenwärtig bestehenden Anforderungen der gymnasialen Oberstufe weit mehr als nur die Beherrschung der vier Grundrechenarten voraussetzen. Die sich für den zukünftigen Lebensweg dieses Schülers verantwortlich fühlende Alternativschule wäre also dazu genötigt, ihm einen Mathematikunterricht zuzumuten, an dem er sicherlich nur mit einem großen inneren Widerwillen teilnehmen würde.

Die Möglichkeit, eine Schule gemäß eigener Wertvorstellungen und pädagogischer Grundanschauungen autonom auszugestalten, wird durch die Notwendigkeit einer Vorbereitung der Schüler auf die Anforderungen der nicht reformierten Weiterbildung also erheblich eingeschränkt. Es kommt hinzu, daß Freie Alternativschulen, wie alle anderen Schulen auch, der staatlichen Schulaufsicht unterliegen, die in der Bundesrepublik Deutschland weitaus rigider gehandhabt wird als in einigen europäischen Nachbarstaaten. (vgl. Scholz 1990) Als „Privatschulen besonderer pädagogischer Prägung" genießen die meisten Freien Alternativschulen zwar beispielsweise das Recht, die Lehrerkollegien autonom zusammenstellen zu dürfen, Art und Umfang der zu behandelnden Lerninhalte sind aber weitgehend staatlich vorgegeben, möglich sind dementsprechend nur inhaltliche Schwerpunktsetzungen. Die staatliche Kontrolle der erteilten Schulabschlüsse und regelmäßige Besuche durch Schulaufsichtsbeamte sind weitere Faktoren, die die pädagogische Autonomie Freier Schulen einschränken. Jüngste Bestrebungen der Kultusministerkonferenz, sogar im Grundschulbereich schon bundesweite Leistungsvergleiche einzuführen, lassen vermuten, daß sich an dieser Situation in absehbarer Zukunft nichts verbessern wird.

Läßt man die bisherigen Ausführungen zur gesellschaftlichen Bedingtheit von Schule Revue passieren, so lassen sich zusammenfassend vier Dimensionen unterscheiden, in denen die Gesellschaft ihren Einfluß auf die Schule geltend macht: Die Schule muß erstens den schon in der vorschulischen Erziehung angelegten Prozeß der „Zivilisierung" des Kindes fortführen. Sie muß zweitens auf die spezifischen Anforderungen einer Gesellschaft vorbereiten, die ich in Anlehnung an Marx und Nietzsche als „kapitalistisch" und „nihilistisch" charakterisiert habe (natürlich erhebt diese Charakterisierung in keiner Weise den Anspruch erschöpfend zu sein). Drittens hat jede allgemeinbildende Schule auf die Anforderungen der Weiterbildung im Betrieb, bzw. in der weiterführenden Schule vorzubereiten. Viertens steht das gesamte Schulwesen in der Bundesrepublik Deutschland, und damit auch Freie Alternativschulen, unter der (oftmals sehr rigiden) Aufsicht und Kontrolle des Staates.

Die gesellschaftliche Bedingtheit von Schule ist damit grob skizziert. Nach wie vor offen ist aber die Frage, inwiefern umgekehrt auch die Schule Einfluß auf das sie prägende Gesellschaftssystem nehmen kann. Die Schule ist zwar in erster Linie als eine von der Gesellschaft getragene und kontrollierte Institution zu verstehen, fest steht aber auch, daß sie als ein Subsystem der Gesellschaft eine Eigendynamik entwickelt und somit auf das übergeordnete Gesellschaftssystem zurückwirkt. Jedenfalls wäre es meiner Ansicht nach Ausdruck einer monokausalen Denkweise, das Selbstverständnis mancher Freien Alternativschule, „Keimzelle einer neuen Gesellschaft" zu sein, mit dem Hinweis auf die gesellschaftliche Bedingtheit von Schule als völlig illusionär abzuweisen.

Dies möchte ich abschließend noch bezüglich eines gesellschaftlichen Phänomens erörtern, welches in der Soziologe gemeinhin als „cultural lag" bezeichnet wird. Gemeint ist damit der Tatbestand, daß gesellschaftliche Institutionen den sich rasant modernisierenden gesellschaftlichen Verhältnissen in aller Regel „nachhinken". Institutionen wie die Schule sind ihrem Wesen und ihrer Funktion nach „träge"; gesamtgesellschaftlich wirksame Innovationen gehen kaum von ihnen aus. Auf diese Weise kommt es in Institutionen meist zu problematischen kulturellen Anpassungsrückständen. Ein klassisches Beispiel aus dem Bereich der Schule ist die übliche „Verspätung", mit der traditionelle Schulbuchinhalte aufgrund technischer Neuerungen sowie Veränderungen von Berufsstruktur, Arbeitsmarkt, herkömmlichen Rollengefügen usw. modernisiert werden (vgl. Böhm 1988, S. 132). Problematisch sind solche kulturellen Anpassungsrückstande im Bereich der Schule, weil sie eine angemessene Vorbereitung der nachwachsenden Generation auf die wesentlichen Probleme und Aufgaben der Zukunft (z.B. die Bewältigung der ökologischen Krise) erheblich erschweren. Eine wichtige Aufgabe der Schule besteht deshalb darin, soweit wie möglich den Anschluß an gesamtgesellschaftliche Entwicklungen zu suchen. Sie sollte also gewissermaßen stets darum bemüht sein, den Prozeß der kulturellen, politischen und ökonomischen Modernisierung nicht zu „verschlafen".

Meine These lautet nun, daß Freie Alternativschulen hierzu einen wertvollen Beitrag leisten können. Indem sie das Offen–Sein für die konkreten Bedürfnisse, Konfliktlagen und Erfahrungen der Kinder und Jugendlichen zu einem ihrer wichtigsten Postulate erheben, öffnen sie sich nämlich gleichzeitig auch der gesellschaftlichen Realität und dem Prozeß ihrer kulturellen Modernisierung. In dieser Hinsicht läßt sich übrigens eine deutliche Differenz der FAS zu anderen Reformschulen, insbesondere den Waldorfschulen ausmachen. Während letztere sich nach wie vor an den herkömmlichen Werten und Idealen des Bildungsbürgertums orientieren (jeder Abiturient einer Waldorfschule muß beispielsweise den Faust gelesen haben), und zwar unabhängig davon, ob den Schülern der Sinn dieser Werte angesichts ihrer ganz andersartigen Erfahrungen im außerschulischen Kontext überhaupt vermittelbar ist, scheut man sich in FAS keineswegs, etwa im Musikunterricht Hip–Hop–Musik zu spielen oder im Werkunterricht Skateboard–Rampen zu bauen. Auch das in vielen Waldorfschulen übliche Verbot, Fußball zu spielen, wäre in FAS vollkommen undenkbar. Meinem Eindruck nach ist sogar die durchschnittliche Regelschule hinsichtlich der Öffnung gegenüber kulturellen Modernisierungsprozessen weitaus fortschrittlicher als so manche Waldorfschule.

Im deutlichen Gegensatz zu den Waldorfschulen können Freie Alternativschulen also kaum von sich behaupten, ein Hort der Hochkultur zu sein. Ich halte es sogar durchaus für berechtigt, Freie Alternativschulen im Sinne Thomas Ziehes als „hypermodern" zu bezeichnen, d.h. sie öffnen sich nicht nur der Moderne, sondern treiben sie weiter, radikalisieren sie (vgl. Ziehe 1992, S. 129). Deutlich wird dies zum Beispiel daran, daß Freie Alternativschulen den ursprünglichen Charakter von Schule als einer „Zwangsanstalt" weitgehend verloren haben. Mit der Durchsetzung der kapitalistischen Wirtschaftsweise im 18. und 19. Jahrhundert wurde die Verankerung zwanghafter Persönlichkeitsstrukturen in den Subjekten von grundlegender Bedeutung. Sekundärtugenden wie Ordentlichkeit, Pünktlichkeit und Disziplin stellten sich als eine unabdingbare Voraussetzung der industrialisierten Produktionsweise heraus. Die Schule tat dabei das ihrige, um das gesellschaftlich geforderte Ausmaß an Triebreglementierung und „Selbstunterdrückung" so früh wie möglich in der Psyche des Kindes zu verankern. Die zwanghafte, autoritäre Persönlichkeitsstruktur wurde im Laufe dieses Prozesses zu der gesellschaftlich dominanten.

Die spätkapitalistische Modernisierung von Arbeitsprozessen in der zweiten Hälfte des 20. Jahrhunderts hat nun zu einer völlig neuen Entwicklung geführt: zwanghafte Abwehrmechanismen verlieren heute zunehmend ihre arbeitsökonomische Notwendigkeit. Daß Unternehmer heute an ihren

Arbeitnehmern in erster Linie einen Mangel an Selbständigkeit, Kreativität und Kooperationsfähigkeit beklagen und weniger ein mangelndes Ausmaß an Disziplin und Anpassungsbereitschaft ist hierfür bezeichnend. D.h. die Schule reproduziert heute mittels ihrer zwanghaften Strukturen einen Persönlichkeitstypus, der nicht nur aus ethischer Perspektive höchst fragwürdig ist, sondern darüber hinaus den Anforderungen der modernen Dienstleistungsgesellschaft kaum noch gerecht werden kann. (Nicht vergessen sollte man dabei allerdings die Tatsache, daß die neuen Qualifikationsanforderungen nur für einen bestimmten Ausschnitt höher qualifizierter Tätiger wichtig sind. Ein nicht unerheblicher Teil des Arbeitsmarktes ist nach wie vor dadurch gekennzeichnet, daß Kompetenzen wie Selbständigkeit oder Kreativität *nicht* gefragt sind.)

Freie Alternativschulen sind nun insofern „hypermodern", als gerade die Förderung von Eigenschaften wie Selbständigkeit, Kreativität und Kooperationsfähigkeit im Zentrum ihres Interesses steht und sie von zwanghaften Strukturen weitgehend befreit sind. Sie repräsentieren für alle Beteiligten ein Stück Lebenswelt, welches hinsichtlich der Zurücknahme zwanghafter Strukturen eindeutig weiter fortgeschritten ist als die gesellschaftliche Lebenswelt in ihrer Gesamtheit. Nicht zufällig betonen jedenfalls die Schüler Freier Alternativschulen nahezu ausnahmslos die zwanglose Atmosphäre in der Schule und den „lockeren" Umgang zwischen Schülern und Lehrern, wenn man sie danach fragt, was denn eigentlich das Besondere an ihrer Schule sei.

Was den Erwerb fachlicher und überfachlicher Kompetenzen betrifft, haben bisherige Untersuchungen (vgl. BMUK 1993, Münte 1996, Köhler 1997 u.a.) gezeigt, daß Absolventen Freier Alternativschulen zwar häufig Wissenslücken in bestimmten Fächern haben und sich deshalb auch oft auf ihre zukünftige schulische Lebensrealität vergleichsweise schlecht vorbereitet fühlen, in den allermeisten Fällen werden diese Defizite in den weiterführenden Schulen aber binnen weniger Monate ausgeglichen, ihre Leistungen sind dann befriedigend oder besser. Gerhard de Haan vermutet, daß „Schüler Freier Schulen wahrscheinlich über ein Set an Sozial- und Motivationsstrukturen verfügen, die es ihnen in kurzer Zeit ermöglichen, in der Regelschule Anschluß zu finden." (de Haan 1992, S. 180) Der Übergang von Freien Schulen auf die Regelschule gestaltet sich für die Kinder daher – nach Auskunft ihrer Lehrer und Eltern – in der Regel problemlos. Ihr Sozialverhalten wie ihre Selbständigkeit werden durchgängig gelobt und haben auch positive Auswirkungen auf das, was im konventionellen Sinne unter „Leistung" verstanden wird.

Wengleich die Rede von den „Freien Alternativschulen als Keimzellen einer neuen Gesellschaft" für meinen Geschmack etwas zu pathetisch ist, denke ich doch, daß Freie Alternativschulen mit gutem Recht darauf stolz sein dürfen, wenn sie – wie dies in aller Regel geschieht – von weiterführenden Schulen bescheinigt bekommen, daß ihre AbsolventInnen sich als ungewöhnlich kritikfähige und mündige Menschen erweisen, die bereit sind, für sich und andere Verantwortung zu übernehmen.

3.2 Grundlegende Bildungs- und Erziehungstheorien

Im folgenden soll der Versuch unternommen werden, wichtige Bildungs- und Erziehungstheorien der FAS einer psychoanalytischen Kritik zu unterziehen. Zu diesem Zweck werde ich zunächst einige grundlegende erziehungstheoretische Überlegungen und Konzepte der Psychoanalyse referieren, um sie im Anschluß daran mit den erziehungstheoretischen Konzepten Freier Alternativschulen vergleichen zu können. Auf die Bildungstheorie der Glocksee–Schule werde ich dabei gesondert eingehen, weil in ihr – verglichen mit den Bildungstheorien anderer Alternativschulen – die Psychoanalyse eine besonders große Rolle spielt.

Da es mir jeweils weder um eine systematische, noch um eine metatheoretische Erörterung des Bildungs- und Erziehungsbegiffes geht (Datler leistet dies für den psychoanalytischen Bildungsbegriff etwa in seiner Arbeit „Bilden und Heilen", 1995), gönne ich mir die intellektuelle Bequemlichkeit, die beiden Begriffe „Bildungstheorie" und „Erziehungstheorie" im folgenden synomym zu verwenden. Entschuldigen kann ich diese Bequemlichkeit freilich damit, daß eine synonyme Verwendung beider Begriffe auch in den meisten Texten, auf die ich Bezug nehme, üblich ist. Vor allem soll es hier aber um eine *inhaltliche* Bestimmung der einschlägigen Bildungs- und Erziehungstheorien gehen; diese aber auch noch systematisch aufeinander zu beziehen und metatheoretisch zu reflektieren, würde über den begrenzten Rahmen und Anspruch dieses Kapitels weit hinausgreifen.

Zu Beginn möchte ich allerdings kurz der Frage nachgehen, welche Bedeutung bildungs- und erziehungstheoretische Überlegungen überhaupt für die Praxis der Freien Alternativschulen haben. Mit gutem Recht stellt Norbert Scholz in seiner Arbeit „Zur Erziehungstheorie Freier Alternativschulen" fest, daß die Theorie nie die Hauptantriebskraft Freier Schulen war (vgl. Scholz 1992, S. 332). Die meisten Freien Schulen wurden nicht von theoretisch interessierten Wissenschaftlern gegründet, sondern von Eltern und Lehrern, die aufgrund eigener schmerzhafter Erfahrungen mit der üblichen Form des Schulehaltens ihr Kind unter keinen Umständen in einer Regelschule anmelden, bzw. nicht länger in einer Regelschule arbeiten wollten. Das Interesse, am Aufbau und an der politischen Durchsetzung einer Freien Alternativschule mitzuwirken, war in den meisten Fällen also eher praktischer als theoretischer Natur. Die Auseinandersetzung mit bildungstheoretischen Überlegungen setzte häufig erst dann ein, wenn es um die Formulierung eines pädagogischen Konzeptes und um die Legitimierung der Freien Schule nach außen ging – die konkrete schulpraktische Arbeit blieb davon weitgehend unbehelligt.

Die Bemühungen um eine theoretische Fundierung der Alternativ-schulpädagogik hielten sich in der Vergangenheit aber wahrscheinlich auch wegen der kritischen Distanz in Grenzen, die weite Kreise der Alter-nativschulpädagogik lange gegenüber den Begriffen der „Bildung" und „Erziehung" hegten. Wie in Kapitel 1.2 bereits erläutert, ist die antiautori-täre Erziehung der späten 60er Jahre eine wichtige Wurzel der Alternativ-schulbewegung in der Bundesrepublik Deutschland. Vor dem Hintergrund der Erfahrung des deutschen Nationalsozialismus stellte die antiautoritäre Erziehung den bislang ernsthaftesten Versuch dar, autoritäre Charakter-strukturen nicht mehr durch die Erziehung zu reproduzieren. Die gesell-schaftskritischen Motive der antiautoritären Erziehung waren andererseits verbunden mit einer radikalen Kritik sowohl des Bildungs-, wie des Erzie-hungsbegriffes. „Bildung" wurde als der mit Floskeln der bürgerlichen, geisteswissenschaftlichen Pädagogik beschönigte Versuch gewertet, das Kind schlicht und einfach nach dem eigenen „Bild" zu formen, sie war der Inbegriff „bürgerlicher Pädagogik". Die Kritik des Erziehungsbegriffes wurde Mitte der 70er Jahre (allerdings ohne das gesellschaftskritische Pa-thos der antiautoritären Kinderladenbewegung), von Vertretern der soge-nannten „Antipädagogik" (Braunmühl, Schoenebeck u.a.) radikalisiert. Kritisiert wurde vor allem der manipulative Charakter erzieherischen Han-delns. Erziehung, so die Antipädagogik, trage Spuren von „Behandlungster-ror" und wurzele in einem „Haß auf die Kindheit" (vgl. Boehm 1988, S. 32). Angesichts der Tatsache, daß ein großer Teil der Alternativschul-bewegung in den 70er und 80er Jahren in antipädagogisches Fahrwasser geriet (vgl. Winkels 1989, S. 196), darf es nicht verwundern, daß die theo-retische Fundierung der Alternativschulpädagogik lange Zeit vernachlässigt wurde, eben deshalb, weil man sich lange scheute, Bildung und Erziehung positiv zu fassen und zu bestimmen.

Trotzdem wäre es falsch, die Alternativschulszene als theorie*feindlich* einzuschätzen. Verschiedene Alternativschulen haben inzwischen einige Ansätze einer Bildungstheorie hervorgebracht, die sich nicht mehr auf eine Kritik der herkömmlichen Schulbildung beschränkt, sondern positiv die Frage stellt, was Bildung und Erziehung in der heutigen Gesellschaft sinn-vollerweise bedeuten könne. Gerade der freiheitliche Ansatz der Alternativ-schulpädagogik bietet die Chance, den Begriff der Bildung auf eine neue Art und Weise positiv zu bestimmen. Freie Alternativschulen sind, wie Thomas Ziehe treffend bemerkt, „nicht deshalb ein staats-befreiter Raum, damit der ganze Bildungsanspruch ungestört über Bord geworfen werden kann, sondern – umgekehrt – um, erstmalig, in Freiheit an Bildung arbeiten zu können." (Ziehe 1984a, S. 43) Insbesondere die bildungstheoretischen Konzepte der „Selbstregulierung" (Negt) und der „Mathetik" (von Hentig) wurden in der Alternativschulbewegung sehr stark rezipiert. Sie boten den in Alternativschulen arbeitenden Lehrerinnen und Lehrern zwar kaum kon-krete Handlungsanweisungen für die pädagogische Praxis, entsprachen aber weitgehend dem Selbstverständnis der Alternativschulszene und fanden deshalb auch schnell Eingang in die Szene–interne Diskussion. Thomas Ziehe resümiert dementsprechend vor dem Hintergrund seiner Erfahrungen als wissenschaftlicher Begleiter des Schulversuchs Glocksee fest, daß die „Brauchbarkeit" von Theorien sich nicht nur danach bemesse, „ob sie professionell verwertbare Beobachtungs– und Handlungsanweisungen vermitteln, sondern danach, in welchem Maße sie den Beteiligten eine politische und arbeitsbezogene Identität auszubilden helfen, die erst eine phantasievolle, unbefangene, sich auf die Kinder solidarisch beziehende Reflexion dessen ermöglicht, was alltäglich im Schulversuch geschieht." (Ziehe 1979, S. 314)

3.2.1 Psychoanalytische Bildungs– und Erziehungstheorien

Die Frage nach dem Bildungs– und Erziehungsbegriff in der psychoanalytischen Pädagogik ist insofern nur schwer zu beantworten, als es *die* psychoanalytische Pädagogik gar nicht gibt (vgl. Kapitel 2.1). Die von psychoanalytischen Pädagogen entwickelten bildungs– und erziehungstheoretischen Konzepte sind ebenso vielfältig wie die konkreten „Anwendungen" psychoanalytischer Erkenntnisse in Praxisfeldern der Pädagogik. Während beispielsweise Datler seine Vorstellungen darüber, worauf psychoanalytisch–pädagogische Praxis gerichtet sein sollte, an den Zielen der klassischen psychoanalytischen Therapie orientiert, Bildung also als Aushalten–können von Ambivalenz, als Aufbau triangulärer Strukturen und als Bearbeitung ödipaler Strukturen versteht (vgl. Datler 1992, S. 112 f. und 1995, S. 233 ff.), richtet sich der Bildungsbegriff Oskar Pfisters auf die „Entfaltung der sittlichen Persönlichkeit", und Herbert Marcuse plädiert im Rückgriff auf marxistisches Gedankengut für die „Hervorbringung revolutionärer Subjekte".

Im Zuge der Rezeption psychoanalytischer Konzepte, die das klassische triebtheoretische Modell Freuds ergänzten bzw. revidierten (Ich–Psychologie, Selbst–Psychologie, Objektbeziehungstheorie), sind die bildungstheoretischen Überlegungen der psychoanalytischen Pädagogik im Laufe der letzten Jahrzehnte natürlich nochmals erheblich differenzierter und umfangreicher geworden. Heinemann plädiert beispielsweise in Anlehnung an objektbeziehungstheoretische Ansätze dafür, im Rahmen therapeutischer und pädagogischer Arbeit „die Strukturierung des Selbst und der inneren Objekte in den Vordergrund zu stellen, d.h. die Entwicklung von Selbst– und Objektkonstanz ermöglichen, realistische Vostellungen vom Selbst und den äußeren Objekten aufbauen helfen sowie die Entwicklung von der Teilobjektbeziehung zur Ganzobjektbeziehung fördern." (Heinemann 1992, S. 37 f.)

Die höchst unterschiedlichen und teilweise auch ganz klar widersprüchlichen bildungs– und erziehungstheoretischen Überlegungen psychoanalytischer Pädagogen mit dem Anspruch auf Vollständigkeit wiederzugeben, würde also den Rahmen dieser Arbeit sprengen. Ich werde mich deshalb im folgenden nur auf vier erziehungstheoretische Konzepte beschränken, die in der psychoanalytischen Literatur immer wieder genannt werden und meiner Ansicht nach von grundlegender Bedeutung sind. Erziehung wird im Sinne dieser vier Konzepte verstanden als

- pädagogische „Nachhilfe" bei der Durchsetzung des Realitätsprinzips
- Spannungsfeld von Versagen und Gewähren
- Ich–Stärkung
- Förderung von Sublimierung.

Eine erste Bestimmung dessen, was unter „Erziehung" aus psychoanalytischer Sicht zu verstehen sei, gibt Freud in seiner 1911 erschienenen Schrift „Formulierungen über die zwei Prinzipien des psychischen Geschehens". Die psychische Aktivität des Menschen hat zunächst und ursprünglich zum Ziel, Unlust zu vermeiden und Lust zu verschaffen. Freud nennt dies das „Lustprinzip". Dieses Lustprinzip stößt aber notwendigerweise auf die Einschränkungen der Realität. Früher oder später muß das Kind sich mit der Tatsache auseinandersetzen, daß die Realität eine unbeschränkte Befriedigung seiner Bedürfnisse nicht zuläßt. In dem Maße, in dem es dem Kind gelingt, dieser Tatsache gerecht zu werden, setzt sich das „Realitätsprinzip" durch, d.h. die Suche nach Befriedigung geht dann „nicht mehr auf dem kürzesten Wege vor sich, sondern schlägt Umwege ein und schiebt ihr Ergebnis aufgrund von Bedingungen auf, die durch die Außenwelt auferlegt werden." (Laplanche/Pontalis 1992, S. 427) Freud versteht nun die Erziehung als „Anregung zur Überwindung des Lustprinzips, zur Ersetzung desselben durch das Realitätsprinzip." (Freud 1911, S. 36) Er weist aber ausdrücklich darauf hin, daß diese Ersetzung keine Absetzung des Lustprinzips bedeutet, sondern nur eine Sicherung desselben. „Eine momentane, in ihren Folgen unsichere Lust wird aufgegeben, aber nur darum, um auf dem neuen Wege eine später kommende, gesicherte zu gewinnen." (ebd.)

Freud formuliert hier sehr prägnant ein psychoanalytisch begründetes Erziehungsziel. Von daher darf es kaum verwundern, daß diese Sätze von psychoanalytischen Pädagogen immer wieder gerne zitiert werden (vgl. z.B. Fatke 1995, Wagner–Winterhager 1987). Meines Erachtens sind die Implikationen dieser Formulierung bislang aber zu wenig bedacht worden. Für mich stellt sich nämlich die Frage, ob es wirklich Sinn macht, von einer *Überwindung* des Lustprinzips und einer *Ersetzung* desselben durch das Realitätsprinzip zu sprechen. Eine „momentane, in ihren Folgen unsichere Lust" scheint mir von ganz anderer Qualität zu sein als eine bewußt vorausgesehene, gleichsam „erarbeitete" Form der Lust. Ein menschliches Leben, welches sich jeglicher Formen „unvernünftiger" Lust enthielte, schiene mir ein verarmtes Leben zu sein. Mit anderen Worten: Lustmomente, für die man später gleichsam zu „büßen" hat, die unangenehme, zumindest nicht absehbare Folgen haben (und sei es selbst der Kater am Morgen nach einer rauschenden Party), sollten meines Erachtens auch im Leben eines Erwachsenen noch ihren Platz haben. Schopenhauer hat einmal gesagt, die Jugend sei geschickter darin, das Unglück zu ertragen, während das Alter geschickter darin sei, das Unglück zu vermeiden. Wenn wir Schopenhauer darin zustimmen, hat es durchaus seinen Sinn, daß „vernünftige", in ihren Folgen abschätzbare Formen der Lust mit zunehmendem Alter eine immer größere Bedeutung gewinnen und das Lustprinzip seine handlungsleitende Kraft mehr und mehr verliert. Ziel der Erziehung kann es aber deshalb nicht sein, das Lustprinzip durch das Realitätsprinzip zu *ersetzen*. Vielmehr ginge es darum, das Realitätsprinzip als ein gleichwertiges, handlungsbestimmendes Moment *neben* dem Lustprinzip zu etablieren.

Eine weitere Ausdifferenzierung des Freudschen Postulats von der „Ersetzung des Lustprinzips durch das Realitätsprinzip" leistet Alice Balint in ihrem Beitrag „Versagen und Gewähren in der Erziehung". Balint versteht gewisse Elemente der Erziehung, wie z.B. das Einhalten bestimmter Zeiten beim Aufstehen und Essen oder das Einüben des Grüßens, Bittens und Dankens als *„formale Realitätsanpassungsübungen"* (vgl. Balint 1936, S. 86). Das Einhalten dieser und ähnlicher Regeln bedeute für das Kind zwar das Ertragen einer ganz beträchtlichen Triebspannung, sei jedoch als Einübung in die Fähigkeit zur Triebbeherrschung eine unentbehrliche Voraussetzung für die spätere „Behauptung im Lebenskampf": „In einer Zeit, in der das Kind noch voraussetzungslos geliebt und versorgt wird, muß es sich vorbereiten lassen, in einer Umgebung zu leben, wo ihm Schutz und Liebe nicht ohne weiteres geboten werden." (ebd., S. 88) Eine formale Disziplinierung der kindlichen Triebnatur hält Balint also für unabdingbar, nicht aber eine inhaltliche Disziplinierung. D.h. das Kind soll durch die Erziehung keineswegs dazu gebracht werden, seine eigenen Triebregungen etwa als „pervers" oder „asozial" zu verurteilen und deren Befriedigung mit Schuldgefühlen zu verknüpfen (dies wäre der Erfolg einer inhaltlichen Disziplinierung), es soll aber durchaus an das kulturnotwendige Ausmaß der Triebversagung gewöhnt werden. Balint formuliert dies folgendermaßen:

> „Durch Gewöhnung an die Formansprüche der Gesellschaft, ohne gleichzeitige moralische Verurteilung der zu zügelnden Triebregungen, kann vielleicht jene Elastizität der Seele erreicht werden, die uns befähigt, einerseits Entsagungen zu ertragen und andererseits die sich bietenden Gelegenheiten zu freierem Ausleben einer Triebregung zu genießen. Mit anderen Worten hieße das: die Sonderung der Erziehung zum Realitätsprinzip von der Über–Ich–Bildung. Das Ziel einer jeden Erziehung ist eigentlich ein zweifaches: Sie soll die praktische Leistungsfähigkeit (Tüchtigkeit im Lebenskampf) und die Glücks– und Genußfähigkeit des Menschen gewährleisten." (A. Balint, 1932, S. 91)

Mit ihrem Konzept einer formalen Disziplinierung der kindlichen Triebnatur bei gleichzeitigem Verzicht auf eine inhaltliche Verurteilung der disziplinierten Triebe konkretisiert Balint die von vielen psychoanalytischen Pädagogen formulierte Vorstellung, Erziehung habe den „goldenen Mittelweg" zwischen den beiden allgemeinsten Erziehungsmitteln des „Versagens" und „Gewährens" zu suchen (vgl. Freud 1932, S. 145/Trescher 1985, S. 12). Die Gefahr einer übertrieben hemmenden, versagenden Erziehung sah schon Freud darin, daß sie eine neurotische Erkrankung mit sich bringe: „Gewalttätige Unterdrückung starker Triebe von außen bringt bei Kindern niemals das Erlöschen oder die Beherrschung derselben zustande, sondern erzielt eine Verdrängung, welche die Neigung zu späterer neurotischer Erkrankung setzt." (Freud 1913, S. 128 f.) Genauso schädlich für die psychische Entwicklung des Kindes ist für Freud aber auch eine übertrieben gewährende, verwöhnende Erziehung, weil sie das Kind in dem falschen Glauben belasse, die Liebe und den Schutz seiner Mitmenschen niemals und unter keinen Umständen verlieren zu können (vgl. Freud 1911, S. 36). Nur das Ausbleiben der sicher erwarteten, sofortigen Befriedigung führt das Kind zu einer aktiven Auseinandersetzung mit den realen Bedingungen der Außenwelt.

> „Die Erfahrung nicht–traumatisierender Mangelsituationen ist – wie die psychoanalytische Sozialisationstheorie gezeigt hat – Motor der psychischen Entwicklung, der zur Verarbeitung von Enttäuschungen und damit hin zu einer Differenzierung des psychischen Apparates führt. Während also die Befriedigung und die narzißtische Zufuhr dafür sorgen, daß eine tragfähige Objektbeziehung sich entwickelt, regt der Mangel und das Mißvergnügen, die Frustration zur Differenzierung der Objektbeziehung(en) und damit der psychischen Struktur an." (Trescher 1985, S. 13)

Ein psychoanalytisch gesehen tragfähiges Erziehungskonzept, welches einen dritten Weg zwischen „autoritärer" und „antiautoritärer" Erziehung beschreitet, also die lust– und lebensfeindliche Komponente einer einseitig versagenden Erziehung ebenso vermeidet wie die unrealistische Komponente einer einseitig gewährenden Erziehung sieht Wagner–Winterhager in einer Pädagogik der *Ich–Stärkung*, wie sie etwa Fritz Redl in seinem „Pionier–House" für schwer verhaltensgestörte Kinder entwickelte und praktizierte (vgl. Wagner–Winterhager 1987).

Das Ich ist im topischen Modell Freuds jene Instanz des psychischen Apparates, deren wesentliche Funktion darin liegt, zwischen den Ansprüchen des Es, des Über–Ich und der Realität zu vermitteln. „Ichstärke" definiert Michael Balint in diesem Sinne als die Fähigkeit, die Libido so lange zu binden, aufzuwahren, bis sie realitätsgerecht abgeführt werden kann. Die Ich–starke Persönlichkeit zeichnet sich also dadurch aus, daß sie in hohem Maße Triebspannung ertragen kann. Dieses „Ertragen–können" des Ich ist aber nicht mit einem psychischen Vorgang zu verwechseln, der sich als Gehorsam vor den Befehlen des Über–Ich beschreiben läßt. Am Beispiel der bewußt gesteigerten Triebspannung im Sexualakt verdeutlicht Balint, daß das „Aushalten" und „Ertragen" durchaus auch eine eigene Funktion des Ich sein kann.

„Ich will nicht bestreiten, daß in sehr vielen Fällen das Ich den Befehlen des Über–Ich gehorcht, wenn es die vom Es heranströmende Erregung erträgt, aber das ist doch nicht immer der Fall. Es gibt viele einwandfrei nachweisbare Gelegenheiten, in denen das Ich – für sich selbst, man möchte sagen aus purer Freude, sogar gegen die Befehle des Über–Ichs – diese Leistungen vollbringt." (Balint 1939, S. 97)

Balint verknüpft seinen Begriff der „Ich–Stärkung" mit dem des „Lernens". Lernen heißt, daß das Ich etwas tun kann, wozu es vorher nicht in der Lage war. Durch Lernen wird das Ich „erfahren", es erweitert sich in qualitativer und quantitativer Hinsicht. Bezogen auf den Aspekt des „Aushaltens" und „Ertragens" hat die Tatsache, etwas „gelernt" zu haben, für das Ich die Bedeutung, ein größeres Quantum Libido aufbewahren zu können und neue Wege einer realitätsgerechten Abführung der gebundenen Libido nutzen zu können.

Eine Pädagogik der Ich–Stärkung im Sinne Redls müßte ihr Hauptaugenmerk auf die Frage richten, inwieweit die einzelnen Funktionen des Ich schon entwickelt sind und wo Störungen derselben vorliegen. In seinem Pionier–House versuchte Redl, den ihm anvertrauten Kindern, deren Ich–Fähigkeit, im Sinne Balints, die Libido zu binden und realitätsgerecht abzuführen, nur rudimentär entwickelt, bzw. gar nicht vorhanden war, einen Lebenszusammenhang zu bieten, „in dem sie neue Erfahrungen mit sich selbst, mit ihren Ich–Fähigkeiten, mit den Beziehungspersonen, mit dem Lernen machen sollten." (Wagner–Winterhager 1987, S. 66) Sowohl die Betreuer, als auch die institutionellen Rahmenbedingungen hatten dabei die Funktion, den Ich–schwachen Kindern als „Hilfs–Ich" zu dienen. Routinen, Rituale und klare Zeitstrukturen, Grenzziehungen, „Signal–geben" (d.h. das Kind in einer Situation zu „warnen", in der es voraussichtlich seine Selbstkontrolle verlieren würde), Verzicht auf moralische Forderungen (weil jede moralische Verurteilung das schwache Selbstwertgefühl des Kindes zu stark kränken würde), geduldige Korrektur der Realitätswahrnehmungen – all dies waren wichtige Elemente in der Pädagogik Redls, weil sie das noch sehr labile Ich der Kinder entlasteten (vgl. ebd., S. 66 ff.)

Ein weiteres, von vielen psychoanalytischen Pädagogen thematisiertes Erziehungsziel ist die Förderung der *Sublimierung*. Ein Trieb wird im Sinne Freuds dann „sublimiert" genannt, wenn er auf ein neues, nicht sexuelles Ziel abgelenkt wird und sich auf ein neues, nicht sexuelles Objekt richtet (vgl. Laplanche/Pontalis 1992, S. 479). Freud führte den Begriff der Sublimierung ein, um den sexuellen Ursprung auch solcher menschlicher Handlungen zu erklären, die scheinbar ohne jede Beziehung zur Sexualität stehen, also beispielsweise die künstlerische oder intellektuelle Betätigung. Von der Sublimierung sind nach Freud vor allem diejenigen Partialtriebe betroffen, denen es nicht gelingt, sich in die definitive Form der Genitalität zu integrieren: „Die für die Kulturarbeit verwertbaren Kräfte werden so zum großen Teile durch die Unterdrückung der sogenannt *perversen* Anteile der Sexualerregung gewonnen." (Freud, zit. n. ebd., S. 480) Die aus dieser Einsicht folgende Konsequenz für pädagogisches Handeln formuliert Freud in seiner Schrift „Das Interesse an der Psychoanalyse":

> „(...) Sie [die Psychoanalyse] kann aber auch lehren, welch wertvolle Beiträge zur Charakterbildung diese asozialen und perversen Triebe des Kindes ergeben, wenn sie nicht der Verdrängung unterliegen, sondern durch den Prozeß der sogenannten *Sublimierung* von ihren ursprünglichen Zielen weg zu wertvolleren gelenkt werden. Unsere besten Tugenden sind als Reaktionsbildungen und Sublimierungen auf dem Boden der bösesten Anlagen erwachsen. Die Erziehung sollte sich vorsorglich hüten, diese kostbaren Kraftquellen zu verschütten und sich darauf beschränken, die Prozesse zu befördern, durch welche diese Energien auf gute Wege geleitet werden." (Freud 1913, S. 129)

Eine pädagogisch motivierte Auseinandersetzung mit dem Freudschen Sublimierungsbegriff leistet Günter Bittner in seinem Aufsatz „Sublimierungstheorie und pädagogische Psychoanalyse"(1964). Das wesentliche Kennzeichen der Sublimierung war für Freud das der Desexualisierung, d.h. die sexuelle Triebenergie sucht sich ein nicht–sexuelles Objekt und Ziel, nachdem ihr die vollsinnliche Befriedigung versagt wurde. Sublimierung wurde dementsprechend in der psychoanalytischen Literatur lange unter den Ersatzbefriedigungen oder den Abwehrmechanismen abgehandelt. Übersehen wurde nach Bittner dabei der Sachverhalt, daß die der Sublimierung zugrunde liegende „Versagung" nicht nur von außen kommt, sondern daß dem Sexualtrieb selbst in gewissem Sinne die Tendenz innewohnt, der direkten und einfachsten Befriedigung Hindernisse in den Weg zu legen, um zu einer komplexeren und reichhaltigen Form der Befriedigung zu gelangen. In Anlehnung an Ergebnisse der tierpsychologischen Verhaltensforschung stellt Bittner deshalb die These auf, „daß Triebe nicht allein Sublimierung auf Grund ihrer Plastizität zulassen, sondern von ihrer Struktur her bereits eine gewisse aktive Sublimierungsbereitschaft mitbringen. (...) Sublimierung ist die geglückte Transformation eines ursprünglichen Triebverlangens zur Entfaltung der in ihm vorgegebenen Erfüllungsmöglichkeiten, die gleichermaßen im Zuteilwerden der ursprünglichen Befriedigung wie im Verzicht gefunden werden können (sublimierte Geschlechtlichkeit manifestiert sich demnach in der ehelichen wie in der zölibatären Lebensform, sublimierte Oralität im Fasten wie im festlichen Mahl)." (Bittner 1964, S. 297)

3.2.2 Bildungs– und Erziehungstheorien Freier Alternativschulen

Was oben über die Bildungs– und Erziehungstheorien der psychoanalytischen Pädagogik gesagt wurde, gilt in gleicher Weise auch für die Bildungs– und Erziehungstheorien Freier Alternativschulen: Sie sind höchst vielfältig, zum Teil widersprechen sie sich auch, so daß es unmöglich ist, von *der* Bildungstheorie der Alternativschulpädagogik zu reden. Während die grundlegende Weltanschauung und das Menschenbild, das Bildungsverständnis und die Vorstellungen darüber, was das Ziel schulischer Erziehung sei, beispielsweise in den Waldorfschulen dadurch relativ homogen ist, daß sie sich alle an der anthroposophischen Pädagogik und dem Weltbild Rudolf Steiners orientieren, gibt es ein solches „Leitbild" in der Alternativschulpädagogik nicht. Die Leitbilder der Freien Alternativschulen reichen von Comenius und Rousseau über Berthold Otto, Maria Montessori und A.S. Neill bis hin zu Hartmut von Hentig, Martin Wagenschein oder Rebecca Wild.

Die Bildungstheorien der Freien Alternativschulen zeichnen sich zudem dadurch aus, daß sie angesichts der Veränderung wesentlicher gesellschaftlicher Rahmenbedingungen in den letzten Jahrzehnten die Ideen der traditionellen Reformpädagogik um aktuelle erziehungswissenschaftliche Theorien erweitern. Norbert Scholz nennt diesbezüglich fünf pädagogische Basistheorien, die seiner Ansicht nach die Kerngedanken zu einer zeitgemäßen Theorie der Alternativschulpädagogik beisteuern könnten: „Auf der einen Seite stehen ganz bestimmte, eher von gesellschaftlich–soziologischen Denkkategorien herstammende 'interaktionistische' und 'materialistische' Ansätze, auf der anderen auf psychologischen Schemata aufbauende 'subjektorientiert–psychoanalytische' und 'antipädagogische' Ansätze sowie der integrative der 'Gestaltpädagogik'." (Scholz 1992, S. 334 f.) Scholz unternimmt den Versuch, diese fünf theoretischen Ansätze zu einer für alle Freie Alternativschulen Geltung beanspruchenden pädagogischen Synthese zusammenzufassen. Dies ist zwar insofern problematisch, als beispielsweise einige Alternativschulen sich ausdrücklich von antipädagogischen Konzepten distanzieren, während andere sich wiederum auf Theorietraditionen berufen, die den fünf genannten Basistheorien nicht ohne weiteres zuzuordnen sind (ich nenne hier nur exemplarisch den kognitionstheoretischen Ansatz Piagets, den auf Maturana zurückgehenden systemischen Ansatz oder die neuerdings auch von einigen Schulen rezipierte Edu–Kinestetik). Immerhin unternimmt Scholz damit aber den gewagten Versuch, Grundlagen für *die* Bildungstheorie der Alternativschulpädagogik zu schaffen, ohne ihren multidimensionalen Charakter auszublenden. Mein Anspruch ist in diesem Kapitel bescheidener: Indem ich auf die bildungstheoretischen Konzepte einzelner Alternativschulen Bezug nehmen werde, soll damit lediglich – ohne Anspruch auf eine Vollständigkeit oder Systematik der Darstellung – ein Eindruck von der möglichen Bandbreite bildungstheoretischer Argumentationen vermittelt werden, die die Alternativschulpädagogik begründen.

Eine Bildungstheorie, die dem oben dargelegten psychoanalytischen Verständnis von Erziehung als Spannungsfeld zwischen „Gewähren" und „Versagen" sehr nahekommt, ist die der Freien Schule Bochum. Bildung im Sinne der Freien Schule Bochum kann verstanden werden als ein dialektischer Prozeß mit den Polen *„intentionale Zukunftsorientierung der Erwachsenen"* auf der einen und *„kindlicher Hedonismus"* auf der anderen

Seite (vgl. Freie Schule Bochum 1994, S. 13 ff.) Die „intentionale Zukunftsorientierung" der Erwachsenen speist sich aus deren Vorstellungen
darüber, was Bildung heute notwendig zu leisten hat. Das pädagogische
Konzept der Freien Schule Bochum nennt hier an erster Stelle:
„– die Entwicklung und Stärkung eines lebenserhaltenden Verantwortungs-
gefühls
– den Erwerb von Friedens– und Demokratiefähigkeit als persönliche
Haltung in Konflikten und als politische Orientierung
– durch Wissensaneignung über ökologisch–technische und politische Zusammenhänge." (ebd., S. 15)
Die Freie Schule Bochum legt nun aber einen großen Wert auf die
Feststellung, daß die auf Entwicklung und Zukunft, auf Veränderung der
kindlichen Persönlichkeit gerichteten Intentionen der Erwachsenen den Respekt vor dem kindlichen Menschen und sein Recht auf hier und jetzt erlebtes Glück nicht überlagern oder gar niederdrücken dürfen.

> „Gleichgewichtig und in ständiger Spannung zu den Intentionen besteht aber
> auch der Anspruch, die Kinder mit ihren spontanen Bedürfnissen und indivi-
> duellen Entwicklungsmöglichkeiten ernstzunehmen, sie also nicht zu bloßen
> Objekten erzieherischen Handelns – gleich welcher inhaltlichen Ausrich-
> tung – zu degradieren, sondern ihnen konsequent mit Sympathie und Respekt
> zu begegnen, ungeachtet dessen, ob sie den Intentionen der Erwachsenen ge-
> recht werden oder nicht." (ebd., S. 14)

Eine deutliche Entsprechung findet dieses Bildungsverständnis der Frei-
en Schule Bochum in der 2. These der 1986 in Wuppertal verabschiedeten
Grundsatzerklärung der FAS (vgl. Kap.1.3): „Alternativschulen sind Schulen, in denen Kindheit als eigenständige Lebensphase mit Recht auf Selbstbestimmung, Glück und Zufriedenheit verstanden wird, nicht etwa nur als
Trainingphase fürs Erwachsenen–Dasein." Diese Formulierung weist allerdings auch darauf hin, daß es den Freien Alternativschulen sehr schwer-
fällt, die Notwendigkeit auch der „versagenden" Seite der Erziehung anzuerkennen. Kindheit, so lautet die These bezeichnenderweise, werde nicht
„nur" als Trainingsphase verstanden. Die Tatsache, daß Kindheit in gewisser Hinsicht auch als Trainingsphase fürs Erwachsenen–Dasein verstanden
werden muß, wird also nicht geleugnet (ansonsten wäre das Wort „nur" aus
dem Satz gestrichen worden), deutlich widerspricht dies aber dem Selbstverständnis der Alternativschulpädagogik und wird offenbar nur schweren
Herzens zuerkannt. In dem pädagogischen Konzept der Freien Schule Bochum heißt es bezeichnenderweise auch, daß der Widerspruch zwischen
intentionaler Zukunftsorientierung und kindlichem Hedonismus „scheinbar" unauflösbar sei. (vgl. ebd., S. 14) Die psychoanalytische Pädagogik
hat meines Erachtens aber überzeugend dargelegt, daß dieser Widerspruch
nicht nur „scheinbar" unauflösbar ist. Die „Realitätsanpassungsübungen",
von denen Alice Balint als einem notwendigen Bestandteil der Erziehung
spricht, degradieren das Kind zu einem „Objekt erzieherischen Handelns"

und schränken sein „im Hier und Jetzt erlebtes Glück" zugunsten zukünftiger Glückserlebnisse ganz klar ein. Freie Alternativschulen, so könnte man etwas überspitzt formulieren, wiegen sich in der romantischen Vorstellung, dem Kinde die massiven Frustrationen ersparen zu können, die mit der Durchsetzung des Realitätsprinzips notwendigerweise verbunden sind. Sie blenden also tendenziell den „dunklen", versagenden, mit Zwang operierenden Aspekt der Erziehung aus.

Andererseits muß zugestanden werden, daß dieser idealistische, schönfärberische Zug in in der Bildungstheorie Freier Alternativschulen verständlich wird vor dem Hintergrund des vorherrschenden Schulsystems, in dem die Degradierung des Kindes zu einem Objekt erzieherischen Handelns nicht die Ausnahme, sondern die Regel ist. Zudem lassen sich den psychoanalytischen Erziehungstheorien durchaus auch Anhaltspunkte entnehmen, die den pädagogischen Optimismus der Alternativschulpädagogik, daß man das Kind keineswegs immer „zu seinem Glück zwingen" muß, berechtigt erscheinen lassen. Sowohl Balint als auch Bittner weisen auf die der Libido innewohnende Tendenz hin, nicht immer den unmittelbaren, direkten und einfachsten Weg der Befriedigung zu suchen. Balint bezieht diesen Sachverhalt auf sein Thema der Ich–Stärke, Bittner bezieht ihn auf das Phänomen der Sublimierung. Die Libido hat also einen Hang zur Komplexität, sie neigt gewissermaßen dazu, sich selbst zu disziplinieren und dies hat die bedeutsame erzieherische Konsequenz, daß das Kind in gewissem Ausmaß von sich aus, wie Balint es formuliert: „aus purer Freude", dazu neigt, die Alleinherrschaft des Lustprinzips zu überwinden. Die Durchsetzung des Realitätsprinzips muß also nicht unbedingt von außen erzwungen werden. Der von den Freien Alternativschulen proklamierte weitgehende Verzicht auf „Zwangsmittel zur Disziplinierung von Kindern" (vgl. die 4. These der Grundsatzerklärung der FAS) findet von daher eine psychoanalytisch fundierte Rechtfertigung.

Auch der Psychoanalytiker D.W. Winnicott hat immer wieder auf die entscheidende Bedeutung hingewiesen, die der *Eigenaktivität* in der Entwicklung des Kindes zukommt und damit, so Schäfer, eine psychoanalytische Theorie von Bildung fundiert, die sich am kindlichen Erleben orientiert (vgl. Schäfer 1995, S. 79). Winnicotts Schriften enthalten subtile Beschreibungen nicht–intentionaler Prozesse der Förderung individueller Entwicklung, die er auf der Grundlage seiner Beobachtungen von Säuglingen und ihrer Interaktionen mit der Mutter entwickelte. Schon den Säugling betrachtet Winnicott als ein Wesen, das aus einem eigenen, inneren Impuls heraus denkend, strukturierend und experimentierend auf die Welt zugeht. Damit der Säugling seine inneren Impulse aber überhaupt ausleben kann, bedarf es von Seiten der Mutter ganz oft auch einer empathischen Zurückhaltung und Distanz: Indem sie dem Säugling beispielsweise Zeit gibt, nach einem Löffel zu greifen und diesen nicht vorschnell dem Säugling in die Hand drückt, kann dieser den Mut fassen, seinen Gefühlen zu erlauben, sich zu entwickeln und dann auf die ihm eigene Weise nach dem Löffel zu greifen. Für Schäfer ergeben sich hieraus auch für den pädagogischen Umgang zwischen Kind und Erzieher weitreichende Konsequenzen: „Die Beziehung zwischen dem kindlichen Subjekt und seiner Umwelt muß es erlauben, daß solche Lücken im Geschehensverlauf eintreten können, in denen das Kind nach subjektiven Lösungen für diese Anbindung des spontanen Impulses an die von außen kommenden Attraktionen und Anforderungen zu suchen hat. Das bedeutet des öfteren, ein ‚Zögern‘ in der Interaktion zwischen Erzieher und Kind zuzulassen und das Kind nicht allzusehr zu zwingen, auf gegebene Umstände zu reagieren." (Schäfer 1995, S. 75) Erst die zögernde Distanz des Erziehers ermöglicht also dem Kind, seinen subjektiven Wunsch zu artikulieren. Eine schulische Erziehung aber, die die Lernfähigkeit des Kindes ausbeutet, die um jeden Preis „rauszuholen versucht, was rauszuholen ist", erstickt seine Kreativität und versperrt dem Kind so den Zugang zu einem personalen und sinnerfüllten Leben. „Wir beobachten, daß Menschen entweder kreativ leben und das Leben für lebenswert halten, oder daß sie es nicht kreativ leben können und an seinem Wert zweifeln." (Winnicott, zit. nach Becker 1995, S. 74)

Die für die Alternativschulpädagogik grundlegende Orientierung an den Bedürfnissen und Impulsen der Kinder, an ihrem jeweils unterschiedlich gearteten „inneren Bauplan", hat aber nicht nur für den erzieherischen Umgang mit Kindern gewichtige Konsequenzen, sondern auch für schulische Lernprozesse. Freie Alternativschulen gehen – sehr einfach formuliert – von der optimistischen Vorstellung aus, daß Kinder von sich aus lernen wollen und deshalb auch nicht zu einer Aneignung von Wissensinhalten gezwungen werden müssen. Sie richten dementsprechend ihr Hauptaugenmerk auf die Frage, wie eine Schule gestaltet sein muß, um Kinder zu einer eigenständigen Organisation ihrer Lernprozesse anzuregen und weniger auf die Frage, wie die zu vermittelnden Inhalte am besten gelehrt werden. In der Alternativschulszene hat sich dafür der von Hentig geprägte Begriff „Mathetik" durchgesetzt (vgl. Hentig 1985, S. 80 ff.). Als die „Lehre vom Lernen" bildet die Mathetik den Gegenbegriff zur „Lehre vom Lehren", der Didaktik. Die dem „mathetischen Prinzip" verpflichtete Schule verzichtet also auf ausdetaillierte Curricula und durchrationalisierte Belehrung und versucht statt dessen, für die Kinder zu einem attraktiven und einladenden Ort des Lebens und Lernens zu werden.

Im Jahre 1985 wurde das „Hessische Institut für Bildungsplanung und Schulentwicklung" vom dortigen Kultusminister mit der wissenschaftlichen Erforschung des mathetischen Prinzips in den Freien Schulen in Frankfurt, Marburg, Darmstadt und Untertaunus beauftragt. Hans–Jürgen Lambrich, ein Mitarbeiter dieses wissenschaftlichen Begleitprojektes, welches bis 1990 durchgeführt wurde, hebt in seiner Arbeit „Erkenntnisse zum mathetischen Prinzip" den folgenden Aspekt besonders hervor:

„Die Orientierung am mathetischen Prinzip führt faktisch dazu, daß die Kinder im Lernprozeß die Freiheit haben, sich als Person, so wie sie zu einem gegenwärtigen Zeitpunkt nun einmal sind, einzubringen und zu behaupten. Insofern unterliegt dem Alltag in der Freien Schule nicht ein Lern– und Entwicklungsverständnis, das Kinder als 'Miniaturausgaben von Erwachsenen' (Langeveld) ansieht und dementsprechend Mechanismen in Kraft setzt, sie ohne große Umwege durch die Originalausgabe ersetzen zu wollen. Stattdessen bewegen sich die Kinder in einem Rahmen, der es ihnen nahelegt, sich als selbsttätiges Subjekt begreifen zu lernen und sie dabei ermutigt und herausfordert, ihren Lern– und Entwicklungsprozeß durch eigene individuelle Beiträge selbst mitzugestalten." (Lambrich 1992, S. 319)

Als Verzicht auf eine durchrationalisierte, den spontanen Lebensbedürfnissen der Schüler gegenüber gleichgültige Belehrung hat das mathetische Prinzip seine volle Berechtigung; daß es aber die Didaktik nicht ersetzen, sondern nur ergänzen kann, ist meines Erachtens in der Vergangenheit zu wenig bedacht worden. Borchert verzichtet in seinem jüngsten Beitrag zur Alterntivschulpädagogik sogar ausdrücklich auf den Begriff der Mathetik, da dieser schon lange als ein Bestandteil moderner Didaktik aufgefaßt werde (Borchert 1998, S. 36).

Am Beispiel eines Klassikers alternativer Schulpädagogik, nämlich A.S. Neill, möchte ich kurz darlegen, wie eine „Pädagogik vom Kinde aus" immer auch in Gefahr steht, in eine einseitige und damit kontraproduktive Abwertung didaktischer Bemühungen umzuschlagen. Martin Kamp erörtert in seinem Studienbrief über die Pädagogik Neills (1997) sehr differenziert unter anderem dessen „Abneigung gegen Unterricht" (freilich ohne dies kritisch zu reflektieren). „Neill legte schon seit dem ersten Weltkrieg auf Schulunterricht wenig Wert: wenn die Emotionen frei sind, würde der Intellekt schon für sich sorgen." (Kamp 1997, S. 73) Kamp fährt fort, daß die Frage der Lehrmethoden für Neill immer uninteressant gewesen sei, daß er Bücher für „die unwichtigsten Dinge in einer Schule" hielt (ebd., S. 74) und an einigen seiner Mitarbeiter mitunter kritisierte, sie seien „zu dynamisch, nähmen den Kindern die Initiative, machten sie zu abhängigen Jüngern, beeinflußten die Kinder zuviel. Die Kinderaktivitäten seien nicht eigene Aktivitäten der Kinder, sondern angeregt und abhängig vom Lehrer, seien Aktivitäten um ihres Lehrers willen, der die Kinder forme, statt sie aus eigenem Antrieb nur für sich selbst arbeiten zu lassen. Neill würdigte die Unterrichts–Produkte, die begeisterte Kinder ihm stolz zeigten, keines Blickes." (ebd., S. 74 f.) Meines Erachtens können die fatalen Folgen für die Selbstachtung von Kindern, wenn sie derart in ihrem Ringen um Anerkennung abgewiesen werden, gar nicht ernst genug genommen werden. Selbstachtung hängt eben entscheidend auch davon ab, ob ich mit meinen Leistungen von anderen Menschen geachtet und respektiert werde. Indem Neill hier seiner – manchmal offensichtlich auch rigorosen – Abwertung von Unterricht und Didaktik freien Lauf läßt, fügt er der Selbstachtung der Kinder empfindliche Wunden zu. Mir geht es nun nicht darum, das verbreitete Bild von Neill als einem Musterbeispiel des empathischen und liebevollen Pädagogen zu destruieren (ich meine nach wie vor, daß er, salopp formuliert, dieses Image verdient hat). Vielmehr möchte ich auf die – auch psychoanalytisch betrachtet – nicht haltbaren Implikationen einer „Bildungstheorie" und auf deren problematische Folgen für die Praxis hinweisen, wie sie leider auch in Texten der gegenwärtigen Alternativschulpädagogik immer wieder durchscheint. Wie das obige Zitat deutlich macht, geht die Abwertung didaktischer Bemühungen häufig auch mit einem Menschenbild einher, welches den Menschen letztlich eher als eine Monade denn als ein soziales Wesen begreift. Neill kritisierte, der Lehrer ließe die Kinder nicht „aus eigenem Antrieb *nur für sich selbst* arbeiten". Sowohl psychoanalytische (hier besonders objektbeziehungstheoretische) wie auch interaktionistische Theorien haben aber überzeugend dargelegt, daß menschliches Verhalten immer auf andere Menschen *bezogenes* Verhalten ist, daß die Wünsche und Antriebe eines Menschen in der Kommunikation und im Austausch mit anderen Menschen entstehen und kontinuierlich umgestaltet werden. Menschen tun so gesehen also niemals etwas „nur für sich selbst". Ein Menschenbild, welches diese *Bezogenheit* menschlichen Verhaltens nicht im Blick hat, sieht notwendigerweise ein Problem darin, wenn Kinderaktivitäten im schulischen Rahmen „angeregt und abhängig vom Lehrer" sind, verkennt damit aber die entwicklungsfördernde Bedeutung, die der emotionalen Bindung des Kindes an den Erwachsenen zukommt. „Der sogenannte normale Grundschüler ist bereit, sich aus Liebe zum Lehrer mit den zunächst ihm fremden Unterrichtsthemen auseinanderzusetzen und zu lernen. Im Laufe der Zeit verwandelt sich das Lernen aus Liebe zum Lehrer in eine Liebe am Lernen." (Becker 1995, S. 138) Seelische Autonomie entfaltet sich im Kindesalter also gerade erst auf der Grundlage einer emotionalen Bindung des Kindes an den Erwachsenen (vgl. hierzu auch die Ausführungen in Kap. 4.2.2 zur „idealisierenden Identifikation"). Eine rigoros und undifferenziert die Freiheit und Selbstbestimmung des Kindes einfordernde Pädagogik verfehlt deshalb genau das, was sie als ihr vordringlichstes Anliegen deklariert.

Eine weitere, in Kapitel 3.2.1 dargelegte Einsicht der psychoanalytischen Pädagogik stellt die kontraproduktive Wirkung der moralisierenden Erziehung fest. Für Redl war der Verzicht auf moralische Forderungen ein wesentliches Element seiner Ich–stützenden Pädagogik. Alice Balint plädierte für eine „Gewöhnung an die Formansprüche der Gesellschaft ohne gleichzeitige moralische Verurteilung der zu zügelnden Triebregungen." (Balint, 1932, S. 91) Freud stellte jeder moralisierenden Erziehung den Satz entgegen: „Unsere besten Tugenden sind als Reaktionsbildungen und Sublimierungen auf dem Boden der bösesten Anlagen erwachsen." (Freud 1913, S. 129) Eine Pädagogik, die auf jede Form von Moralisierung verzichtet, muß notwendigerweise neue Kriterien entwickeln, nach denen sie eine Erziehungspraxis als gelungen oder nicht gelungen bewertet. Die erziehungswissenschaftliche Rezeption des Gedankengutes sogenannter „postmoderner" Theoretiker, die durchweg von der Bedeutungslosigkeit moralischer Wertmaßstäbe in der „postmodernen Gesellschaft" ausgehen, hat hierfür den Begriff der „Ästhetik" gefunden (vgl. Helsper 1991). Die bildungstheoretischen Überlegungen, die Jutta Kraus in ihrer Arbeit mit dem bezeichnenden Titel „Ästhetik des Lernens" (Kraus 1992) über die Freie Schule Offenburg (Schneckenhaus) entfaltet, bieten in diesem Sinne einen Ansatz, der eine Alternative zu moralisierender Erziehung möglich erscheinen läßt. Kraus sieht die zentrale Aufgabe schulischer Erziehung darin, „die Kraft der menschlichen Kreativität zur Entfaltung zu bringen." (ebd., S. 80) Anschaulich beschreibt sie, wie dieses auf ästhetische und nicht auf moralische Kategorien gerichtete Bildungsverständnis ihr Selbstverständnis als „Bezugsperson" verändert hat: „Im Schneckenhaus habe ich mich vor Jahren an diese Aufgabe herangetastet und bin durch meine Arbeit zu einer neuen Sichtweise meiner Funktion als Bezugsperson gekommen. Ich begreife mich nicht länger als Lehrerin, die belehrt, sondern eher als Künstlerin, die die kindlichen Ausdrucksformen in der jeweiligen Umgebung genau beobachtet, also die Realität aufnimmt, um sie dann gemeinsam mit den Kindern in unterschiedlichsten Formen zu gestalten und damit zu verändern. So gesehen gab es bei uns in der Freien Schule Happenings, Performances, Theater– und Musikvorstellungen, Werkschauen..." (ebd. S. 80)

Die oben zitierte Aussage Freuds, unsere „besten Tugenden" seien auf dem Boden der „bösesten Anlagen" erwachsen, weist aber noch in einer anderen Hinsicht eine Übereinstimmung mit der Bildungstheorie Freier Alternativschulen auf. Freie Alternativschulen vertreten ein ganzheitliches Menschenbild, welches im deutlichen Widerspruch zu der abendländischen Denktradition steht, die den Menschen in verschiedene „Seinsschichten" (Körper, Geist und Seele) zergliedert, deren gegenseitige Abhängigkeit sie zwar nicht gänzlich abstreitet, aber doch als wesensverschieden gegenüberstellt. Bittner sieht in dem ganzheitlichen Menschenbild der Psychoanalyse das eigentlich „Ärgerniserregende" für diese Denktradition: „Was ist für die traditionelle philosophische Anthropologie das Ärgerniserregende an der Auffassung Freuds? Doch wohl dies, daß die Schranke zwischen 'Geistigem' und 'Triebhaftem' aufgehoben ist und behauptet wird, die höchsten kulturellen und sittlichen Leistungen des Menschen seien aus dem gleichen 'Seelenstoff' gemacht, wie die niedrigsten animalischen Regungen, die neurotischen Symptome, die Perversionen usw." (Bittner 1964, S. 298).

Eine Bildungstheorie, die das in dieser Behauptung sich ausdrückende ganzheitliche Menschenbild zur Basis ihres Selbstverständnisses erhebt, ist die der Freien Schule Würzburg. Die Freie Schule Würzburg (die 1992 ihren Betrieb aufgrund staatlicher Restriktionen einstellen mußte) legt ihrem Bildungsverständnis eine Weltanschauung zugrunde, die sie als „humanistische Ökologie" bezeichnet. „Die humanistische Ökologie steht im Gegensatz zur herrschenden analytischen Weltsicht, da sie die Welt (...) nicht in zu sezierende und zu untersuchende Einzelheiten zerlegt, sondern Erkenntnisse über die Welt gerade im Wissen und Erkennen von Zusammenhängen sucht." (Finkensiep 1990, S. 26) Vor diesem erkenntnistheoretischen Hintergrund versucht die Freie Schule Würzburg durch die Anwendung ökologischer Prinzipien und Gesetzmäßigkeiten auf den Menschen ein neues Verständnis von kindlichem Lernen zu gewinnen. „Ökologisches Lernen" im Sinne der Freien Schule Würzburg (vgl. ebd., S. 29 f.) heißt deshalb, daß Kinder in der Schule lernen sollen, in Zusammenhängen und wechselseitigen Abhängigkeiten zu denken; daß die Erwachsenen nicht zu stark in das „Ökosystem Kind" eingreifen; daß das Einfügen neuer Erfahrungen in das Gleichgewicht des „Ökosystems Kind" ein höheres „Gleichgewichtsniveau" entstehen läßt und daß „die Schulorganisation wie in der Natur aus dem Zusammenspiel aller am Geschehen beteiligter „Organismen" (Kinder, Eltern, LehrerInnen) entstehen soll" (ebd., S. 30).

Angesichts der bedrohlichen ökologischen Krise der Gegenwart erscheint die kritische Betrachtung des vorherrschenden naturwissenschaftlich–technokratischen Weltbildes unserer Gesellschaft, wie sie die Freie Schule Würzburg vornimmt, nicht nur berechtigt, sondern notwendig. Andererseits ist Finkensiep Recht zu geben, wenn er die Umsetzung der „Humanistischen Ökologie" in eine praktische Schulkonzeption zum einen als konstruiert (z.B. die umstandslose Anwendung ökologischer Prinzipien auf schulische Lernprozesse, die Sichtweise des Kindes als ein „Ökosystem"), zum anderen als zu einseitig bezeichnet. Es stellt sich beispielsweise die Frage, ob ein Kind mit ausgeprägt analytischem Denkvermögen in der FS Würzburg angemessen gefördert würde (ebd., S. 48).

Eine meines Erachtens differenziertere pädagogische Konzeption, die aber in gleicher Weise wie die der Freien Schule Würzburg dem ganzheitlichen Menschenbild der Psychoanalyse entspricht, ist die der 1997 gegründeten Freien Schule Prinzhöfte. In einem in Deutschland meines Wissens bislang einmaligen Versuch verknüpft diese Schule in ihrem pädagogischen Konzept Grundgedanken der Freinet–Pädagogik mit Erkenntnissen der Systemtheorie. In Humberto Maturanas Einsicht, daß „jedes rationale System emotional begründet ist" sieht die Schule eine der grundlegenden Erkenntnisse systemischer Betrachtung (Freie Schule Prinzhöfte 1997, S. 6).

„Die verschiedenen Systeme des Zusammenlebens unterscheiden sich durch unterschiedliche Grundemotionen. Ausgehend von den verschiedenen Grundemotionen werden unterschiedliche Konversationsnetze und Handlungsräume gebildet. Als wichtige Grundemotionen sind zu nennen: Liebe und Zuneigung, Verpflichtung, Selbstverleugnung, Haß, Angst. Jeder Mensch bildet auf der Basis der Grundemotionen sein individuelles Konversations– und Handlungsmuster aus. Gleiche Handlungen können auf unterschiedlichen Emotionen beruhen. Deshalb ist es ein wesentlicher Unterschied, ob sie auf der Grundemotion 'Liebe' oder 'Verpflichtung' oder gar 'Angst' beruhen. Unter-

schiedliche Systeme menschlichen Zusammenlebens resultieren daraus."
(ebd.)

Um die Schule als ein lebensfreundliches System zu kultivieren, das auf positiven Grundemotionen beruht, bemühen sich die Mitarbeiter der Freien Schule Prinzhöfte um eine flexible, vielfältige und vernetzte Lebens– und Lernkultur, die etwa den Fehler nicht als „Störfaktor", sondern als vorwärtstreibendes Element im Lernprozeß begreift und die „Pflege von Phantasie und Kreativität zum 'Hauptfach'" macht (ebd., S. 18). Ähnlich wie die Freie Schule Würzburg beruft sich auch die Freie Schule Prinzhöfte mit ihrer ganzheitlichen Sichtweise auf die Ökologie und bezeichnet diese als den „strukturellen Lehrplan" der Schule, der durch ein „Denken in Prozessen" und ein „Planen in Qualitäten" gekennzeichnet sei.

Natürlich ließe sich hier die skeptische Frage einwerfen, inwieweit die Freie Schule Prinzhöfte überhaupt in der Schulpraxis ihren hochgesteckten Zielen gerecht wird. Zum einen ist dies aber eine Frage, der ich in diesem bildungs*theoretischen* Kapitel weder nachgehen möchte, noch nachgehen kann. Zum anderen zeichnet sich ihr Konzept gerade dadurch aus, daß es konkrete Beispiele enthält, die die theoretisch erörterten Prinzipien der Schule veranschaulichen. Diese hier wiederzugeben würde aber den eigentlichen Zweck des Kapitels verfehlen. Stattdessen möchte ich mich nun noch der Rolle zuwenden, die psychoanalytische Konzepte in der Bildungstheorie der Glocksee–Schule spielen.

3.2.3 Die Psychoanalyse in der Bildungstheorie der Glocksee–Schule

Im folgenden soll die Bedeutung der Psychoanalyse in der Bildungstheorie der Glocksee–Schule gesondert erörtert werden, weil sich keine andere Freie Alternativschule in ihrer Entwicklungsgeschichte derart intensiv mit dem Gedankengut der Psychoanalyse auseinandersetzte. Ulrike Köhler und Doris Krammling–Jöhrens stellen zwar in ihrem gemeinsamen Schulportrait der Glocksee–Schule (1997) fest, daß es eine eigenständige oder gar fortlaufende Debatte über Psychoanalyse in der Glocksee–Schule nicht gegeben habe. Gleichwohl seien psychoanalytische Erkenntnisse in jeder Phase in die Erziehungsphilosophie der Schule eingegangen (1997, S. 46). Die Bildungstheorie der Glocksee–Schule wurde von der ersten wissenschaftlichen Begleitung der Glocksee–Schule (1975–1979) unter der Leitung von Oskar Negt und mit Thomas Ziehe als hauptamtlichem Mitarbeiter begründet und von der zweiten wissenschaftlichen Begleitung (1981–1988) unter der Leitung von Albert Ilien ergänzt und teilweise revidiert. Indem ich mich auf den subjektorientiert–psychoanalytischen Anteil beschränke, vernachlässige ich notwendigerweise den gesellschaftstheoretischen Anteil, der aber in der Bildungstheorie der Glocksee–Schule eine mindestens ebenso große Rolle spielt. Die folgenden Ausführungen erheben also in keiner Weise den Anspruch, die Bildungstheorie der Glocksee–Schule in ihrer Gesamtheit zu skizzieren.

In seinem erstmals 1975 in der Zeitschrift „Ästhetik und Kommunikation" erschienenen Aufsatz „Schule als Erfahrungsprozeß" bestimmte Oskar Negt die *„Selbstregulierung"* als den zentralen Gedanken in der Bildungstheorie der Glocksee–Schule. Ziel der Selbstregulierung ist nach Negt „die Erweiterung der Erfahrungsfähigkeit des Kindes und die Bildung von Autonomie". (Negt 1986, S. 32) Das Konzept der Selbstregulierung wurzelt in dem pädagogischen Optimismus, daß Kinder in der Lage sind, ihren Lernprozeß eigenständig zu organisieren. In einer Schule, die selbstreguliertes Lernen in der richtigen Form zuläßt, bildet sich, so Negt, eine „unsichtbare Ordnung", die auf der gegenseitigen Kenntnis und dem gegenseitigen Respekt aller Kinder beruht und so den Charakter eines „Gemeinwesens" erhält. (vgl. ebd., S. 33 f.) Das Kinderkollektiv entwickelt also sozusagen ein „ökologisches Gleichgewicht", dessen Fähigkeit zur Selbstregulierung empfindlich gestört wird, wenn Erwachsene in pädagogisierender Manier in dieses Gleichgewicht einzugreifen versuchen. Im Sinne des Konzeptes der Selbstregulierung besteht deshalb die wichtigste Tugend eines Lehrers in der Fähigkeit, sich „zurückzuhalten", d.h. zum Beispiel nicht vorschnell in Konflikte einzugreifen, die sich zwischen einzelnen Kindern ergeben.

Zur wissenschaftlichen Fundierung seiner Selbstregulierungs–Idee berief sich Negt auch auf die Psychoanalyse Freuds. Diese hatte die Ursache neurotischer Störungen von Erwachsenen, die sich in eine psychoanalytische Therapie begeben hatten, regelmäßig in der Verdrängung sexueller

Triebregungen ausgemacht, die von der Erziehung unterdrückt worden waren. Die daraus abgeleitete pädagogische Konsequenz bestand darin, Kindern ein repressions– und herrschaftsfreies Aufwachsen zu ermöglichen, um die Traumen, welche die Ursache für die spätere neurotische Erkrankung abgaben, gar nicht erst entstehen zu lassen. Am radikalsten wurde diese Ansicht von dem marxistisch orientierten Psychoanalytiker Wilhelm Reich vertreten: „Die gesamte Erziehung leidet daran, daß die soziale Anpassung Verdrängung der natürlichen Sexualität fordert und daß diese Verdrängung krank und asozial macht." (Reich 1983, S. 163) Vor allem die antiautoritäre Kinderladenbewegung der späten 60er Jahre fühlte sich der psychoanalytischen Erziehungskritik Reichs verpflichtet und sah dementsprechend im radikalen Verzicht auf jedwede Unterdrückung oder Reglementierung kindlicher Triebregungen das wesentlichste Mittel einer Neurosenprophylaxe. Jürgensmeier weist darauf hin, daß in Negts Begründung der Glocksee–Pädagogik diese antiautoritäre Linie aufgenommen, aber in charakteristischer Weise verschoben wird: „Indem Negt den Produktivitätscharakter der kindlichen Erfahrungsweise akzentuiert, kann er das vom antiautoritären Standpunkt bloß negativ bestimmbare Erziehungshandeln positiv als Selbstregulierung von Kinderkollektiven fassen." (Jürgensmeier 1985, S. 70)

Nichtsdestotrotz wird auch in dem Negtschen Konzept der Selbstregulierung die Rolle des Erziehers in erster Linie negativ bestimmt: Indem das Nicht–Eingreifen als seine höchste Tugend proklamiert wird, wird er auf eine prinzipielle „Außenposition" verwiesen, er ist mehr Zuschauer als Beteiligter oder gar bewußt Handelnder. Selbst wenn Negt schon in seinem Aufsatz von 1975 die notwendige Dialektik von intentionaler Zukunftsorientierung der Erwachsenen und kindlichem Hedonismus in der Erziehung nicht verleugnet (vgl. Negt 1981, S. 34 f.), darf es vor diesem Hintergrund doch nicht verwundern, daß die praktische Umsetzung der Selbstregulierungs–Idee in der Glocksee–Schule und anderen Alternativschulen häufig zu einer schlichten Laisser–faire–Erziehung führte. Um sich von diesen Formen einer dem Wohl des Kindes gegenüber letztlich gleichgültigen und verantwortungslosen Erziehung ausdrücklich zu distanzieren, überarbeitete Negt seinen Aufsatz „Schule als Erfahrungsprozeß" und gab ihm den neuen Titel „Selbstregulierung als Realitätsprinzip (Hervorhebung von mir, M.M.) pädagogischer Arbeit" (Negt 1986). Sein Bemühen, den Begriff der Selbstregulierung von jedweder Laisser–faire–Erziehung abzugrenzen, könnte kaum deutlicher ausfallen:

„Selbstregulierung, dieser fundamentale Grundsatz aller Alternativschulen, ist also radikal von einer Haltung des Gehen– und Geschehenlassens (laisser–faire) unterschieden und hat auch gar nichts damit zu tun, was alternativen Projekten der Erziehung immer wieder vorgehalten wird: die romantische Rückwendung zu Rousseaus „negativer Erziehung", zu jener

Auffassung, daß Erziehung wesentlich im Fernhalten schädlicher kultureller und gesellschaftlicher Einflüsse auf das Kind bestehe.

Selbstregulierung besteht dagegen aus höchst bewußtem, strukturierendem Eingreifen in das unbewußt kooperierende Verhalten der Kinder, aber nicht im Zuteilen und Reglementieren, sondern in der eingreifenden Koordination von Schwerkraftzentren der Eigentätigkeit." (Negt 1986, S. 38 f.)

Wenngleich dieser Aussage Negts inhaltlich zuzustimmen ist, muß doch kritisch gefragt werden, ob die Definition des Begriffes „Selbstregulierung" durch das genaue Gegenteil dessen, was dieser Begriff dem eigentlichen Wortsinne nach bedeutet, nicht höchst verwirrend ist. Inhaltlich vertritt Negt in der zitierten Passage ein dialektisches Bildungsverständnis, findet aber offenbar nicht den Mut, sich in einem zweiten Schritt auch von seinem Begriff der Selbstregulierung zu lösen.

Die zweite wissenschaftliche Begleitung (vertreten durch Ilien, Jürgensmeier, Reißmann, Rose u.a.) vollzog dann diesen Schritt, indem sie darauf insistierte, daß mit dem Begriff der „Selbstregulierung" das Ganze des mit „Bildung" Bezeichneten nicht sinnvoll gemeint sein könne. (vgl. Ilien 1990, S. 1) Thomas Ziehe hatte zwar schon im Rahmen der ersten wissenschaftlichen Begleitung vor dem Hintergrund seiner Theorie vom „Neuen Sozialisationstypus" Positionen vertreten, die den Begriff der Selbstregulierung erheblich relativierten, konnte sich aber mit seiner Sichtweise in der Glocksee–Schule nicht durchsetzen. (vgl. Ilien 1990, S. 20) Erst die zweite wissenschaftliche Begleitung bot dem Team der Glocksee–Schule offensichtlich eine Reflexionsmöglichkeit des eigenen pädagogischen Handelns, die als praxisrelevant wahrgenommen und anerkannt werden konnte. Köhler und Krammling–Jöhrens führen hierzu aus:

„Viele LehrerInnen fanden in diesem Angebot der wissenschaftlichen Begleitung eine Antwort auf ihr Unbehagen, das sich bei ihren Beobachtungen im Schulalltag und besonders im Umgang mit einigen Kindern eingestellt hatte. Ihre Aufnahmebereitschaft fällt im Rückblick deshalb besonders auf, weil 1977 schon Thomas Ziehe auf notwendige Veränderungen des Lehrerverhaltens gegenüber Kindern mit eher narzißtisch gefärbten Bedürfnissen und Ängsten hingewiesen hatte, ohne daß dies von den LehrerInnen besonders aufgegriffen wurde. Daß dies dann in den 80er Jahren anders war, wird damit zusammenhängen, daß die LehrerInnen zu der Zeit bereits Veränderungen in ihrer jeweiligen Praxis vorgenommen hatten, in denen die 'neue' Theorie sie nun bestärkte. Gleichzeitig entlastete sie die LehrerInnen von der – in den Anfangsjahren noch für realisierbar gehaltenen – Vorstellung, die Glocksee–Praxis könnte und müßte eine Wiedergutmachung leisten für alle 'Fehler'der vorausgegangenen Sozialisation der Kinder." (Köhler/Krammling–Jöhrens 1997, S. 50)

Das Manko des Negtschen Selbstregulierungskonzeptes sieht Ilien hauptsächlich darin, daß es den Bildungsanspruch, dessen es bedarf, nicht ausweist. Seine Aufgabe erkennt Ilien darin, „das von Negt und der frühen Glocksee–Schule mutig und innovativ vertretene Wahre vom falschen illusionären Überschuß angemessen zu unterscheiden." (ebd., S. 2) Um dieser Aufgabe gerecht zu werden, versucht Ilien, die triebtheoretische Begründung der Glocksee–Pädagogik um den narzißmustheoretischen Ansatz Heinz Kohuts zu erweitern.

Kohuts Psychologie wird gemeinhin als die „Psychologie des Selbst" bezeichnet. Das „Selbst" versteht Kohut als ein unabhängiges, aus sich heraus richtunggebendes Zentrum der Psyche, welches neben dem von Freud beschriebenen, deterministisch zu fassenden Bereich der Psyche existiert. (vgl. Wiederkehr–Benz 1982, S. 12) Dieses Selbst kann sich nach Kohut nur dann entwickeln, wenn das Kind von seiner Mutter (bzw. später von seinem Vater oder anderen primären Bezugspersonen) ein ausreichendes Ausmaß an „Empathie", d.h. verständnisvoller und einfühlender Zuwendung erfährt. Die Brücken zwischen dem Gefühl einer vollkommenen Geborgenheit in der Mutter–Kind–Symbiose und der allmählichen Herausbildung eines Selbst, welches Begrenzungen von Zuwendung und Allmachtsbedürfnissen dank reiferer psychischer Strukturen ertragen kann, stellen das Größen–Selbst (d.h. ein grandioses und exhibitionistisches Bild des Selbst) und das idealisierte Elternimago (d.h. die unbewußte Vorstellung von einem bewunderten, allmächtigen, mit narzißtischer Libido besetzten „Selbst–Objekt") dar (vgl. ebd., S. 1 f.). Das Kind hat also nur dann eine Chance, seine narzißtischen Allmachtsphantasien zu überwinden, wenn ihm empathische Selbst–Objekte (Selbst–Objekte werden wie ein Teil des Selbst erlebt und wahrgenommen) zur Verfügung stehen, in denen es sich spiegeln kann und die zu einer Idealisierung tauglich und bereit sind. Erwachsene können sich in Kinder aber nur dann empathisch einfühlen, so Ilien, wenn sie sich an ihr eigenes Kind–sein erinnern können. „Eine ich–du–differenzierte Wahrnehmung muß die Fähigkeit behalten, eine nicht–differenzierte Wahrnehmung zu verstehen. Sie muß damit die Erinnerung an ihre eigene Genese festhalten." (Ilien 1986, S. 126) Wenn die Vermittlung von Bildung als einem wertvollen Gut nicht aufgegeben werden soll, muß sich dieses Erinnerungsvermögen auch auf eigene Bildungserfahrungen beziehen, die als beglückend und bestärkend erlebt wurden. Wer dagegen das eigene Erzogensein ausschließlich als falsch und mißglückt interpretiert (wie es beispielsweise unter Antipädagogen nicht unüblich ist), kann das Kind kaum in seiner schwierigen Aufgabe der Entwicklung eines Selbst unterstützen, denn: „Das Nur–Unglück gibt keine Perspektive auf seine Überwindung frei."(ebd., S. 135)

Während also das Negtsche Selbstregulierungskonzept die Entwicklung kindlicher Autonomie von der Frage abhängig macht, ob die Erwachsenen dem Kind genügend Freiheit zur Eigenentwicklung zugestehen, kommt die von der zweiten wissenschaftlichen Begleitung entfaltete Bildungstheorie durch die Rezeption der Kohutschen „Psychologie des Selbst" zu dem Ergebnis, „daß Kinder dann eine Chance haben, zu der mit Bildung gemeinten Autonomie zu gelangen, wenn diese gleichzeitig als Fähigkeit zum partnerlichen, empathischen Umgang mit dem Anderen ausgelegt wird. Erworben werden können diese beiden Seiten von Humanität, Autonomie und Partnerlichkeit, in einem Umgang mit Erwachsenen, in dem diese den Kindern ihre Bildung erfahrbar machen. Ausgeschlossen ist damit sowohl eine zynisch–autoritäre Haltung wie umgekehrt eine ängstliche Selbstzurücknahme, die unter dem Vorwand, den Bedürfnissen der Kinder nahe zu sein, diese in ihrem wesentlichen Bedürfnis zurückstößt, nämlich von authentischen Erwachsenen akzeptiert zu werden und lernen zu können." (Jürgensmeier 1985, S. 135)

4. Die Praxis der Freien Alternativschulen aus psychoanalytischer Sicht

4.1 Lernprozesse in Freien Alternativschulen

4.1.1 Rituale in Schulleben und Unterricht

In Kapitel 3.1.3 habe ich bereits darauf hingewiesen, daß die Ritualisierung von Lernprozessen im psychoanalytischen Sinne als eine Triebabwehr, als Möglichkeit, sich der Gefahr einer Triebüberflutung zu erwehren, verstanden werden kann. Als eine wichtige Funktion der Ritualbildung im schulischen Kontext thematisierte Fürstenau die „Isolierung von Zusammengehörigem". Wellendorf analysierte die Möglichkeit einer Bewahrung bzw. Wiederherstellung von Ich–Identität im szenischen Arrangement der Schule und kritisierte an schulischen Ritualen, daß sie tendenziell die Darstellung und Kommunizierbarkeit persönlicher Identität im schulischen Kontext verhindern. Muck interpretierte schließlich Mechanismen der Ritualbildung wie beispielsweise die Fächerverteilung oder das Lernen im 45–Minuten–Takt als „zwanghaft" im Sinne der psychoanalytischen Krankheitslehre und bezeichnete die Schule deshalb als eine „Zwangsanstalt". Eine völlig andere Bewertung erfuhren Rituale in Kapitel 3.2.1: Wagner–Winterhager betonte in Anlehnung an die Ich–stützende Pädagogik Fritz Redls die heilsame Wirkung von schulischen Ritualen. Nach Redl erfüllen sie für Ich–schwache Kinder die Funktion eines „Hilfs–Ich" und unterstützen auf diese Weise den Aufbau von Selbstwertgefühl und Ich–Stärke. Dieser Widerspruch in der psychoanalytischen Bewertung von Ritualen soll im folgenden erörtert und dabei die Frage geklärt werden, welche Bedeutung Rituale in der Praxis Freier Alternativschulen haben bzw. haben könnten.

Vor diesen theoretischen Erwägungen möchte ich aber – gewissermaßen als „Einstimmung" – zunächst an einem Beispiel veranschaulichen, wie Rituale in Freien Alternativschulen konkret aussehen können. Deshalb werde ich im folgenden ein gekürztes Protokoll teilnehmender Beobachtung aus der Freien Schule Bochum wiedergeben, welches ich im Rahmen meiner qualitativ–empirischen Untersuchung der Freien Schule Bochum im Sommer 1998 verfaßte. Es handelt sich bei dem Beispiel um das Abschlußfest der damaligen zehnten Klasse, ein Fest, das als solches in der Freien Schule Bochum zwar Tradition hat, in seiner konkreten Gestaltung aber von Jahr zu Jahr ganz unterschiedlich ausfällt.

Das Abschlußfest der Zehner

Die Verabschiedung der 10. Klasse wird in diesem Jahr im Klassenraum der Einser gefeiert. Eingeladen zu diesem Fest ist die ganze Schulgemeinde, also die SchülerInnen der anderen Klassen ebenso wie ehemalige LehrerInnen und die Eltern der Zehner. Als um 13.00 Uhr das Fest eröffnet wird, ist der Raum dementsprechend überfüllt, nicht alle geladenen Gäste finden Platz, die Kinder sitzen dicht gedrängt auf dem Fußboden. Die Schule verfügt über keine Aula oder einen anderen größeren Versammlungsraum und entschied sich deshalb angesichts des regnerischen Wetters für den Klassenraum der Einser als Ort des Abschlußfestes, da dieser zumindest unter der im hinteren Teil des Raumes befindlichen Hochetage eine kleine Bühne mit Vorhang hat.

Vor der Bühne steht die Klassenlehrerin der Zehner, Karin, und einige der Zehner selbst, für die bevorstehende Aufführung einer Szene aus Friedrich Dürrenmatts „Besuch der alten Dame" schon entsprechend verkleidet. Karin gibt nach einigen Begrüßungsworten das Mikrophon an die neben ihr stehende Barbara weiter. „Ich bin der Bürgermeister hier!" beginnt diese, szenisch die Machtverhältnisse im Raum klarstellend. Dem versammelten Publikum teilt sie dann mit, daß es nach dem Büffet die Aufführung einer kleinen Theaterszene nach Dürrenmatt erwarten dürfe. Wenig später eröffnet Karin dann schon das Büffet, und die anwesenden Grundschulkinder machen sich einen Spaß daraus, laut schreiend und sich gegenseitig schubsend aus dem Raum zu drängeln, um als erster das im Flur aufgetischte Büffet zu erreichen.

Nach der Eroberung und gründlichen Ausplünderung des Büffets verteilen sich die Erwachsenen, Kinder und Jugendlichen in verschiedene vorbereitete Räume der Schule. Die Atmosphäre wirkt auf mich als Beobachter jetzt angenehm entspannt und vertraulich. Durch den Flur streifend sehe ich viele Menschen, die sich herzlich begrüßen und offenbar schon lange nicht mehr gesehen haben. Insbesondere die Eltern der Zehner sind sich wohl der Tatsache bewußt, daß sie viele Menschen, denen sie in den vergangenen Jahren immer wieder mal begegneten, heute wahrscheinlich zum letzten mal sehen. Lediglich die Grundschulkinder scheinen solchen wehmütigen Gedanken überhaupt nicht nachzusinnen und sammeln sich schon bald wieder vor dem Klassenraum der Einser, in dem die letzten Vorbereitungen für die Aufführung des Theaterstückes „Besuch der alten Dame" getroffen werden.

Als dann eine Lehrerin um 14 Uhr die Klassentür öffnet, stürmen die Kinder ebenso ungestüm in den Raum, wie sie ihn bei der Eröffnung des Büffets verließen.

Nach einer kurzen Einleitung der Deutschlehrerin Ines, die das Theaterprojekt der 10er betreute und bescheiden betont, sie habe im Grunde gar nichts zur Aufführung beigetragen, die Zehner hätten sehr engagiert alles selbst organisiert, und bei den Proben habe sie nur zugeschaut, beginnt die Aufführung. Diese erhält einen besonderen Reiz durch die Beteiligung der Zweitkläßler der Schule, die das in der gespielten Szene vorkommende „Volk" darstellen. Aufmerksam beobachtet von den anderen Grundschulkindern beteiligen sich diese zwar nicht durch eigene Redebeiträge an der Aufführung, spielen im Ablauf der Handlung aber doch eine nicht unerhebliche Rolle. Als am Ende des Stückes Nora als die steinreiche „alte Dame" dem Bürgermeister den versprochenen Scheck übergibt und in würdevoller Haltung den Raum verläßt, bedankt sich das Publikum mit einem lautstarken Beifall für die gelunge Aufführung.

Nach einer kurzen Pause gruppieren sich dann alle anwesenden Lehrer auf der Bühne zu einem „Lehrerchor", um den Zehnern drei Abschiedslieder zu singen. Bevor es losgeht, werden noch einige Zehntkläßler in den Raum gerufen, die bei der Aufführung des Theaterstückes nicht zugegen waren. „Wir haben die Lieder nämlich extra für euch gelernt!" betont Karin und überläßt dann dem Musiklehrer Thomas die Regie, der es als einziger wagt, ins Mikrophon zu singen und die Lieder mit seiner Gitarre begleitet. Daß der „Lehrerchor", wie entschuldigend eingeräumt wird, vorher erst zweimal geprobt hat und die meisten Lehrer ansonsten nicht zu singen pflegen, glaubt man gerne. Locker und liebevoll–dilettantisch gestaltet sich nämlich die Darbietung der drei Lieder, aber auch witzig und kreativ.

Bis zur Vergabe der Zeugnisse und Jahresbriefe kommen dann noch einige kleinere Programmpunkte an die Reihe: zunächst begeben sich zwei Zehntkläßlerinnen auf die Bühne und lesen abwechselnd eine Abschiedsrede vor, die sie vorher gemeinsam geschrieben haben. Jedem Lehrer und jeder Lehrerin überreichen die beiden dann als kleines Abschiedsgeschenk eine Rose und ein gerahmtes Gruppenfoto der Klasse. Den folgenden Programmpunkt bestreitet dann die Zehntkläßlerin Verena, die sichtlich aufgeregt auf der Bühne steht und dem Publikum mitteilt, sie wolle jetzt einigen ihrer Mitschüler, die ihr besonders viel bedeutet hätten, Geschenke überreichen. Mit einer Rose in der Hand wendet sie sich grinsend und mit lauter Betonung zu Beginn an einen ihrer besten Freunde, den Mitschüler Tom: „Zuerst möchte ich dem arrogantesten, überheblichsten und eingebildetsten Menschen was schenken, den ich jemals kennengelernt habe!" Etwas leiser und jetzt ernsthaft fügt sie hinzu, indem sie ihm eine Rose überreicht: „Aber auch dem großzügigsten Menschen, den ich jemals kennengelernt habe." Dann bückt sie sich zu dem vor ihr liegenden Rucksack und kramt das für

Tom bestimmte Geschenk heraus, dessen Anblick im Publikum einige witzelnde Bemerkungen herausfordert: es handelt sich um einen rosafarbenen Handspiegel. Mit der Bemerkung „Damit du mich bei H&M nicht mehr von Spiegel zu Spiegel zerrst!" überreicht sie Tom den Spiegel, der ihn leicht errötet und lächend entgegennimmt.

Fünf weitere MitschülerInnen werden noch auf ähnliche Weise von Verena beschenkt, schließlich überläßt sie dann den Erstkläßlern die Bühne, die ebenso witzig und dilettantisch wie der vorherige Lehrerchor den „Großen" ein Ständchen singen. „Wir haben auch Bilder für die Zehner!" verkündet am Ende des Liedes stolz ein Erstkläßler „Die haben wir selbst gemalt, ist ja klar." Die Verteilung der Bilder vollzieht sich dann allerdings in einer kaum „feierlich" zu nennenden Form, da viele Zehntkläßler im hinteren Teil des Raumes stehen und zudem die Bühne so klein ist, daß die Überreichung der Bilder für das Publikum zum Teil gar nicht sichtbar ist. Nach der anschließenden Rede eines Vaters als Stellvertreter der Eltern stellen einige Kinder mit offensichtlicher Erleichterung fest, daß endlich der feierliche Höhepunkt des Festes bevorsteht. Der langen Folge von Dankesbekundungen und der Vergabe von Abschiedsgeschenken scheinen sie überdrüssig geworden zu sein und sind froh, nun nur noch der Zeugnisvergabe beiwohnen zu müssen. Mit einer sehr persönlich gehaltenen Rede bedankt sich die Klassenlehrerin Karin bei den Zehnern für die gemeinsam verbrachten Jahre und überreicht ihnen dann nacheinander eine Sonnenblume und die Jahresbriefe mit den eingelegten Zeugnissen. Ähnlich wie die vorherige Überreichung der „selbstgemalten Bilder" gestaltet sich dies aber in einer sehr ungeordneten, für das Publikum kaum einsehbaren und somit wenig feierlichen Form. Die Feierlichkeit der Szene offenbar vermissend ruft ein Vater in den Raum „Könnt ihr nicht nach vorne kommen?" Abgesehen von der räumlichen Enge, die eine stilvollere Überreichung der Jahresbriefe kaum möglich macht, sind einige Jugendliche wahrscheinlich auch froh darum, sich jetzt nicht vor dem ganzen Publikum exponieren zu müssen. Der Ruf des Vaters wird somit überhört.

Das Wetter ist draußen inzwischen wieder sonnig geworden, so daß man spontan beschließt, ein letztes Gruppenfoto der Klasse auf dem Schulhof zu machen. Zu guter Letzt erhalten alle Zehner einen mit Gas gefüllten Luftballon mit einer daran befestigten Karte, auf der sie geheim einen Wunsch schreiben sollen. Zu meiner Überraschung lassen sich alle Zehner auf dieses kleine Abschiedsritual ein, auch jene, die sich in anderen Situationen oft als betont cool gebärden. Indem wenig später die ersten „Wunschluftballons" in die Luft steigen, klingt das diesjährige Abschlußfest der Zehntkläßler aus.

Weiter unten werde ich die Bedeutung von Ritualen in Freien Alternativschulen reflektieren und dabei auch auf das hier skizzierte Abschlußfest Bezug nehmen. Zunächst stellt sich aber eine allgemeine Frage: Welche

Bedeutung haben schulische Rituale in psychoanalytischer Sicht? Wie lassen sich ihre unterschiedlichen Formen erklären, welche psychodynamischen Funktionen erfüllen sie?

In der Psychoanalyse werden Rituale nicht nur als Strategien zur Triebabwehr aufgefaßt, sondern auch als Formationen, in denen das Abgewehrte unerkannt, weil entstellt wiederkehrt („Wiederkehr des Verdrängten"). Fürstenau weist nun auf die Tatsache hin, daß alle schulischen Rituale einen gewissen Spielraum der Strenge in ihrer Ausführung haben (vgl. Fürstenau 1964, S. 277). Ritualisierter Unterricht kann deshalb für den Lehrer leicht die seelische Bedeutung einer Machtausübung gewinnen. Indem der Lehrer den Grad der Strenge bzw. des Gewährenlassens verändert, kann er die Befriedigung seines Bedürfnisses, andere Menschen zu beherrschen oder zu quälen, je nach seiner aktuellen Motivationslage regulieren. Die verdrängten aggressiven Triebimpulse kehren also deshalb so leicht im schulischen Ritual wieder, weil dieses den Lehrer strukturell dazu verführt, unbewußt Triebimpulse auszuagieren. Für die Schüler hat dies nach Fürstenau die problematische Konsequenz, daß Form und Inhalt des Unterrichtes primär die psychologische Bedeutung einer Strafe oder Belohnung erhält, je nachdem, wie fest der Lehrer die „Zügel anzieht". Fürstenau kommt vor diesem Hintergrund zu dem Ergebnis, daß die eigentliche Funktion des Unterrichtsrituals bei seiner praktischen Durchführung in aller Regel pervertiert wird. „Das Unterrichtsritual sollte als uniformes kontrolliertes Lehren und Lernen von Wissen, Fertigkeiten und Verhalten gegen triebhafte Überwältigung schützen und zur Triebkontrolle führen. Bei seiner Durchführung droht aber im Unterrichtsprozeß die Gefahr, statt dessen neurotische Triebhaftigkeit, mißlungene Triebkontrolle auf die Schüler zu übertragen." (ebd., S. 278)

In seiner Arbeit „Schulische Sozialisation und Identität" fokussiert Wellendorf seine Definition schulischer Rituale auf deren Funktion, die Kinder und Jugendlichen dem Wertesystem der Institution Schule anzupassen, sie also systemkonform zu normieren: „Schulische Rituale sind institutionalisierte Interpretationsmuster der sozialen Identitäten aller Beteiligten im Kontext von Szenen und bieten als solche den einzelnen im szenischen Arrangement der Schule institutionell akzeptable Formen gemeinsamen Fühlens, einheitlicher Motivation und übereinstimmenden Agierens – kurz: sie bieten eine allgemeine Interpretation dessen, was die Individuen in der Schule sind und sein können." (Wellendorf 1979, S. 101) Schulische Rituale legen den Kindern also nahe, welchen Anforderungen sie in der Rolle als „Schüler" zu genügen haben und aktualisieren dabei, so Wellendorf, auch stets das Triebthema: „Zum Beispiel bekommen die Kinder oft Zuckertüten: In einer Situation, die das Entstehen von Gefühlen der Angst, Leere, Enttäuschung begünstigt, wird den Kindern symbolisch die Befriedigung oraler – das heißt: lebensgeschichtlich sehr früher – Wünsche als Preis für die Darstellung ihrer generellen Bereitschaft angeboten, die Mitgliedschaftsbedingungen des Systems zu akzeptieren." (ebd., S. 203)

Ähnlich wie Fürstenau und Wellendorf thematisiert Muck in seiner Arbeit „Psychoanalyse und Schule" (1980) vor allem die regressiven Tendenzen, die durch eine Ritualisierung von Unterrichtsprozessen hervorgerufen werden. (vgl. Muck 1980, S. 148 ff.) Durch zwanghafte Strukturen des Unterrichtssystems (starre Zeiteinteilung, Fächerkanon, passives Auswendiglernen von Wissensinhalten, Kontrollzwang durch Benotung und Prüfung, säuberliche Aufteilung der Schülerschaft in Klassen usw.) lege die Schule, so die Kritik Mucks, entscheidende Grundlagen für spätere Manipulierbarkeit und fördere die Ich–Fähigkeiten des Schülers nur in einer sehr beschränkten Weise: „Die geschilderte Ritualisierung des Unterrichtsprozesses fördert tendenziell eine eng umgrenzte Auswahl an Fähigkeiten: Gedächtnis, Kontaktfähigkeit und die Fähigkeit, sich passiv anzupassen. Empathie, aktive Anpassung, Kreativität, Phantasie, Beziehungsfähigkeiten u.a. werden nicht gefördert, z.T. sogar unterdrückt." (ebd., S. 151)

Wenngleich ich meine, daß die von Fürstenau, Wellendorf und Muck vorgenommene Kritik an einer Ritualisierung von Unterrichtsprozessen berechtigt ist, muß doch festgehalten werden, daß alle drei Autoren die Ich–stützende Funktion von Ritualen in ihren Arbeiten nicht erfassen. Ich habe schon darauf hingewiesen, daß Rituale in der Pädagogik Fritz Redls in ihrer Funktion als „Hilfs–Ich" eine große Rolle spielen. Gerade für Kinder, deren Ich–Fähigkeiten erst rudimentär entwickelt sind, bieten sie einen verläßlichen äußeren Rahmen, der das Ich entlastet und so Haltepunkte für inneres Wachstum und subjektive Strukturbildung schafft. (vgl. Combe 1994, S. 23) In einer Phase, in der das Selbst noch im Wachstum begriffen ist, geben sie dem Kind einen psychischen Halt, auf dessen Grundlage erst Autonomie gedeihen kann. Die Bedeutung von Ritualen im schulischen Kontext läßt sich so gesehen mit der Funktion sogenannter „Übergangsobjekte" vergleichen, an denen der Psychoanalytiker Winnicott die dem kleinen Kind Geborgenheit und „Aufgehobensein" vermittelnde Komponente hervorhebt. „Wenn „Stofftiere", „Deckenzipfel" und andere „Übergangsobjekte" (Winnicott) da sind, wagt das Kind Schritte zur Anerkennung einer Welt, die unabhängig von ihm existiert." (ebd.)

Rituale haben aus psychoanalytischer Sicht für schulische Lernprozesse also sowohl eine produktive, wie eine kontraproduktive Seite, einerseits können sie im Dienste einer zwanghaften Abwehr von Triebimpulsen stehen, andererseits können sie das Ich entlasten und so zur psychischen Strukturbildung beitragen. Betrachtet man nun vor diesem Hintergrund das Selbstverständnis der Alternativschulpädagogik, so fällt auf, daß diese vor allem bemüht ist, die kontraproduktive Wirkung einer Ritualisierung von Unterrichtsprozessen zu vermeiden. Freie Alternativschulen legen großen Wert darauf, für alle Beteiligte ein Raum zu sein, „in dem Haltungen und

Lebenseinstellungen als veränderbar und offen begriffen werden können"
(8. These der Grundsatzerklärung der FAS). Rituale erhalten ihre Legiti-
mation aber gerade dadurch, wie Seydel zutreffend bemerkt, daß sie „schon
immer so waren. Ihre Gesten und Symbole wirken prägend durch Gleich-
förmigkeit und Wiederholung, durch ihre Bindung an Orte und Zeiten."
(Seydel 1994, S. 18) Indem Freie Alternativschulen die konkreten Bedürfnisse und Erfahrungen des Kindes stets in den Mittelpunkt ihres pädagogischen Konzeptes stellen, versuchen sie, die bürokratischen, „kalten" und
erstarrten Strukturen der Institution Schule soweit wie möglich zu vermeiden. Oftmals definieren sie sich als „entschulte Schulen", d.h. als Orte des
Lebens und Lernens, die gleichermaßen entritualisiert wie entinsti-
tutionalisiert sind. Deutlich wird dies allein am pädagogischen Jargon, wie
er in der Alternativschulszene gebräuchlich ist: anstelle von „Schülern" und
„Lehrern" spricht man von „Kindern" und „Bezugspersonen" oder schlicht
„Erwachsenen"; der Begriff der „Stammgruppe" ersetzt den der „Klasse";
während man in der Regelschule beispielsweise von „Umwelterziehung"
spricht, ist hier die Rede vom „ökologischen Lernen".

Es ist leicht nachvollziehbar, daß in einer Pädagogik, die in bewußter
Opposition zu einem als apparatehaft und technokratisch kritisierten Regel-
schulsystem steht, Rituale zunächst in Mißkredit geraten. Kritisiert wird an
ihnen vor allem eine gewisse unehrliche „Äußerlichkeit", ein Mangel an
Authentizität. Rituale sind bei dieser Sichtweise letztlich nichts anderes als
automatisierte Handlungsabläufe, die sich von ihrem ursprünglichen historischen Sinn längst losgelöst und hierdurch entleert haben. Neben dieser
normativen Abwertung von Ritualen gibt es aber auch ein großes subjekti-
ves Unbehagen an ihnen (vgl. Ziehe 1991, S. 109 ff.), welches um so größer ist, je mehr Energie der Betreffende in seiner eigenen Biographie hat
aufbringen müssen, um sich selbst aus einem traditionalistischen Her-
kunftsmilieu zu lösen. Daß diese Problematik auch für Freie Alternativschulen von großer Brisanz ist, läßt sich dem Protokoll einer Arbeitsgruppe
zum Thema „Wie geht die Freie Schule mit religiösen, mythischen Fragen
und mystischen Bedürfnissen von Kindern um?" entnehmen, die im Rahmen des 20. Bundestreffens der Freien Alternativschulen 1987 in Kaufun-
gen durchgeführt wurde:

„In den Gesprächen der Arbeitsgruppe zeigte es sich, daß ein zentrales Motiv
für Freie Schule eine wenigstens zum Teil bewußte antiklerikale und antimili-
taristische Haltung beim Großteil der Eltern/Erzieherinnen ist. Wir sind in
dieser Tradition großgeworden, mit diesen Ritualen, Festen, zeitlichen Set-
zungen, gesellschaftlichen Verpflichtungen, Zwängen und autoritärem Verhalten. Dies führte bei einigen zu einer christlichen Distanzierung, einige gingen in den KBW, andere wenden sich dem Zenbuddhismus zu, viele tabuisie-
ren das Thema, verdrängen es, klinken sich aus. Jetzt kommen die Fragen
aber wieder mit den Kindern auf. Sie fühlen die Widerstände in uns und stehen im Widerstreit zwischen dem Nichtmitmachen der Eltern und der gesellschaftlichen Tradition. Es entstehen Situationen z.B. an den traditionellen

Festen, wo die Kinder Fragen stellen, und wenn die Feste doch nicht gefeiert werden, entsteht eine Leere, die das Bedürfnis nach rituellen Festen offenlegt."

Eine wesentliche Ursache für das subjektive Unbehagen an Ritualen sieht Thomas Ziehe darin, daß sich bestimmte Gefühlsnormen des Menschen im Zuge der kulturellen Modernisierung verändert haben. (Ziehe 1991, S. 109 ff.) Die Wirklichkeit spaltet sich in der Wahrnehmung vieler Menschen heute in zwei gegensätzliche Bereiche auf: Einerseits gibt es die „kalten" Institutionen, andererseits die „warmen" Gefühle des einzelnen. Das Zwischenfeld, also das, was weder „Bedürfnis" noch „administrative Regel" ist und von Ethnologen als „symbolische Ordung" bezeichnet wird, kommt dann gar nicht mehr in den Blick. Genau dieses Zwischenfeld ist aber der Ort, an dem Rituale ihre Wirkung entfalten. Rituale sind gleichsam „erfundene Wirklichkeiten", es sind soziale Ereignisse, die zugleich intensiv und förmlich sind. Daß aber überhaupt zwischen dem „harten" Äußeren und dem „weichen" Inneren ein symbolischer Raum kultiviert werden kann, ist eben für viele Menschen heute nicht mehr ohne weiteres einsichtig. Rituale werden dann nur noch als „krampfhaft", „lächerlich" oder „peinlich" empfunden. Problematisch sind diese historisch veränderten Gefühlsnormen vor allem deshalb, weil sie den positiven Gehalt *öffentlicher Intensität* aufgeben und so zu einer Trivialisierung des sozialen Lebens führen. „Wir sind ent–spannt im schlimmsten Sinne des Wortes. Der Abbau jeglicher Formensprache für öffentliche Intensität kassiert alle symbolische 'Spannung' und hinterläßt die Öde immer–gleicher routinisierter Alltäglichkeit." (ebd., S. 113) Als *inszenierte Ereignisse* bieten Rituale in der Schule deshalb die Möglichkeit, die Schulzeit zu gliedern und mit Spannung zu erfüllen, die Arbeit zu strukturieren und dem Zusammenleben in der Schule eine Form zu geben. „Das Moment der *Inszenierung* wäre dann faszinierend als formgebende, öffentliche Darstellungstechnik. Das Moment des *Ereignisses* als emphatische Vergegenwärtigung eines 'Jetzt'–Zustands, der gemeinsam erlebt wird und symbolisch in die historische und die Lebenszeit gestellt wird." (ebd., S. 115)

Rituale entfalten als „inszenierte Ereignisse" eine Symbolkraft, eine gleichsam „dichte" Atmosphäre und können so in der „entaurisierten" (Ziehe) Lebenswelt Schule Momente der Verzauberung herstellen. Die Regelmäßigkeit von Ritualen und die Gewißheit, daß sie kommen werden, verstärken bei den Schülern das Gefühl der Zuverlässigkeit und Überschaubarkeit, sie geben jedem einzelnen psychischen Halt und dem Zusammenleben eine verläßliche Orientierung. Diese positiven Aspekte des Rituals müssen notwendigerweise von einer Moral ausgeblendet werden, die in rigoroser Weise auf Kategorien wie Echtheit, Spontaneität, Authentizität und Bewußtheit beharrt. Einseitig ist diese Moral auch deshalb, weil sie die *befreiende* Kraft, die vom Ritual ausgehen kann, nicht wahrnehmen kann bzw. wahrnehmen will. „Form und Ritual schaffen Realität, die ohne diese nicht zu haben ist. Sie heben uns ans Tageslicht. So wie es eine Versklavung des Menschen durch die falsche Formel und das Zeremoniell gibt, so gibt es auch die Versklavung durch die Formlosigkeit und die Gefangenschaft im ungekennzeichneten Leben." (Steffensky 1994, S. 27)

Die Tatsache, daß Rituale nicht nur „versklaven", sondern ganz im Gegenteil auch Freiheit, Kreativität und „öffentliche Intensität" freisetzen können, ist in der schulpädagogischen Diskussion der letzten Jahre durchaus wahrgenommen worden. (vgl. beispielsweise die Beiträge in der Zeitschrift „Pädagogik" 1/94) Dies hat in vielen Schulen zu einem „Rekurs auf Rituale" geführt, den Arno Combe in seinem Aufsatz „Wie tragfähig ist der Rekurs auf Rituale?" (Combe 1994) kritisch analysiert. Combe geht in seiner Analyse von der These aus, daß der Rekurs auf Rituale auf Konfliktzonen der moralischen Entwicklung (mangelnde Über–Ich–Bildung und „Diszipliniertheit") verweist. Rituale entfalten ihre Wirkung nicht durch eine reflektierende Aneignung der in ihnen dargestellten Normen, sondern im „szenischen Mitvollzug", sie entfalten ein „Kraftfeld der Verführung" jenseits von Argumentation und Vernunft. Der Rekurs auf Rituale baut also auf die vorreflexive und affektgeladene Grundlage der Moralentwicklung, was insofern problematisch ist, als Rituale hierdurch zu einer Art „Psychotechnik" verkommen können, mit deren Hilfe die moralische Entwicklung der Kinder „unmittelbar" gefördert werden soll (ebd., S. 23). Die ästhetisch inszenierten Rituale des deutschen Nationalsozialismus sind ein beredtes Beispiel dafür, wie leicht mimetische und coenästhetische Wahrnehmungsweisen und Bedürfnisse zu einer gleichsam „weichen" Disziplinierung des Menschen mißbraucht werden können. Eine erzieherische Manipulierung des Kindes durch die Mobilisierung coenästhetischer Bedürfnisse kann nach Combe nur dann vermieden werden, wenn das Ritual gewissermaßen eine ironische Brechung, einen Spielraum für eigene probierende Veränderungen zuläßt und „wenn eine gleichsam ästhetische Dimension gewahrt bleibt, die ihrem Charakter nach einen unerwarteten und spielerischen Bereich völliger Funktionslosigkeit eröffnet. (...) Rituale reklamieren den körperlich–praktischen, sinnlich–handelnden Bezug zur Welt und sie sind dem kulturdominanten Habitus des rationalen Akteurs entgegengesetzt. Aber nur wenn ihre ästhetische Leichtigkeit gewahrt bleibt und ein Moment antiautoritärer Ironie im Spiel ist, sind Rituale ein Intermezzo und Schritt auf grundsätzlich neuen Wegen der Schulerziehung." (ebd., S. 25)

Das eingangs beschriebene Abschlußfest der Freien Schule Bochum kann nun meines Erachtens exemplarisch veranschaulichen, daß Rituale in Freien Alternativschulen kaum in Gefahr stehen, zu einer Art „Psychotechnik" zur subtilen Manipulierung von Kindern zu verkommen. Kennzeichnend für die in Freien Alternativschulen vorherrschende Atmosphäre ist nämlich gerade das, was Combe bei einem Rekurs auf Rituale einfordert: ein Moment antiautoritärer Ironie ebenso wie eine gewisse ästhetische

Leichtigkeit. Bemerkenswert an dem besagten Beispiel scheint mir insbesondere die Tatsache zu sein, wie weitgehend das Abschlußfest von den Jugendlichen selbst und nicht nur von den LehrerInnen gestaltet wurde. Eindrücklich widerlegt das Beispiel damit auch die Auffassung, Jugendliche würden aufgrund ihrer entwicklungsbedingten Sensibilität für die Authentizität von Interaktionsformen mit Ritualen und öffentlich inszenierten Ereignissen grundsätzlich nichts anfangen können. Verena nutzt die Abschlußfeier, um in einem rituellen Rahmen öffentlich ihre ganz persönlichen Sympathien für einige ihrer MitschülerInnen zu bekunden. Zum Ende der Feier lassen sich die Jugendlichen sogar auf ein Ritual ein, welches man zunächst wahrscheinlich eher mit einem Kinderfest assoziieren würde: Indem sie „Wunschluftballons" in die Luft steigen lassen, streifen sie hier situativ ihren „coolen" Habitus ab und inszenieren gemeinsam ein Ereignis mit großer öffentlicher Intensität. Indem die Luftballons den Aufbruch zu etwas Neuem symbolisieren, verarbeiten die Jugendlichen gemeinsam ihren Abschiedsschmerz auf eine konstruktive Art und Weise. Büttner führt hierzu aus: „Trennungen gehören zu dem Schwierigsten, was in Beziehungsrealität zu verwirklichen ist. Sie gelingen um so besser, je mehr Kräfte vorhanden sind, das Auseinandergehen bewußt zu erleben und Möglichkeiten zu finden, die dabei entstehenden Gefühle konstruktiv zu verarbeiten, z.B. mit der Vorstellung, „... daß mit einem Abschied auch der Aufbruch zu etwas Neuem verbunden ist (...). Nicht um sonst gab und gibt es in vielen Kulturen Rituale, in denen Abschiedsschmerz kollektiv verarbeitet wird." (Büttner 1995, S. 75)

Gleichzeitig zeigt das Beispiel aber auch, daß ein Übermaß an „antiautoritärer Ironie" und Spontaneität in der Durchführung von Ritualen die „Feierlichkeit" und damit die Intensität derselben beeinträchtigen kann. Der eigentliche Höhepunkt der Feier, die Überreichung der Jahresbriefe und Zeugnisse, vollzieht sich in einer weitgehend entritualisierten Form: Die Klassenlehrerin überreicht den um ihr stehenden Jugendlichen nacheinander die Abschlußzeugnisse; mal begleitet von einem Händedruck, mal von einer kurzen Umarmung, mal nur von einem freundlichen Blick. Aufgrund der losen Gruppierung der Jugendlichen auf der Bühne (einige Grundschulkinder haben sich inzwischen dazu gesellt), einer um sich greifenden Unruhe bei einigen Kindern im Publikum und der räumlichen Enge sind diese affektiv aufgeladenen Interaktionen fürs Publikum aber nur bedingt einsehbar, entziehen sich also der öffentlichen Wahrnehmung und büßen damit ihre öffentliche Intensität ein.

Das Beispiel macht jedenfalls deutlich, daß man kaum befürchten muß, in Freien Alternativschulen könnten Rituale eingeführt werden, denen eine ästhetische Leichtigkeit und eine antiautoritäre Ironie gänzlich abginge. Die umgekehrte Gefahr ist da ernster zu nehmen: daß Rituale aufgrund ihres potentiell zwanghaften und sinnentleerten Charakters kategorisch abgelehnt werden und so ihr potentiell belebender und befreiender Gehalt im Schulleben gar nicht erst erfahrbar wird.

Eine Arbeitsgruppe zum Thema „Rituale", die ich selbst im Rahmen des Bundestreffens der Freien Alternativschulen 1996 in Hannover leitete, machte mir freilich bewußt, daß eine solche, einseitig negative Bewertung von Ritualen auch innnerhalb der Alternativschulbewegung eher ein Phänomen der 70er als der 90er Jahre ist. Mit der provokanten These, Freie Alternativschulen seien weitgehend entritualisiert und litten deshalb unter dem, was Steffensky als die „Versklavung durch die Formlosigkeit und die Gefangenschaft im ungekennzeichneten Leben" bezeichnet, war ich in die Arbeitsgruppe gegangen und mußte mich dann eines besseren belehren lassen. Die in der Arbeitsgruppe vertretenen Schulen überraschten mich jedenfalls mit zahlreichen Beispielen für schulische Rituale, die von einem ausgeprägten Gespür für den belebenden Gehalt schulischer Rituale zeugten. Um dem Leser einen kleinen Eindruck von der in Freien Alternativschulen praktizierten Vielfalt schulischer Rituale zu vermitteln, möchte ich abschließend vier Rituale wiedergeben, die im Rahmen dieser Arbeitsgruppe diskutiert wurden. Gleichzeitig sollen die Beispiele auch noch einmal deutlich machen, welch unterschiedliche Funktionen Rituale erfüllen können.

Freie Schule Marburg: Der „goldene Geburtstagsstuhl"

Ein Vertreter der Freien Schule Marburg berichtete von einem Stuhl, der nur zu besonderen Anlässen benutzt werden darf: der goldene Geburtstagsstuhl. Gold angestrichen und sorgsam verstaut wird er immer nur dann hervorgeholt, wenn ein Kind in der Schule Geburtstag hat. An diesem Tag ist es dann das alleinige Vorrecht des Geburtstagskindes, auf diesem Stuhl sitzen zu dürfen – für alle anderen Kinder ist der Stuhl tabu. Jedes Kind der Schule darf diesen Stuhl also nur einmal im Jahr benutzen, nämlich dann, wenn es Geburtstag hat. Der goldene Geburtstagstuhl wird damit zu einem künstlich mit Bedeutung aufgeladenen Gegenstand, der den Sonderstatus eines Geburtstagskindes herausstreicht und somit die Exklusivität des eigenen Geburtstages symbolisch erhöht.

Freie Schule Spatz (Offenburg): Das „Erdungsritual"

Die Freie Schule Spatz in Offenburg ist eine Schule für erziehungsschwierige Kinder und muß sich dementsprechend immer wieder mit der Unruhe und Hyperaktivität der Kinder auseinandersetzen, die ein konzentriertes Einlassen derselben auf schulische Lerninhalte ganz oft unmöglich macht. In einer Zeit, als die Kinder mal wieder völlig „überdreht" in die Schule kamen, ersann sich eine Lehrerin ein „Erdungsritual", auf das sich die Kinder begeistert einließen. Quer über den Fußboden klebte sie ein Kreppband, gab jedem Kind einen mit Wasser gefüllten Löffel und machte den Kindern zur Aufgabe, auf diesem Kreppband durch den Klassenraum zu balancieren, ohne dabei Wasser zu verschütteln. Dieser spielerische Zugang erwies sich über mehrere Wochen als hervorragendes Mittel, die Kinder zu Beginn eines jeden Schultages ihre äußerliche und innerliche Balance finden zu lassen.

Werk–statt–Schule Hannover: Der „Brief an mich selbst"

Die Werk–statt–Schule Hannover führt unter anderem zweijährige Hauptschulabschlußkurse für Jugendliche durch, die in anderen Schulen gescheitert sind. Um den Jugendlichen ihre eigenen Hoffnungen, Pläne und Vorsätze bewußter zu machen, haben die Lehrer der Werk–statt–Schule ein Ritual eingeführt, das inzwischen Tradition hat. Unter der Fragestellung: „Was habe ich mir für die nächsten zwei Jahre vorgenommen? Worauf muß ich achten? Was will ich erreichen?" schreiben die Schüler und Schülerinnen jedes neuen Jahrganges zu Beginn des Schuljahres einen an sich selbst gerichteten Brief. Die Briefe werden dann sorgfältig verschlossen und den Jugendlichen erst zwei Jahre später wieder ausgehändigt, nämlich dann, wenn sie die Schule wieder verlassen und (hoffentlich) ihren Hauptschulabschluß erreicht haben.

Freie Ganztagsschule Thale: Das „Ritterturnier"

Eine Lehrerin der Freien Ganztagsschule Thale berichtete, wie zwei Lerngruppen der Schule über Wochen und Monate miteinander verfeindet waren. Die Ursachen des Konfliktes waren für die LehrerInnen letztlich nicht durchschaubar. Trotz zahlreicher Gespräche und gemeinsamer Angebote konnte die feindselige Polarisierung der beiden Gruppen nicht nachhaltig überwunden werden. Im Rahmen eines Projektes zum Thema Mittelalter kam dann die Idee auf, die seit langem schwelende Feindschaft einmal offen auf eine symbolische Art und Weise auszuagieren. Als Ritter verkleidet und mit mittelalterlichen Waffen ausgerüstet gingen die Kinder beider Gruppen dann im Rahmen eines Turniers mit vorher vereinbarten „Kampfregeln" aufeinander los. Zur großen Verblüffung aller Lehrer war die Feindschaft der beiden Gruppen von diesem Tag an so gut wie verflogen. Zwar war dies ein einmaliges Ereignis und kann deshalb nur bedingt als „Ritual" bezeichnet werden. Die Wirkungsmacht symbolisch inszenierter Ereignisse wird hier aber in beeindruckender Art und Weise deutlich.

Die Beispiele zeigen, daß die Alternativschulpädagogik das befreiende Potential von Ritualen in der Vergangenheit durchaus wahrgenommen hat – voll ausgeschöpft hat sie es meines Erachtens noch längst nicht. Wie oben dargelegt, vertrete ich aber die Ansicht, daß gerade in Freien Alternativschulen ideale Voraussetzungen bestehen, um mit neuen Formen einer Schulkultur, mit zukunftsweisenden Zeremonien, Festen und Ritualen zu experimentieren, die eine Alternative sowohl zu sinnentleertem Traditionalismus (man denke etwa an die obligatorische Weihnachtsfeier), wie zu resignativem Verzicht auf Sinn aufzeigen. Den Freien Alternativschulen würde sich damit ein faszinierendes Feld eröffnen, in dem die Idee von der „Keimzelle einer neuen Gesellschaft" eine sinnlich faßbare Gestalt annehmen könnte.

Friedrich Nietzsche, der sich in seinem philosophischen Werk immer wieder auch zu pädagogischen Fragen äußerte, setzt sich in dem Aphorismus „Die sogenannte classische Erziehung" kritisch mit dem höheren Schulwesen seiner Zeit auseinander. Anstatt die natürliche Lernbereitschaft und den Wissensdurst des jungen Menschen aufzugreifen, so Nietzsche, verleide die Schule dem Heranwachsenden die Lust an der Erkenntnis, indem sie ihn mit Zwang der sogenannten „classischen Bildung" entgegenführe. Nietzsche beklagt die „Vergeudung unserer Jugend, als man uns ein dürftiges Wissen um Griechen und Römer und deren Sprachen ebenso ungeschickt, als quälerisch beibrachte und zuwider dem obersten Satze aller Bildung: dass man nur Dem, *der Hunger darnach hat,* eine Speise gebe! Als man uns Mathematik und Physik auf eine gewaltsame Weise aufzwang, *anstatt* uns erst in die Verzweiflung der Unwissenheit zu führen und unser kleines tägliches Leben, unsere Hantierungen und Alles, was sich zwischen Morgen und Abend im Hause, in der Werkstatt, am Himmel, in der Landschaft begiebt, in Tausende von Problemen aufzulösen, von peinigenden, beschämenden, aufreizenden Problemen, – um unsrer Begierde dann zu zeigen, dass wir ein mathematisches und mechanisches Wissen zu allernächst *nöthig* haben und uns dann das erste wissenschaftliche *Entzücken* an der absoluten Folgerichtigkeit dieses Wissens zu lehren!" (Nietzsche 1881, S. 168)

Was Nietzsche hier als den obersten Satz aller Bildung postuliert, nämlich daß man nur dem, der Hunger danach hat, eine Speise gebe, wird im Verständnis Kurt Singers auch von dem heutigen Schulwesen in sträflicher Weise mißachtet. Singer führt die weitverbreitete Lernunlust und –passivität heutiger Schüler auf den Umstand zurück, daß sich die Schule vielfach wie eine „überfütternde Mutter" gebärdet (vgl. Singer 1973, S. 20 ff.). Genau wie Nietzsche vergleicht er also die Bereitschaft, Nahrung aufzunehmen mit der Bereitschaft, Wissen aufzunehmen und kommt zu dem Ergebnis, daß die Schule, indem sie dem Schüler ein Übermaß an Lernstoff aufzwingt, die gleiche depressive Verstimmtheit hervorruft, wie die überfütternde Mutter beim kleinen Kind.

> „Dem Kind, das bei jeder Mahlzeit etwas auf dem Teller lassen muß, weil es schon vollgestopft ist, bleibt die Erfahrung zurück: Ich werde mit nichts fertig. Dieses Erlebnis wirkt sich auf das Arbeits– und Lernverhalten bestimmend aus."(ebd., S. 22)
> „Das Überhäuftwerden mit Fächern, Stunden und Aufgaben führt zu dem Gefühl, nie fertig zu werden; das kann weniger robuste Kinder in eine fortwährende Lernresignation versetzen. Es fehlt das Erfolgsgefühl der Aufgabenbewältigung, wenn man ständig mit neuen, oft als unsinnig empfundenen Anforderungen überhäuft wird." (ebd., S. 26 f.)

Schulischer Unterricht, der sich nicht in erster Linie an dem zu vermittelnden „Stoff", sondern an den konkreten Lerninteressen und Erfahrungen der Schüler orientiert, müßte konsequenterweise den Charakter eines Angebotes haben, welches der Schüler wahrnehmen kann, aber nicht wahrnehmen muß. Auf diese Weise begründet sich das Prinzip der freiwilligen Teilnahme am Unterricht, das zugleich hervorstechendste und umstrittenste Kennzeichen der Alternativschulpädagogik. Freie Alternativschulen gehen davon aus, daß jedes Kind das tief wurzelnde Bedürfnis hat, seine Kenntnisse, Fähigkeiten und Fertigkeiten ständig zu erweitern und deshalb in der Schule zu einer Teilnahme am Unterricht keineswegs gezwungen werden muß. Die Motive des Kindes, sich in der Schule mit Lerngegenständen zu befassen, können dabei höchst unterschiedlicher Natur sein. Der Abschlußbericht der ersten wissenschaftlichen Begleitung der Glocksee–Schule unterscheidet folgende *Motivationsgrundlagen* (vgl. Manzke 1981, S. 88 ff.), die sich „auf (a) Sachgegenstände, (b) Bezugspersonen und (c) erwünschte Selbstzustände richten, wobei in unterschiedlichen Gewichtungen jeder dieser Richtpunkte primäres Motivationsziel sein kann, dem die anderen Ziele funktional untergeordnet werden" (ebd, S. 88):

- Motivierung über den Anwendungswert eines Gegenstandes, d.h. den für das Kind einsehbaren, konkreten „Nutzen", der sich beispielsweise aus der Fähigkeit ergibt, lesen und schreiben zu können
- Motivierung über den projektiven Gehalt eines Lerngegenstandes, also die Möglichkeit, eigene Wünsche, Ängste und bislang unverarbeitete Konflikte in bestimmte Lerngegenstände einbringen zu können (vgl. Kap. 4.1.3)
- Motivierung über den identifikatorischen Gehalt eines Lerngegenstandes; also Gegenstände, denen für andere Mitschüler eine hohe Bedeutung zukommt und die somit das Bedürfnis nach einer Gruppenidentität symbolisieren können, sowie thematische Bereiche, denen eine „Erwachsenen–Bedeutung" beigemessen wird (z.B. „Politik")

- Motivierung über den sinnlichen Gehalt eines Lerngegenstandes, z.B. bei handwerklichen oder künstlerischen Tätigkeiten oder bei Gegenständen mit einem sinnlich aktualisierbaren Phantasiegehalt (z.B. „Indianer")
- Motivierung über das Erleben von Funktionslust bei bestimmten funktional festgelegten Abläufen, die den Kindern psychische Befriedigung verschaffen und innere Ängste symbolisch bewältigen können (z.B. durch das Ausmalen von Mustern im Kunstunterricht)
- Motivierung über die Identifikation mit einem Lehrer. Die Identifikation kann sich auf die gesamte Person des Lehrers (personale Identifikation), auf bestimmte Teilaspekte und Kompetenzen des Lehrers (partielle Identifikation) oder auf das Verhältnis zu Gegenständen, das der Lehrer repräsentiert (strukturelle Identifikation) richten. (die Bedeutung der Identifikation im schulischen Kontext werde ich in Kapitel 4.2.2 eingehend erläutern)

- Motivierung über Ablösungswünsche vom Lehrer, d.h. das Bedürfnis, über den Erwerb eigener Kompetenzen von der Anleitfunktion des Lehrers unabhängiger zu werden
- Motivierung über Identifikationen mit den Eltern, die ähnlicher Natur sind wie die Identifikationen mit Lehrern, insgesamt aber schwieriger auszumachen sind, weil sie schon in frühester Kindheit angelegt und somit integraler Bestandteil der Persönlichkeit geworden sind
- Motivierung über Identifikationen mit der Kindergruppe, denen eine besonders hohe Stabilität und Intensität zukommt und die bei der Wahl bestimmter Gegenstandsbereiche häufig bestimmend sind
- Motivierung über Selbstwert–Bedürfnisse. Gemeint ist hier das Bedürfnis, über die Erhöhung eigener Kompetenzen und kontinuierliches Fortschreiten der Gegenstandsaneignung das Gefühl und Bewußtsein des eigenen „Wertes" zu erhöhen.

Das Prinzip der freiwilligen Teilnahme am Unterricht begründet sich durch die Tatsache, daß die erzwungene Teilnahme am Unterricht häufig eine Trennung des gezeigten Verhaltens und wirklicher Motivation zur Folge hat. Die Lernintensität ist dann oft sehr gering und die Schüler neigen dazu, den Unterricht zu stören, um auf die Diskrepanz zwischen ihrem scheinbaren Einverständnis und ihren wirklichen Lernbedürfnissen aufmerksam zu machen. Außerdem hat das Prinzip der freiwilligen Teilnahme am Unterricht den Vorteil, daß es den Kindern die Verletzlichkeit und Widersprüchlichkeit eigener Motivationen erfahrbar und somit auch bearbeitbar macht, denn die Entscheidung der Teilnahme, des Durchhaltens in Unterrichtsangeboten und des Umgangs mit Zielkonflikten wird den Kindern ja nicht, wie beim Pflichtunterricht, institutionell abgenommen (vgl. Manzke 1981, S. 94). Autonomie und Ich–Stärke können sich im Verständnis der Glocksee–Schule nur dann entwickeln, wenn die regressiven Bedürfnisse der Kinder nicht von vornherein institutionell verstellt werden.

> „Der Autonomiegrad eines Schülers wächst mit der allmählichen Unabhängigkeit davon, in jeglicher sozialen – oder Lern–Situation einen gegenwärtigen primären Lustgewinn anzustreben oder psychisch zu benötigen; aber diese Unabhängigkeit stellt sich wiederum her auf Grund von Erfahrungen partieller 'Sättigungsmöglichkeiten' solcher Bedürfnisse, d.h. sie müssen als legitimer und integrierter Bestandteil der Lernwirklichkeit von den Schülern realisiert werden können, ohne daß sie darauf fixiert werden." (Manzke 1981, S. 97)

Das Prinzip der Freiwilligkeit legitimiert sich schließlich auch dadurch, daß es dem Bedürfnis von Kindern nach Entlastung von den festen Normen und Zwängen der Erwachsenenwelt entgegenkommt; es bietet den Kindern die reelle Chance, sich phasenweise den allgegenwärtigen Ansprüchen und Intentionen der Erwachsenen zu entziehen.

Trotz all dieser leicht nachvollziehbaren Vorzüge des Prinzips der freiwilligen Teilnahme am Unterricht, wird es heute in fast allen Freien

Alternativschulen differenzierter gehandhabt, d.h. die Teilnahme am Unterricht ist zu bestimmten Zeiten im Tagesablauf verbindlich. In einigen Alternativschulen gilt die verbindliche Teilnahme am Unterricht inzwischen, bis auf wenige Phasen im Nachmittagsbereich, sogar durchgehend. Dies bedeutet, daß die Alternativschulpädagogik eines ihrer hervorstechenden Merkmale nicht vollständig, aber doch weitgehend eingebüßt hat. Im folgenden sollen exemplarisch die schulpraktischen Erfahrungen der Freien Schule Bochum mit dem Prinzip der Freiwilligkeit skizziert werden, um die Hintergründe dieses wichtigen Veränderungsprozesses verstehbar zu machen.

Das Prinzip der freiwilligen Teilnahme am Unterricht galt in den ersten Jahren der Freien Schule Bochum ohne jede Einschränkung und entsprach dem damaligen pädagogischen Selbstverständnis der Erwachsenen, wie es sich beispielsweise in der folgenden Äußerung eines Lehrers ausdrückt: „Schließlich ist klar, daß ich nicht drängeln, sondern Geduld haben will. Ich will kein Kind bequatschen 'Bitte mach mit...' Alle meine 'Stärken' besser gesagt meine 'Macht', habe ich aufgegeben: disziplinarische Maßnahmen, Stoffverteilung, Stundenplan, Noten und alle kleinen und großen Tricks, mit denen Lehrer disziplinieren und sich durchsetzen." (Freie Schule Bochum 1983, S. 122) Niemand wollte sich also der „bösen" Manipulation durch Überreden und didaktische Tricks schuldig machen.

Die Reaktionen der Kinder auf dieses zurückhaltende Verhalten der Erwachsenen waren sehr unterschiedlich. Während einige diesen Freiraum tatsächlich im Sinne des pädagogischen Konzeptes nutzten und selbständig ihren Lernprozeß organisierten, zeigte sich bei anderen ein stark ausgeprägtes Vermeidungsverhalten, d.h. die Kinder nahmen zeitweise kaum irgendein Unterrichtangebot wahr, „entwickelten ihr eigenes Programm, lebten hauptsächlich in ihren selbstgebauten Buden und erschienen an manchen Tagen nur noch zum Mittagessen im Schulgebäude." (Borchert 1992a, S. 58) Die Kluft zwischen dem Leistungsniveau der „Leistungsstarken" und „Leistungsschwachen" wurde hierdurch im Laufe der Zeit immer größer. Die Erwachsenen zogen unter diesen Umständen sehr schnell die Konsequenz, ihre Interessen fortan energischer zu vertreten. „Überreden, Drängeln, Drücken und Schieben als Mittel, eine regelmäßige Teilnahme zu bewirken, waren irgendwann nicht mehr tabu." (ebd.) Die Lehrer distanzierten sich also von einem Laisser–faire–Erziehungsstil, der den Kindern zwar die angenehme Freiheit bot, „tun und lassen zu können, was sie wollen", gleichzeitig aber auch von vielen Kindern als ein mangelndes Interesse und eine Gleichgültigkeit der Erwachsenen empfunden wurde. Ein Zehntkläßler der Freien Schule Bochum beschreibt dies 1992 im Rückblick auf seine ersten Jahre in der Schule so: „Früher haben die Lehrer gesagt, wenn einer nicht zum Unterricht kam: 'Is mir egal, soll er machen, was er will.'" (vgl. Maas 1994) Der anfänglich sehr zurückhaltende Erziehungsstil wurde von den Lehrern zwar schon bald aufgegeben, nach wie vor war die

Teilnahme am Unterricht aber für keinen Schüler verpflichtend. Die Lehrer standen infolgedessen vor der psychisch sehr belastenden Aufgabe, mit einem großen Kraftaufwand immer wieder gegen den Anspruch einer „Freien Schule ohne Zwang" und gegen die spontanen Bedürfnisse der Kinder Voraussetzungen für schulische Lernprozesse herstellen zu müssen. (Ilien beschreibt übrigens eine ähnliche Erfahrung der Glocksee–Schule: „Die Hoffnung, die Kinder und Jugendlichen mögen doch *freiwillig* die als wichtig erachteten Lernprozesse in Angriff nehmen mit dem andauernden Ringen um Einverständnis, führte tendenziell zu einer übermäßigen Personalisierung und Moralisierung der LehrerInnen–SchülerInnen–Beziehung. Dies ist diametral dem entgegengesetzt, was die Glocksee–Pädagogik offiziell bewirken will." (Ilien 1990, S. 18))

Die Schüler wiederum setzten ihr momentanes Interesse im Bewußtsein der ihnen durch den Anspruch der Schule gegebenen Stärke oft sehr erfolgreich gegen die Unterrichtsbemühungen einzelner Lehrer durch, mit der problematischen Konsequenz, daß ihr Leistungsstand hinter dem durch staatliche Lehrpläne vorgegebenen weit zurückblieb.

> „Im fünften Jahr der Freien Schule gab es ein böses Erwachen. Wir mußten uns eingestehen, daß ein Jahr vor den Schulabschlüssen bei einem Teil der Kinder erhebliche Leistungsdefizite in Mathe, Deutsch und vor allem Englisch bestanden. Und das in einer Situation, als uns klar war, daß der Wissensstand der Abschlußklasse im Zuge der Genehmigungserteilung von Schulaufsichtsbeamten überprüft werden würde. In aller Deutlichkeit machten wir diesen Jugendlichen klar, daß wir ihnen keine Schulabschlüsse geben könnten, wenn sie ihr Lernverhalten nicht von Grund auf ändern würden. Und das war wahrlich keine einfache Aufgabe. Denn jahrelang hatten wir die Jugendlichen in einer falschen Sicherheit gewiegt und Verhaltensweisen toleriert, die jetzt plötzlich abgelegt werden sollten." (Borchert 1992a, S. 58 f.)

Obgleich diese Jugendlichen nach einer neunmonatigen „Paukphase" letztlich doch noch alle den von ihnen angestreben Abschluß erhielten und die Schulaufsichtsbeamten ihnen einen nicht minder hohen Leistungsstand wie Schülern an staatlichen Schulen attestierten (ebd., S. 59), zogen die Mitarbeiter der Freien Schule Bochum aus diesen Erfahrungen doch die Konsequenz, die Teilnahme am Unterricht fortan für alle Schüler verbindlich zu machen. Bemerkenswerterweise vollzog sich diese Abwendung von dem Prinzip der freiwilligen Teilnahme am Unterricht mit der ausdrücklichen Zustimmung der Schüler, denn diese befürchteten, ohne den „Druck" der Erwachsenen nicht genug für die Abschlüsse lernen zu können. Eine Absolventin der Freien Schule Bochum beschreibt dies im Rückblick so: „Ich habe es gebraucht, daß der Unterricht verpflichtend ist. Ich bin vorher halt nur selten hingegangen und das hätte ich, glaube ich, auch erstmal noch weiter gemacht. Für mich war das also ganz gut, weil ich so ein bißchen auch den Druck brauche, dahin gehen zu müssen." (vgl. Maas 1998b, S. 211) Zum anderen bemängelten die SchülerInnen an dem bis dato praktizierten Unterricht in Angebotsform die mangelnde Kontinuität in der Zusammensetzung der Lerngruppen und ein zu geringes Maß an Strukturiertheit im Tagesablauf. Die Einführung der verbindlichen Unterrichtsteilnahme im Schuljahr 1989/90 stieß also kaum auf nennenswerte Widerstände und wurde bis heute nicht wieder aufgehoben.

Die skizzierten Erfahrungsprozesse der Freien Schule Bochum führten auch zu einer Neuformulierung des pädagogischen Konzeptes, welches heute unter dem Stichwort „Unterricht in differenzierter Angebotsform" unter anderem die folgende Passage enthält:

> „Der Unterricht in Angebotsform (Lernen in Selbstbestimmung) ist in letzter Konsequenz Ziel der Freien Schule Bochum. Diese Fähigkeit kann aber nicht bei allen Kindern vorausgesetzt werden, wenn sie in die Schule eintreten.
>
> Denn zum Lernen in Selbstbestimmung gehören Selbstdisziplin, Ausdauer, Einschätzung der eigenen Leistungsfähigkeit, Setzung eigener Ziele, Planung der eigenen Zeit, Frustrationstoleranz, Kooperationsfähigkeit und die Einsicht in Notwendigkeiten. Diese Fähigkeiten müssen sukzessive erworben werden.
>
> Die Erwachsenen schaffen die Strukturen und setzen die Grenzen, um den Erwerb o.g. Fähigkeiten zu ermöglichen. Bloßes Gewährenlassen endet nach unseren Erfahrungen selten in der erhofften kreativen Selbstbildung von Kindern und Jugendlichen, sondern häufig in der bloßen Reproduktion von durch Medien vermittelten 'Erfahrungen' und Verhaltensweisen, im Ausagieren von Aggressionen und im Vermeidungsverhalten gegenüber unbekannten und schwierigen Lernanforderungen.
>
> Aufgrund dieser Erkenntnisse und Erfahrungen arbeiten die Lehrer/innen darauf hin, daß die Kinder und Jugendlichen nach und nach mehr Unterrichtsangebote verbindlich wahrnehmen." (Freie Schule Bochum 1994, S. 20)

Grundlegende Erkenntnisse der psychoanalytischen Pädagogik werden durch die Erfahrungsprozesse der Freien Schule Bochum mit dem Prinzip der freiwilligen Teilnahme am Unterricht bestätigt. Selbstbestimmtes Lernen setzt Ich–Stärke voraus, und diese entwickelt sich nicht quasi „automatisch", sondern nur, wie in Kapitel 3.2.1 dargelegt, durch die Auseinandersetzung mit Ich–starken Erwachsenen, die auch Grenzen setzen und spontan auftretende Bedürfnisse der Kinder abweisen können, ohne darüber den Respekt und die Sympathie für das Kind zu verlieren. Zudem ist davon auszugehen, daß unter heutigen Sozialisationsbedingungen nicht mehr die autoritäre Abhängigkeit des Kindes vom Erwachsenen mit ihren motivationsblockierenden Folgen das zentrale Problem darstellt. Schlagworte wie die von den „Tyrannen in Turnschuhen" (Spiegel special 12/97) verweisen sogar eher auf eine umgekehrte Problematik. Stattdessen haben sich Probleme einer leichten narzißtischen Kränkbarkeit, Versagensängste und Vermeidungsverhalten bei drohenden Mißerfolgen in den Vordergrund gedrängt (vgl. Ziehe 1977 und 1980). Typisch ist für Kinder heute ein Wechsel von überzogenen Selbstansprüchen („Ich kann alles!") und starken Selbstzweifeln („Ich kann gar nichts!").

In der Schule haben Kinder zunehmend Schwierigkeiten damit, eine stabile Arbeitsfähigkeit zu entwickeln, sich auf eventuell kränkende Situationen einzulassen und realistische Ansprüche an sich selbst zu stellen (diese Problematik werde ich in Kapitel 4.3 noch eingehend erläutern). Um diese Schwierigkeiten bewältigen zu können, brauchen Kinder ein Lernumfeld und ein Erwachsenenverhalten, das weniger durch Autoritätsabbau und Erwartungsentlastung, sondern eher durch Empathie, Ernsthaftigkeit, Verläßlichkeit und Verbindlichkeit gekennzeichnet ist. Kinder mit narzißtischen Persönlichkeitsstrukturen neigen dazu, gerade die eigenen „Problembereiche" in der Schule zu vermeiden und sich nur auf das zu konzentrieren, was sie ohnehin schon können. Die Versagensängste in unbekannten Lernsituationen werden hierdurch aber noch größer und die Vermeidungsreaktionen verfestigen sich. Das Prinzip der freiwilligen Teilnahme am Unterricht kann Kindern mit solchen Lernschwierigkeiten nicht gerecht werden. In einem Diskussionspapier der Freien Schule Bochum aus dem Jahre 1988 heißt es entsprechend: „Kinder, die an bestimmten Angeboten nie teilnehmen, können dabei auch keine Erfolgserlebnisse haben. Sie geraten gegenüber den anderen ins Hintertreffen und haben dann erst Recht keinen Mut oder keine Lust mehr mitzumachen. (...) Nicht nur durch Freiheit und Gewährenlassen kann man Kindern zeigen, daß man an ihnen Anteil nimmt, und daß man ihnen zutraut, auch schwierige Aufgaben zu packen."

Das Prinzip der freiwilligen Teilnahme am Unterricht muß aus psychoanalytischer Sicht also ambivalent beurteilt werden. Einerseits macht es dem Kind den Entwicklungsstand der eigenen Ich–Fähigkeiten und die Verletzlichkeit eigener Motivationen erfahrbar, andererseits kann es für Kinder eine immense Überforderung darstellen, vor allem dann, wenn deren Lernverhalten durch narzißtische Versagensängste und entsprechende Vermeidungsreaktionen geprägt ist. Die obigen Ausführungen zu den Erfahrungen der Freien Schule Bochum mit den Chancen, Voraussetzungen und Grenzen des selbstbestimmten Lernens haben zudem gezeigt, daß die Grenzen zwischen dem Unterricht in Angebotsform und dem „Pflichtunterricht" fließender sind, als eine oberflächliche Betrachtung dies nahelegen mag. Als entscheidend hat sich vor allem herausgestellt, in welcher Weise und mit welcher Vehemenz die Lehrer gegenüber den Schülern ihre Lernansprüche vertreten, ob die Unterrichtsteilnahme mit Sanktionsmitteln durchgesetzt wird und wenn ja, mit welchen. Der Grad der Freiwilligkeit bzw. Verbindlichkeit bei der Unterrichtsteilnahme, so wie er gegenwärtig von den Freien Alternativschulen in Deutschland realisiert wird, ist an ganz unterschiedlichen Orten in der großen Spannbreite zwischen den Extrempolen der absolut freiwilligen und der absolut verbindlichen Teilnahme angesiedelt. Allgemein durchgesetzt hat sich aber die Einsicht, daß das Prinzip der Freiwilligkeit, sofern es als ein bloßes Gewährenlassen mißverstanden wird, die Autonomiefähigkeit des Kindes nicht fördert, sondern hemmt und daß Freiwilligkeit *und* Verbindlichkeit das Lernen in der Schule dialektisch bestimmen sollten.

Was die Auswahl von Lerninhalten im schulischen Kontext betrifft, kann aus triebtheoretischer Sicht grundsätzlich festgehalten werden, daß von sinnvollem Lernen nur dann gesprochen werden kann, wenn der jeweilige Lerninhalt vom Lernenden in möglichst hohem Grade *libidinös besetzt* wird. Daß eine libidinöse Besetzung schulischer Lerninhalte wie beispielsweise der Bruchrechnung oder der lateinischen Grammatik überhaupt möglich ist, ist der großen Plastizität der Libido zu verdanken, d.h. der Fähigkeit des psychischen Apparates, das Objekt und die Befriedigungsform der ursprünglich sexuellen Triebenergie mehr oder minder leicht zu wechseln. (vgl. Laplanche/Pontalis 1992, S. 288) Die Motive des Schülers, einen bestimmten Lerninhalt libidinös zu besetzen, können, wie im vorigen Kapitel dargelegt, höchst unterschiedlicher Natur sein. So mag beispielsweise die Motivation, das Bruchrechnen zu erlernen, bei dem einen Schüler hauptsächlich in einer Identifikation mit der idealisierten kognitiven Kompetenz des Mathematik–Lehrers begründet liegen, während sich einem anderen Schüler das Bruchrechnen als willkommenes Mittel darstellen mag, seine zwangsneurotischen Abwehrmechanismen (vgl. den Zählzwang eines Zwangsneurotikers) auszuagieren. In jedem Falle aber ist eine Besetzung des Lerninhaltes mit mehr oder weniger sublimierter Triebenergie die unabdingbare Voraussetzung dafür, daß überhaupt etwas „gelernt" wird. Anderenfalls geschieht das, was im Rahmen schulischen Lernens leider alles andere als eine Seltenheit ist: der Lerninhalt wird schon bald nach seiner unterrichtlichen Behandlung vergessen und entwickelt auch keinerlei biographische Bedeutsamkeit für den Schüler.

Eine besondere Form der libidinösen Besetzung von Unterrichtsinhalten liegt dann vor, wenn diese es dem Kind ermöglichen, eigene Ängste und unverarbeitete Konflikte in die Lernsituation einzubringen. Die psychischen Bedürfnisse und Probleme von Kindern in einer Schulklasse können ganz unterschiedlicher Natur sein. Sie können erstens entwicklungsbedingt sein, also psychodynamische Krisen, die bei Kindern in einem bestimmten Alter immer wieder auftreten. Zweitens gibt es Konflikte und Bedürfnisse, die für die Lerngruppe, bzw. die Schulklasse als Gesamtheit relevant sind und drittens Konflikte einzelner Schüler, die in deren individueller Lebensgeschichte wurzeln. Außerdem ist es wichtig, zwischen solchen Bedürfnissen und Konflikten zu unterscheiden, die den Kindern selbst gar nicht bewußt sind, weil sie aufgrund traumatischer Erlebnisse verdrängt wurden, solchen, die nur ins Vorbewußte dringen und schließlich solchen, die den Kindern durchaus bewußt sind und die sie deshalb auch artikulieren können. Psychoanalytisch betrachtet sind aber gerade die *unbewußten und vorbewußten* Wünsche und Konflikte von Interesse, die durch eine Abarbeitung an adäquaten Inhalten nach einem Ausdruck drängen. Deshalb möchte ich im folgenden anhand eines Unterrichtsprojektes in einer Sonderschule, welches Regina Clos in ihrem Aufsatz „Offener Unterricht an der Schule für Lernbehinderte – Didaktik oder Therapie?" (1993) beschreibt, exemplarisch aufzeigen, inwiefern schulischer Unterricht durch die Auswahl ganz bestimmter Lerninhalte einen konfliktverarbeitenden Charakter erhalten kann.

Clos stellt in ihrer Arbeit zunächst die Frage, was das Prinzip des offenen Unterrichts in einer Schule, die vornehmlich schwer verhaltensauffällige Kinder betreut, sinnvollerweise bedeuten kann. Eine Öffnung des Unterrichts, der sich in erster Linie in einem häufigen Methoden– und Inhaltswechsel und einem Wegfall klarer Strukturen äußert, hält Clos in Sonderschulen eher für kontraproduktiv, weil die damit verknüpfte Notwendigkeit, die eigenen Lernprozesse weitgehend selbständig zu strukturieren, für diese Kinder eine immense Überforderung darstellt. Diese Kinder haben in der Regel so schwerwiegende psychische Probleme, daß sie sich für die Gegebenheiten und Zusammenhänge ihrer näheren und weiteren Umgebung nicht interessieren können. Ihr eigentliches Interesse besteht darin, ihre meist in früher Kindheit erlittenen traumatischen Erfahrungen, ihre Gefühle des Alleingelassen–Seins und des mangelnden Urvertrauens immer wieder neu in Szene zu setzen und auszuagieren, indem sie in der Schule ein heilloses Durcheinander anrichten, ihre Mitschüler und ihre Lehrer provozieren, Unterrichtsmaterialien zerstören, sich gegenseitig prügeln usw. Unbewußt machen sie damit ihre Mitmenschen in aller Deutlichkeit auf den hohen Grad des eigenen Verletzt–Seins aufmerksam. „Offener Unterricht" sollte unter solchen Voraussetzungen also eher bedeuten, daß der Lehrer sich bemüht, offen für die Themen zu sein, die die Schüler gerade in ihrer Destruktivität und ihren Lernverweigerungen zum Ausdruck bringen und immer wieder neu in Szene setzen. In einem zweiten Schritt geht es dann darum, diese Themen zum Gegenstand des Unterrichts zu machen, um sie so auf einer symbolischen Ebene bearbeiten zu können. Clos beschreibt ihr psychoanalytisch begründetes Bemühen, in dieser Weise für die unbewußten Probleme der Kinder offen zu sein, folgendermaßen:

> „Wenn die Kinder etwas erzählen oder sich ein bestimmter Konflikt in der Klasse als immer wiederkehrend herstellt, so versuche ich zu erspüren, was in dieser neuen Gruppe die tragende Gruppenphantasie geworden ist, an der alle mehr oder weniger beteiligt sind. Ich versuche, solche Kristallisationspunkte aufzugreifen und symbolisch darzustellen, also den Kindern etwas anzubieten, das mein Verständnis für diese Phantasien, Fragen und Bedürfnisse deutlich macht. Ich versuche, mit den Kindern 'mitzuschwingen', mich einzufühlen in das, was gerade 'los' ist."(Clos 1993, S. 61)

Um ihre Sichtweise zu veranschaulichen, beschreibt Clos ein Unterrichtsprojekt, welches seinen Ausgangspunkt in einer eher zufälligen Begebenheit nahm (vgl. ebd., S. 62 ff.): Einige Kinder ihrer Klasse hatten in einem unbeobachteten Moment die Enten, die sich seit einigen Wochen in einem Teich in dem weitläufigen Schulgelände angesiedelt hatten, mit Stökken beworfen. Eine Ente wurde dabei getroffen und rettete sich stark blutend in das nahegelegene Gestrüpp. Ungewöhnlich waren die Reaktionen der Kinder auf diesen Zwischenfall: Während sie sonst bei ähnlichen Vorkommnissen kaum strukturierte Schuldgefühle erkennen ließen und die Verbindung zwischen ihren destruktiven Ausbrüchen und deren Folgen offenbar nicht herstellen konnten, zeigten sie in den darauf folgenden Tagen ein reges Interesse für das Schicksal dieser Ente. Immer wieder fragten sie die Lehrerinnen, ob die Ente inzwischen gefunden sei, ob man sie zum Tierarzt bringen könne usw. Clos griff das so gewachsene Interesse an Tieren auf, indem sie mit den Kindern ein Projekt zum Thema „Tiere und ihre Lebensweise" durchführte. Das Verhalten der Kinder ließ deutlich erkennen, daß sie die verletzte Ente unbewußt mit ihrem eigenen Verletzt–Sein assoziierten. Verstärkt wurde dies schon einige Tage später durch die Erzählung eines Schülers, die eingehend in der Klasse besprochen wurde: „Kurze Zeit später erzählte Thomas, sein Freund und er hätten Vogelnester ausgenommen. Der Freund habe die Jungen mit dem Fuß gekickt. Nachher seien sie tot gewesen, berichtet er mit halb entsetztem, halb lustvollem Gesichtsausdruck." (ebd., S. 69) Im Anschluß an dieses Gespräch besorgte Clos für ihre Klasse Bilder, Bücher und Filme über Vögel und ihre Nester, beobachtete gemeinsam mit den Kindern die Vögel auf dem Schulhof und ließ die Kinder kleine Papier–Vögelchen basteln, die ihren Schnabel auf- und zusperren konnten, wenn man an einem versteckten Faden zog. Diese Papier–Vögel waren in den folgenden Tagen ein beliebtes Spielzeug; besonders begeistert waren die Kinder, wenn ihre Lehrerin diese Vögelchen mit Schokoladentalern „fütterte". Die ungewöhnlich intensive und lang andauernde Faszination der Kinder an diesem Thema führt Clos auf den Umstand zurück, daß es an ihren unbewußten Ängsten und Nöten, vor allem aber an ihren verdrängten Wünschen nach Versorgung und „Fütterung" anknüpfte.

> „Sie selbst waren auf der sinnbildlichen Ebene noch sehr verletzliche, gerade aus dem Ei geschlüpfte Wesen. Vielleicht waren auch sie von ihren Eltern brutal aus dem Nest geworfen worden und getreten worden, wie es Thomas' Freund mit den kleinen Vögelchen getan hatte. (...) Vielleicht war es wichtig, daß sie mir nun endlich auf dieser verschlüsselten Ebene mitteilen konnten, wie es ihnen selbst ergangen war und wie sie sich fühlten – wie viel zu früh aus dem Nest geschmissene, frierende, kleine, nackte und schreiende Vogelkinder, die noch lange nicht in der Lage sind, ohne die Fürsorge und den Schutz Erwachsener zurechtzukommen. Hinter ihrer Brutalität im Umgang mit Mitschülern, Lehrern und Tieren versuchten sie diese Verletzlichkeit und ihre Wut über die ständige Frustration ihrer geheimen Sehnsüchte zu verstekken. Und daß sie nun endlich in der Lage waren, mir dies mitzuteilen, sich selbst mit dieser Problematik zu beschäftigen – wenn auch verschlüsselt über das Thema Tiere –, das war ein großer Fortschritt." (ebd., S. 70 f.)

Resümierend stellt Clos fest, daß der Unterricht mit schwer verhaltensgestörten Kindern nur dann einen Effekt haben kann, wenn kognitive Lernziele mit den emotionalen Bedürfnissen der Kinder abgestimmt werden. Hinsichtlich ihrer Erfahrungen als Lehrerin an einer Sonderschule kommt sie also zu dem Schluß, „daß nur solche Unterrichtsinhalte, die die unbewußte Dynamik des Gruppengeschehens und den Entwicklungsstand und die Störungen der Kinder berücksichtigen, aufgreifen und thematisieren (auch ohne daß dies den Kindern deutlich wird), langfristig „gelernt" werden. Nur diese Form des dialogischen Unterrichts bietet den Kindern die Möglichkeit der psychischen und kognitiven Weiterentwicklung." (ebd., S. 68)

In der Literatur finden sich weitere interessante Beispiele, in denen die Wahl der Unterrichtsinhalte psychoanalytisch begründet wird. Eine wichtige Ursache für die Auswahl und Bearbeitung eines groß angelegten und von den Schülern begeistert durchgeführten „Arktis–Projektes" in der psychoanalytisch orientierten Burlingham–Rosenfeld–Schule (1927–1932 in Wien) sieht Göppel darin, „daß die Kultur der Eskimos symbolisch stand für ein einfaches, hartes, asketisches Leben, für ein Sich–Behaupten trotz schwieriger äußerer Umstände, für Verzicht und Triebbeherrschung. (...) Die allen Unbillen der Natur trotzenden Jäger der Arktis als Identifikationsobjekte für das bedrängte jugendliche Ich." (Göppel 1991, S. 421)

Christoph Ertle (1991) sieht den Kochunterricht dafür prädestiniert, psychogenetisch frühe, elementare Gefühlsebenen bei den Schülern anzusprechen. Vor allem betont er die therapeutische Wirkung des Kochunterrichtes mit auffälligen Kindern: „Kinder werden doppelt versorgt, wobei sie selbst zu dieser Versorgung aktiv beitragen. Der Handlungsanteil spielt dabei eine wesentliche Rolle. Kinder produzieren kurzfristig Vorzeigbares und Bekömmliches, versorgen sich und andere; die Identifikation mit einem guten inneren Objekt, dann mit der Fachlehrerin, ist dabei wesentlich." (Ertle 1991, S. 626) Was den Kochunterricht für Kinder so attraktiv macht, ist die Tatsache, daß hier *alle* Sinne angesprochen und ausdrücklich legitimiert werden. Dies trifft allerdings auf andere Fächer nicht zu. Ertle weist dementsprechend auch darauf hin, daß die Möglichkeit eines konfliktverarbeitenden Unterrichts in Fächern wie Kochen oder Kunst wesentlich leichter zu nutzen ist als in anderen Fächern:

„Was die Wirkungen feiner Speisen anbetrifft, so wissen wir von guten Erfahrungen zu berichten. Und was die Zubereitung solcher Speisen im Kochunterricht anbetrifft, so sind wir in der Schulpraxis auf Neues gestoßen. Doch was die wissenschaftliche Erforschung nährenden Mathematikunterrichts, zufriedenstellenden Geographieunterrichts oder gar eines hungrigmachenden Geschichtsunterrichts anbetrifft, so stehen wir erst am Anfang." (Ertle, ebd.)

Eine weitere, psychoanalytisch orientierte Auseinandersetzung mit der Frage, in welchen Formen sich eine libidinöse Besetzung von Lerngegenständen im schulischen Kontext äußern kann, bietet die Arbeit „Trennung und Übergang" von Ulrike Becker (1995). Der besondere Wert dieser Arbeit liegt darin, daß sie die Frage der schulischen Lerninhalte explizit mit methodischen Fragen des unterrichtlichen Settings verknüpft und damit ein

Thema berührt, das ansonsten in der psychoanalytischen Literatur bisher so gut wie gar nicht behandelt wurde. Muck (1980) weist in seiner Arbeit zwar beispielsweise darauf hin, daß der lehrerzentrierte Frontalunterricht häufig ödipale Autoritätskonflikte aktualisiere, andere Lernmethoden werden aber auch von ihm nicht thematisiert. Becker analysiert demgegenüber – vor dem Hintergrund ihrer Erfahrungen mit früh emotional gestörten Kindern in einer Sonderschule – immerhin drei verschiedene unterrichtliche Settings im Hinblick auf die Frage, inwiefern diese die Position und Bedeutung bestimmen, die der Unterrichtsgegenstand innerhalb der Schüler–Lehrer–Beziehung einnimmt. Bevor ich Beckers einschlägige Erörterungen referiere, halte ich es aber zum Zwecke einer Nachvollziehbarkeit des Gesagten für unabdingbar, ihren theoretischen Ansatz kurz zu skizzieren.

Winnicott arbeitete in seinen Schriften heraus, wie wichtig es für die psychische Gesundheit eines Kindes ist, daß es schon als Säugling eine „ausreichend gute Umwelt" erlebt, in der es von seinen primären Bezugspersonen – auch und gerade mit seinen Eigenwilligkeiten – liebevoll gehalten wird, ohne von diesen gleichsam „verschlungen" zu werden. Trennungserfahrungen im Rahmen einer haltenden Beziehung betrachtete Winnicott als Voraussetzung für die Entwicklung von Übergangsobjekten und damit als Motor der Kreativität. Becker geht nun davon aus, daß früh emotional gestörte Kinder eine solche haltende Beziehung meist nicht erlebt haben oder ihre primären Bezugspersonen als verschlingend (d.h. der Eigenaktivität des Kindes keinen Raum gebend, es mit Zuwendung „erstickend") erlebt haben.

Die Schüler–Lehrer–Beziehung bietet aber die Möglichkeit eines Nacherlebens haltender Beziehungserfahrungen, und dementsprechend sieht Becker das vordringlichste Ziel einer entwicklungsfördernden Sonderschulpädagogik darin, im Rahmen einer haltenden Beziehung den Kindern Trennungen zuzumuten. Die übliche Struktur des Schultages stehe den Bedürfnissen der Kinder und diesem Anspruch aber diamentral entgegen. Während des Unterrichtes verlange die Schule die ständige Anwesenheit und Kontrolle des Schülers durch den Lehrer und verhindere damit Trennungserfahrungen, die eine Verschiebung der Libido vom Personenobjekt auf ein Gegenstandsobjekt bewirken. „Ohne einen Rückzug der Bezugsperson wird sich solch ein Schüler nie mit einem Gegenstand so beschäftigen, daß es seiner kognitiven Entwicklung förderlich ist, da hierfür keine triebökonomische Notwendigkeit entsteht, solange ihm der Lehrer als Bezugsperson zur Verfügung steht." (Becker 1995, S. 139) Außerhalb der Unterrichtszeit stehe den Kindern aber weder ein „haltendes Setting" noch eine Bezugsperson zur Verfügung, so daß sie sich im Leeren fühlen müssen und dieses Gefühl oftmals durch gewalttätige Auseinandersetzungen auf dem Schulhof überspielen. „Zur Entwicklung eines Unterrichtsgegenstandes im Sinne eines Übergangsobjektes hingegen wäre es für den Schüler notwendig, eine 'haltgebende' Beziehung vor allem außerhalb der Unterrichtszeiten, wie in den Pausen, zu erfahren und ihm im Unterricht, in Zeiten, wo er sich mit Gegenständen beschäftigen soll, ein Stück Trennung zuzumuten." (ebd., S. 139 f.)

Wie eine solche Zumutung von Trennungen im Rahmen einer haltgebenden Beziehung konkret aussehen kann, zeigt Becker am Beispiel eines Unterichtsprojektes, in dem es um die Einrichtung einer Schülercafeteria ging. Indem Becker die für die Einrichtung der Cafeteria notwendigen Arbeiten auf Karten notierte, schaffte sie einen strukturierten Rahmen, in welchem die Schüler in Abwesenheit der Lehrerin die Arbeiten mehr oder weniger selbständig ausführen konnten. Die situative Abwesenheit der Lehrerin ermöglichte ihnen eine vergleichsweise angst- und übertragungsfreie Auseinandersetzung mit Aufgaben und Gegenständen, gleichzeitig war die Lehrerin aber in Form der Arbeitskarten für die Schüler symbolisch präsent. Becker sieht die Bedeutung einer solchen symbolischen Anwesenheit des Lehrers darin, daß sie ihm erlaubt „haltend und auf Anfrage der Schüler präsent, ohne verschlingend zu sein. Ohne diesen haltgebenden Rahmen durch den Lehrer könnten die Schüler diese Trennungen nicht nutzen, da sie entsprechend ihrer frühen Erfahrungen Trennungen nur als Verlassenwerden empfinden können, was massive Ängste bei ihnen auslöst." (ebd., S. 154) Becker hält deshalb den Akt der Verteilung von Arbeitsgebieten sowie die Vor- und Nachgespräche für ebenso wichtig wie die gegenständliche Auseinandersetzung selbst. „So gab es für die Schüler nach dem Cafeteriatag auch Gelegenheit, im Rahmen unseres Rückblicks, „freie Texte" oder Berichte über den Cafeteriatag zu schreiben." (ebd., S. 151)

Becker stellt im Anschluß an ihre exemplarische Darstellung des Cafeteriaprojektes die Frage, inwieweit verschiedene unterrichtliche Settings Trennungserfahrungen in einer haltenden Beziehung ermöglichen und unterscheidet dabei die Settings „offener Unterricht" und „Projektunterricht"; „Frontalunterricht" sowie den „sonderpädagogischen Förderunterricht".

Da es in Freien Alternativschulen in aller Regel keinen sonderpädagogischen Förderunterricht gibt, möchte ich nur die Gedanken Beckers zu den beiden ersten Settings referieren und sie um eigene Überlegungen zum Wochenplanunterricht ergänzen, einer in Freien Alternativschulen sehr häufig angewandten Lernform.

Wie das Beispiel des Unterrichtsprojektes zur Schülercafeteria zeigt, ist der *Projektunterricht* besonders geeignet, den Schülern Trennungen im Rahmen einer haltenden Beziehung zuzumuten. Damit schafft er die notwendige Voraussetzung für eine Verschiebung der Libido von der Person auf einen Gegenstand im Sinne der „negativ-kritischen Sublimation". Unterrichtsthemen sind hier nicht curricular vorgegeben, sondern erhalten den Charakter eines gemeinsamen „privaten Besitzes" von Schüler und Lehrer. Offene Unterrichtsformen fördern die Kreativität der Schüler, müssen allerdings gerade bei früh emotional gestörten Kindern einen strukturierten, übersichtlichen und „haltenden" Rahmen haben, da sie sonst eher Ängste auslösen, die in Form destruktiver Verhaltensweisen abgewehrt werden.

Im *Frontalunterricht* erscheint der Lehrer dem Schüler als kombiniertes Elternobjekt: einerseits vertritt er die väterliche, gesetzgebende Seite, indem er als verlängerter Arm institutioneller Ansprüche und curricularer Vorgaben auftritt, andererseits erscheint er aber auch als mütterliche Figur, da er die Schüler mit Unterrichtsgegenständen und –materialien versorgt. Die Unterrichtsgegenstände können aber hier nie den Charakter eines Übergangsobjektes erhalten, da der Umgang mit ihnen bereits vorab festgelegt ist und ausschließlich der Logik des Faches folgt. Im Frontalunterricht identifiziert sich der Schüler aus Angst vor Bestrafung und Aussonderung mit den vom Lehrer eingebrachten Regeln und Gesetzen und übernimmt das von ihm erwartete Wissen (Becker spricht hier von „affirmativer Sublimation"). Diese Fähigkeit der „Identifikation mit dem Aggressor", der Akzeptanz eines Gesetzes setzt ein ödipales Niveau voraus, das früh emotional gestörte Kinder aber meist noch nicht erreicht haben. Deshalb stellt der Frontalunterricht für viele dieser Kinder eine dauernde Überforderung dar. Da der Erwerb abfragbaren Prüfungswissens in unserer Gesellschaft aber eine große Rolle spielt, sollten auch früh emotional gestörte Kinder zur „affirmativen Sublimation" befähigt werden, dies könne aber, so Becker, nur das Ziel und nicht der Weg ihrer Unterrichtung sein. (ebd., S. 163)

Die in vielen Alternativschulen angewandte Lernform des *Wochenplan-Unterrichtes* liegt meinem Eindruck nach in einer Position zwischen Frontal– und Projektunterricht. Genauso wie im Projektunterricht ist hier eine symbolische Anwesenheit (in Form der im Wochenplan festgelegten Aufgaben) des Lehrers bei realer Abwesenheit gegeben. Während die Kinder an ihren Wochenplänen arbeiten, sind die Lehrer zwar auf Anfrage verfügbar, mischen sich aber nicht kontrollierend in die Arbeit der Kinder ein und befinden sich unter Umständen auch gar nicht im selben Raum. Andererseits handelt es sich bei den im Wochenplan festgelegten Aufgaben meist um curricular vorgegebene Inhalte. Zwar gibt es vereinzelt auch Inhalte, die den Charakter eines „gemeinsamen privaten Besitzes" in der Schüler–Lehrer–Beziehung haben, diese stellen aber eher eine Ausnahme dar. (Der Lehrer mag in einem solchen Fall etwa in den Wochenplan schreiben: „Schreibe doch bitte deine aufregende Geschichte von der Schatzinsel weiter! Ich bin gespannt, welche neuen Abenteuer du mit deiner Freundin an der Delphinküste erlebst!") In abgeschwächter Form setzt also die Wochenplanarbeit genauso wie der Frontalunterricht ein ödipales Niveau bei den Kindern voraus, ermöglicht den Kindern aber genauso wie im Projektunterricht Trennungserfahrungen im Rahmen einer haltgebenden Beziehung.

Die Art und Weise, ob und wie ein Unterrichtsgegenstand libidinös besetzt wird, hängt also neben der psychischen Situation des Schülers ganz entscheidend auch von dem jeweiligen unterrichtlichen Setting ab. Entscheidend ist für Becker dabei das Spannungsfeld von Nähe und Distanz: nur auf dem Wege einer „qualifizierten An– und Abwesenheit" des Lehrers könne der Unterrichtsgegenstand in die Position eines Übergangsobjektes geraten und somit Kreativität freisetzen. Um einen Punkt lassen sich diese Ausführungen Beckers noch ergänzen. Nicht nur das unterrichtliche Setting und die psychische Situation des Schülers spielen eine Rolle, sondern auch die persönlichen Interessen, die jeweiligen Stärken und Schwächen des Lehrers. Wer die Realität heutiger Schulen kennt, weiß, daß es Lehrer gibt, die sehr guten Frontalunterricht machen und sehr schlechten Projektunterricht. Selbst Beckers Anspruch einer „Trennung im Rahmen einer haltenden Beziehung" mag für manchen Lehrer leichter im Frontalunterricht als im Projektunterricht einzulösen sein. Ein Streit um die „ideale Lernmethode" würde also wenig Sinn machen – vielmehr kommt es darauf an, ob es dem Lehrer gelingt, herauszufinden, welche unterrichtlichen Settings am besten zu seiner Persönlichkeit passen, um auf dieser Grundlage einen individuellen Unterrichtsstil herauszubilden. (vgl. dazu auch Schäfer 1991)

Bei einem Überblick über den bisherigen Beitrag der psychoanalytischen Literatur zur Frage, welche psychodynamische Bedeutung die Inhalte und Methoden des Lernens für Kinder gewinnen können, fällt auf, daß die meisten Autoren ausschließlich den Unterricht mit verhaltensauffälligen Kindern thematisieren. Dies ist insofern naheliegend, als die Berücksichtigung psychodynamischer Konflikte hier besonders wichtig, in gewisser Weise sogar die unabdingbare Voraussetzung für gelingenden Unterricht ist. Gleichwohl stellt sich die Frage, ob und inwieweit konfliktverarbeitender Unterricht auch in einer „normalen" Schule möglich, sinvoll bzw. notwendig ist.

Bis auf eine Ausnahme (der Freien Schule Spatz in Offenburg) sind auch die in dieser Arbeit thematisierten Freien Alternativschulen keine Sonderschulen. Viele Freie Schulen nehmen zwar häufig Schüler auf, die an anderen Schulen schwerwiegende Probleme hatten. Der Anteil lernbehinderter und verhaltensauffälliger Kinder ist deshalb in den meisten Freien Alternativschulen überproportional hoch. Sonderschulspezifische Probleme und Konflikte spielen also hier auch eine große Rolle. Die Frage nach der Notwendigkeit eines konfliktverarbeitenden Unterrichts in Freien Alternativschulen bleibt damit aber bestehen. Grundsätzlich läßt sich sagen, daß es den störungsfreien, von Affekten gereinigten Unterricht – auch mit den „normalsten" Kindern – nicht gibt und geben kann. Die Tatsache, daß auch in Regelschulen zunehmend über Lernstörungen und Lernhemmungen geklagt wird, weist zudem darauf hin, daß eine Berücksichtigung psychischer Konflikte im schulischen Kontext immer wichtiger wird. Zwischen der in Regelschulen häufig zu beobachtenden Lernunlust und den massiven Lernstörungen in Sonderschulen besteht kein prinzipieller, sondern nur ein gradueller Unterschied. Die psychoanalytischen Erkenntnisse zur Bedeutung bestimmter Unterrichtsinhalte in Sonderschulen lassen sich deshalb meines

Erachtens auch auf die Arbeit mit verhaltensunauffälligen Kindern übertragen.

Mit ihrem Anspruch, bei der Auswahl der Lerninhalte an die Bedürfnisse, Probleme und den Erfahrungshintergrund der Kinder anzuknüpfen, machen Freie Alternativschulen eine libidinöse Besetzung der jeweiligen Lerninhalte vergleichsweise wahrscheinlich. Zudem erleichtern es die Prinzipien des erfahrungsorientierten, vernetzten und ganzheitlichen Lernens den Kindern, ihre Wünsche, Ängste und unbewußten Konflikte in die jeweiligen Lerninhalte einzubringen. Die Wahrscheinlichkeit, daß eine ausschließlich kognitive Auseinandersetzung mit Lerngegenständen einen konfliktverarbeitenden Charakter erhält, ist weitaus geringer als bei Themen, Lerngegenständen oder Aktivitäten, die den Sinnlichkeitsbedürfnissen der Kinder entsprechen. Künstlerisch–musische, handwerklich–manuelle und körperorientierte Tätigkeiten wie Sport und Toben nehmen in Freien Alternativschulen einen vergleichsweise großen Raum ein.

Angesichts der Tatsache, daß Lernprozesse in Freien Alternativschulen häufig auch sehr weitgehend individualisiert werden, können hier zudem nicht nur entwicklungsbedingte und gruppendynamische Konflikte aufgegriffen werden, sondern auch die individuellen Konflikte einzelner Schüler, die in deren jeweiliger Lebensgeschichte verankert sind. Ein Unterrichts–Beispiel aus der Freien Schule Bochum mag dies verdeutlichen.

Im Rahmen einer Projektreihe zum Thema „Nationalsozialismus und Zweiter Weltkrieg" hatten die Zehntkläßler der Schule unter anderem die Aufgabe erhalten, selbständig ein Thema zu bearbeiten und dann vor den Mitschülern darüber zu referieren. Einigen dieser Referate konnte ich als teilnehmender Beobachter beiwohnen und war gespannt, als Achim an die Reihe kam, ein schüchterner, zurückhaltender Schüler, der aufgrund einer Krankheit in der Vergangenheit viele ihn psychisch sehr belastende Situationen hatte durchstehen müssen und im Klassenverband lange in der Position eines Außenseiters gewesen war. In Situationen, die ihn psychisch belasteten, kam es immer wieder vor, daß er hyperventilierte und sich sein Körper dann ähnlich wie bei einem epileptischen Anfall verkrampfte. Obgleich sich Achims Stellung im Kassenverband in den letzten Jahren deutlich verbessert und er zu einem Mitschüler inzwischen auch eine Freundschaft aufgebaut hatte, hatte er in den vergangenen Jahren in seiner Rolle als Außenseiter und Sündenbock doch viele Aggressionen von einigen Mitschülern einstecken müssen. Achim hatte sich nun als Referatsthema die „Zerstörung der Möhnetalsperre" ausgesucht. Vor dem Referat hatte ich gerätselt, was Achim wohl dazu bewogen haben könnte, sich dieses Thema auszusuchen, es wirkte auf mich – im Vergleich zu anderen Referatsthemen wie „Widerstand im Nationalsozialismus" oder „Hitlers Biographie" – relativ uninteressant und nebensächlich. Als Achim dann aber mit seinem Referat begann, war ich erstaunt über die Qualität seines Vortrages und das für ihn ungewöhnliche Engagement, mit dem er uns über die Umstände der im

Sauerland befindlichen, 1944 von den Briten zerbombten Möhnetalsperre aufklärte. Achim präsentierte eine Statistik der Zerstörung, die mit der – durch die Zerbombung der Talsperre ausgelösten – Flutkatastrophe über einige Dörfer gekommen war und in deren Folge über 1000 Menschen starben. Als Achims Ausführungen in mir Bilder einer alles mit sich reißenden und unter sich begrabenden Wasserflut erzeugten, wurde mit plötzlich klar, worin die Faszination des Themas für Achim lag. Womit ließe sich die Sehnsucht nach einem plötzlichen Ausbruch aggressiver Energien bei einem zurückhaltenden, an einer Krankheit leidenden und sich oft in einer Opferrolle befindlichen Jungen prägnanter und eindrücklicher symbolisch fassen, als durch gewaltige, aufgestaute Wassermassen, die zerstörerisch durch einen Damm brechen? Ich vermute, daß Achim sich des symbolischen Gehaltes seines Themas keineswegs bewußt war; fest steht aber, daß sein Auftreten während des Referates – einige seiner Mitschülerinnen bestätigten mir dies im nachhinein – ungewöhnlich selbstsicher war und alle über die gute Leistung Achims erstaunt waren.

Das Beispiel verdeutlicht, wie die freie Wahl von Unterrichtsthemen im projektorientierten Unterricht Schülern die Möglichkeit erschließt, ihre (unbewußten) ganz persönlichen Hoffnungen, Ängste und Konflikte auf einer symbolischen Ebene zu artikulieren. Unterricht erhält damit zwar noch nicht notwendigerweise einen konflikt*verarbeitenden* Charakter. Die heilsame Wirkung einer – wenn auch verschlüsselten – Präsentation der eigenen psychischen Befindlichkeit vor wichtigen anderen sollte aber nicht unterschätzt werden.

Andererseits gibt es aber in der Schulrealität der Freien Alternativschulen auch Faktoren, die dem Anspruch, mit den jeweiligen Lerninhalten immer auch die unbewußten Konfliktlagen der Schüler anzusprechen, eher entgegenstehen. Ein Anknüpfen an unbewußte Konflikte der Kinder und Jugendlichen wird nämlich dann erschwert, wenn – wie es in Freien Alternativschulen häufig geschieht – die zu behandelnden Lerninhalte in Form gemeinsamer Gespräche zwischen Schülern und Lehrern ausgehandelt und festgelegt werden. Denn in solchen Gesprächen müssen die Kinder ja nicht nur in der Lage sein, ihre eigenen Bedürfnisse und Lerninteressen wahrzunehmen und zu artikulieren, sondern darüber hinaus auch möglichst überzeugend argumentativ zu vertreten. *Unbewußte* Konflikte im engeren Sinne des Wortes unterliegen aber einer kontinuierlichen Verdrängungsarbeit, werden also aktiv vom Bewußtsein ferngehalten. Diese Verdrängungsarbeit wird vor allem in solchen Situationen aktiviert, in denen das Ich sich vor anderen Menschen exponiert, denn diese Situationen stellen immer eine potentielle Gefährung des psychischen Gleichgewichtes dar. Daß unbewußte Konflikte gerade bei der gemeinsamen Aushandlung von Lerninhalten im Klassengespräch „zu ihrem Recht kommen", ist also höchst unwahrscheinlich.

Wenn schulischer Unterricht durch die Auswahl geeigneter Lerninhalte einen konfliktverarbeitenden Charakter erhalten soll, ist es deshalb unerläßlich, daß Lehrer eine Sensibilität dafür entwickeln, welche Konflikte die Schüler gerade „bewegen", um diese dann thematisch aufgreifen und bearbeiten zu können. Für die Alternativschulpädagogik würde sich damit im übrigen auch eine bedeutsame Erweiterung des ursprünglichen Projektgedankens ergeben: Nicht mehr nur die Bearbeitung äußerer, gesellschaftlicher Realität wäre dann das Ziel eines Projektes, sondern auch die *Bearbeitung innerer, psychischer Realität*. Freie Alternativschulen täten also gut daran, sich vermehrt dem zu öffnen, was Bittner die „vergessene Dimension des Lernens" nennt. „Gelernt werden Stoffe, in denen das Ich sich selbst wieder findet, die ihm ein Stück seines eigenen Wesens widerspiegeln, in die einzudringen für das Ich bedeutet, zu sich selber, 'nach Hause' zu kommen." (Bittner, zit. n. Göppel 1991, S. 421)

4.1.4 Andere Formen der Leistungsbeurteilung

Zensuren, mündliche und schriftliche Prüfungen, Versetzung in die nächste Klasse, Aufnahmeprüfungen für weiterführende Schulen und anderes mehr stellen in der Regelschule ein System von Leistungskontrollen dar, welches eine möglichst exakte Beurteilung der Schülerleistung gewährleisten soll. Die Leistungsbemessung durch Zensuren, d.h. die Darstellung von Leistung in mathematischen Symbolen, erweckt zwar zunächst den Eindruck von hoher Objektivität. Bei näherem Hinsehen erweist sich dieser Eindruck jedoch als trügerisch, denn die Zuordnung einer konkreten, oft sehr komplexen Leistung zu einer quantitativ bestimmbaren Größe ist relativ willkürlich, weil zwischen diesen beiden Faktoren keine inhaltliche Gemeinsamkeit besteht. Zahlreiche empirische Untersuchungen haben dementsprechend ergeben, daß zwischen den Zensuren eines Schülers und seinem späteren Berufserfolg nur sehr bedingt eine Korrelation besteht. (vgl. Singer 1973, S. 147 ff.; Muck 1980, S. 137 ff.) Eine wichtige Ursache hierfür dürfte darin liegen, daß die quantitative Leistungsbemessung völlig ungeeignet ist, *kreative* und soziale Lernprozesse der Schüler zu erfassen, die aber eben für den späteren Berufserfolg von mindestens ebenso großer Bedeutung sind wie das in der Schulzeit angeeignete Wissen. Kreative Schüler gehören deshalb nach Muck auch nur selten zu den „Klassenbesten": „Von Sonderbegabungen abgesehen, sind es in der Schule im allgemeinen auch die 'mechanischen Könner', die die besten Noten bekommen, d.h. Schüler mit gutem Gedächtnis (nach Amthauer korrelieren Schulnoten nur mit dem Gedächtnisteil seines Intelligenzstruktur–Tests), zwanghaft intellektualisierendem, wenig durch Gefühle 'gestörtem' Denken und dem Bedürfnis nach anal–phallischem Rivalisieren. Dies wäre die psychoanalytische Beschreibung des bekannten Klassenprimus, der, wie man weiß, 'im Leben' nicht die gleichen Erfolge hat." (Muck 1980, S. 139 f.)

Problematisch ist die Zensurenvergabe in der Schule aus psychoanalytischer Sicht also vor allem deshalb, weil sie Leistung auf eine unheilvolle Art und Weise mit Rivalität verkoppelt. In aller Regel löst sie einen Konkurrenzkampf unter den Schülern aus, in dem alte Geschwisterrivalität vor dem Hintergrund ödipaler Beziehungskonflikte wiederbelebt wird. Die Verlierer dieses ständigen Rivalisierens sind die sogenannten „leistungsschwachen" Schüler. Schlechte Noten können für diese Schüler eine ständige Bedrohung der eigenen Identität darstellen und so chronische Versagensängste und Minderwertigkeitsgefühle erzeugen.

Die Notengebung, verbunden mit einem anhaltenden Prüfungsdruck hat aber nicht nur diesen entsolidarisierenden Effekt, sie wirkt sich auch kontraproduktiv auf die Lernprozesse der Schüler aus, denn das Sachinteresse von Schülern an Gegenständen, mit denen sie sich auseinandersetzen, wird nicht selten durch ein ausschließliches Interesse an guten Zensuren überlagert, womit die unmittelbare libidinöse Besetzung des Lerngegenstandes zerstört wird.

> „Der mit strenger Benotung erstrebte 'heilsame Schrecken' ist in den wenigsten Fällen heilsam; er wirkt sich lernhemmend aus. Die Überbetonung des Prüfens – an Stelle des Lernens – läßt die Schüler keine Beziehung zur Sache finden. Durch die enge Verknüpfung von Lerngegenstand und Prüfungsdruck erwächst im Schüler der Wunsch, diesen Gegenstand zu meiden. Nicht mehr die Sache steht für ihn im Vordergrund, sondern Bedrohung, Ängstigung und Unterdrückung, die mit dieser Sache verknüpft sind, und die Abwendung dieser Gefahr. Der Schüler kann in angespannter Situation nicht so erfolgreich arbeiten wie unter entspannten Bedingungen. Besonders schöpferisches Arbeiten verträgt sich nicht mit der üblichen Prüfungssituation." (Singer 1973, S. 170)

Bei aller berechtigten Kritik an dem entwicklungshemmenden und entsolidarisierenden Effekt der Notengebung muß aus psychoanalytischer Sicht allerdings auch festgestellt werden, daß eine vergleichende Leistungsbewertung im schulischen Rahmen durchaus auch *entwicklungsfördernd* wirken kann. Ob die vergleichende Leistungsbewertung nur in Form der Notengebung realisiert werden kann, ist dabei eine andere Frage. Ahrbeck (1995) ist aber Recht zu geben, wenn er den radikalen Gegnern einer vergleichenden Leistungsbewertung vorhält, die Entwicklungsnotwendigkeit kindlicher Konkurrenzwünsche zu verkennen. Um die Grenzen der eigenen Leistungsfähigkeit zu erkennen, braucht und sucht jedes Kind den Vergleich mit anderen. Geht ein Kind aus einer Konkurrenzsituation als „Verlierer" heraus, so muß es sich deshalb nicht zwangsläufig hoffnungslos depotenziert und entwertet empfinden. Vielmehr kann das Erleben eigener Grenzen intrapsychisch auch einen großen Gewinn darstellen: „Zum einen, weil die Erfahrung gesucht wird, daß sich Niederlagen und mit ihnen verbundene Enttäuschungen ohne nachhaltige Schäden verkraften lassen. Darüber hinaus aufgrund der Begrenzung eigener Größenphantasien, die als befreiend erlebt wird. Insofern hat die Auseinandersetzung mit eigenen Konkurrenzwünschen einen psychisch stabilisierenden Charakter, was sowohl das Gewinnen als auch das Verlieren betrifft. (...) Leistungsschwächere Schüler benötigen die Erfahrung, daß sie aus der Konkurrenz nicht als unfähig und wertlos hervorgehen, auch wenn die eigenen Grenzen enger gesetzt sind als die anderer." (Ahrbeck 1995, S. 11 f.) Ebenso ist es für leistungsstärkere Schüler eine wichtige Erfahrung, sich in Konkurrenzsituationen nicht nur als aggressiv triumphierende Sieger zu erleben, sondern als Sieger, die ein Mitempfinden für die Schwächeren bewahren und sich der Relativität der eigenen Leistung bewußt bleiben.

Eine schulische Erfahrungswelt, die das Konkurrenzthema tabuisiert und kränkende Erfahrungen von Kindern rigoros fernzuhalten versucht, wirkt letztlich also entwicklungshemmend, da sie dem Kind eine angemessene Auseinandersetzung mit kränkendem Erleben vorenthält und es so dazu nötigt, untergründig am Idealbild unbegrenzter Fähigkeiten festzuhalten. „Das Erleben begrenzter eigener Leistungsfähigkeit wird dann zu einem stark beschämenden Ereignis, das mit massiver Enttäuschungswut verbunden ist. Gegen die eigene Person gerichtet, zeigt sie sich in Form von heftigen Selbstangriffen und –entwertungen. Im Extremfall können sich Kinder dafür hassen, daß sie nicht perfekt sind. Eine solche ungelöste Selbstwertproblematik findet sich häufig bei Kindern, die in einem übermäßig narzißtischen Schonklima aufwachsen." (ebd., S. 10 f.)

Oskar Meder analysiert in seinem Aufsatz „Prüfung als Ritual" (1993) die archaische Tradition schulischer Prüfungsrituale. In Anlehnung an Ergebnisse der ethnopsychoanalytischen Forschung vergleicht er die Funktion und Wirkungsweise von Initiationsriten in Naturvölkern mit den Prüfungsritualen im gegenwärtigen Schulsystem. (Meder 1993, 49f.; vgl. auch Moeller 1968, S. 21 und Singer 1973, S. 148) Die wichtigste Funktion der Initiationsriten in Naturvölkern besteht darin, den Adoleszenten rituell in die Welt der Erwachsenen einzuführen und ihn im Sinne dieser Erwachsenenwelt zu normieren. Diese Normierung geschieht meist auf eine höchst gewaltsame Art und Weise. Vor dem Ereignis werden die Initianten häufig Wochen oder gar Monate aus der Gemeinschaft ausgeschlossen und müssen sich in der feindlichen Umwelt selbständig behaupten. Der eigentliche Ritus findet seinen Höhepunkt dann meist in einer Beschneidung oder anderen Formen der körperlichen Verletzung. Psychoanalytisch betrachtet sind diese Riten deshalb so wirkungsvoll, weil sie den Heranwachsenden über die Schwachstellen seines psychischen Substrates normieren. Indem die Initiationsriten nämlich bei ihrer Nichtbefolgung mit dem Ausschluß aus der Gemeinschaft drohen und durch körperliche Verletzungen den Adoleszenten mit seinen sexuellen Triebwünschen einschüchtern, greifen sie präödipale Trennungsängste und ödipale Kastrationsängste auf. Meder vertritt nun die These, daß schulische Prüfungsrituale in der heutigen Gesellschaft letztlich dieselbe Funktion erfüllen wie die Initiationsriten bei den Naturvölkern und interpretiert das Prüfungsritual in der Schule dementsprechend als eine „Zurichtung durch Zugerichtete". Anders als bei den Naturvölkern vollzieht sich die „Zurichtung" des Adoleszenten in der Schule nach Meder aber eher „häppchenweise" (vgl. Meder 1993, S. 49) und ohne Anwendung unmittelbar physischer Gewalt. „Bekanntgabe des Testtermins, besondere Raumankündigung, Stoffwiederholung, schließlich hochsymmetrische Sitzordnung während des Testes, Kontrollen, Schweigen–Müssen, Wartezeit bis zur Testrückgabe, schließlich Testrückgabe selbst, bilden den äußeren Rahmen des Rituales, dessen innerer Spannungsbogen sich nach der Testrückgabe von neuem aufzubauen beginnt, ein Ritual, das auf diese Weise über neun bis dreizehn Jahre und mehr hinweg hochdynamisch ist." (Meder 1993, S. 48)

Die archaische Tradition schulischer Prüfungsrituale macht deutlich, daß Notengebung, Prüfungen und „Sitzenbleiben" in der Schule in erster Linie die Funktion erfüllen, den Schüler zu disziplinieren und weniger, seine Leistungen adäquat zu beurteilen. Freie Alternativschulen gehen davon aus, daß die Qualität eines Lernprozesses nicht nach der quantifizierbaren Leistung, die an seinem Ende steht, zu beurteilen ist und praktizieren dementsprechend grundsätzlich andere Formen der Leistungsbeurteilung als die Regelschule. Zensuren werden in Freien Alternativschulen außer bei Schulwechsel und für die Abschlüsse nicht vergeben, ebenso ist das Disziplinarmittel der Nichtversetzung in die nächsthöhere Klasse abgeschafft. Prüfungen werden in den Abschlußjahrgängen Freier Alternativschulen nur deshalb durchgeführt, weil die Jugendlichen auf diese spezifische Form der Leistungskontrolle, die in den weiterführenden Schulen auf sie zukommen wird, vorbereitet werden sollen. Leistungsbeurteilung findet in Alternativschulen hauptsächlich im direkten Gespräch zwischen Schülern und Lehrern statt. Zusätzlich verfassen die Lehrer ein– bis zweimal jährlich einen Lern– und Entwicklungsbericht, der sich meist direkt an die Kinder (in diesem Fall spricht man auch von „Jahresbriefen") richtet und die Lernfortschritte und –defizite des Schülers, sein Leben in der Gruppe und seine persönliche Entwicklung beschreibt. Diese Berichte sind für die Schüler insofern von hoher Bedeutung, weil sie zum einen eine positive Rückmeldung über erfolgreich gemeisterte Lernprozesse geben und als Entscheidungshilfen für folgende Lernschritte dienen können und zum anderen eine größere Klarheit über die eigene soziale Rolle in der Gruppe und über eigene charakterliche Stärken und Schwächen sowie persönliche Entwicklungsmöglichkeiten verschaffen können. Psychoanalytisch betrachtet liegt ein wesentlicher Vorzug von Lern– und Entwicklungsberichten gegenüber Noten darin, daß sie die Ich–Entwicklung der Schüler fördern, indem sie diese in verkraftbarer Weise mit ihren Schwächen und Defiziten konfrontieren und somit zu einer kritischen Selbstreflexion anregen. Indem diese Berichte die Lernfortschritte leistungsschwächerer Schüler auch da bestätigen und anerkennen, wo sie sich im Vergleich zu dem Leistungsniveau der Gesamtgruppe bescheiden ausnehmen mögen, stärken sie das Selbstwertgefühl auch dieser Schüler.

Daß eine Konfrontation mit Lerndefiziten durchaus auch einen ermutigenden Charakter haben kann, mag der folgende Auszug aus dem Jahresbrief eines Achtkläßlers der Freien Schule Bochum exemplarisch verdeutlichen:

> „Du hast im Deutschunterricht nicht immer zuverlässig mitgearbeitet. Häufig brauchtest Du sehr lange für die Erledigung der Aufgaben. Mit der Rechtschreibung hapert es noch, obwohl Du viele Fehler vermeiden kannst, wenn Du wirklich bei der Sache bist. Schade ist, daß Du so wenige Aufsätze zu Ende geschrieben hast. Es liegen mir kaum fertige Texte von Dir vor. Das bedaure ich vor allem deshalb, weil die Anfänge häufig sehr gut waren. Bei Unterrichtsgesprächen hast Du oft hilfreiche Beiträge geleistet."

Genausowenig wie die problematischen Seiten der Notengebung eine pauschale Verunglimpfung jeglicher vergleichenden Leistungsbeurteilung rechtfertigen, sollte das entwicklungsfördernde Potential der Lern– und Entwicklungsberichte dazu verführen, dieselben als ein Allheilmittel ohne jegliche „Nebenwirkungen" und Gefahren zu verkaufen. Eine ernstzunehmende Gefahr liegt zunächst darin, daß Lernberichte potentiell den pädagogischen Zugriff des Lehrers auf den Schüler totalisieren – ein Zugriff, den sich insbesondere Jugendliche nur ungern gefallen lassen. Thomas Ziehe hat diese problematische Ausdehnung pädagogischer Zuständigkeiten in seinem Beitrag „Adieu 70er Jahre!" klar formuliert: „Als reformorientiert gilt es, wenn die Lehrer andere, bislang außen vor gebliebene Aspekte der Persönlichkeitsentwicklung im Auge haben, intentional formen und pädagogisch bewerten sollen. Statt bloßer Benotung von Fachkenntnissen sollen dann Lernberichte über die Schüler erstellt werden, die unter ganzheitlichen Aspekten die Gesamtentwicklung einer Schülerin beschreiben und beurteilen. Das pädagogische Kalkül wird auf die soziale Geamtwirklichkeit der Schule und der Schüler ausgedehnt. In dem Maße in dem die Pädagogen sich zum 'richtigen' Selbstverständnis haben reformieren lassen, werden sie im Gegenzug therapeutisch–moralisch ermächtigt, den pädagogischen Zugriff nun, da sie ja 'das Richtige wollen', zu totalisieren." (Ziehe 1996, S. 39)

Wie sich ein solcher totalisierter pädagogischer Zugriff in Lernberichten konkret niederschlagen kann, zeigt etwa der folgende Auszug aus einem an einen Siebtkläßler gerichteten Jahresbrief einer Freien Alternativschule:

> „In England hast du die ganze Gruppe ganz schön überrascht, denn du warst das Gesprächsthema Nr. 1 nach dem Treffen mit den englischen SchülerInnen. Kaum einer hätte dir zugetraut, dass du es schaffst, dass sich in solch einer kurzen Zeit so viele Mädchen für dich interessieren. Erinnere dich: am Abend in der Jugendherberge hatten sich mehrere Jungen die Haare gestylt wie du! Bewahre diese Momente gut in deinem Gedächtnis und freue dich über dieses Erlebnis!"

Ziehe spricht von einem Recht der Schüler auf eine „gewisse Intransparenz ihrer Schüler–Welt" (ebd.). Dieses Recht ist meines Erachtens in diesem Beispiel überschritten worden. Jugendliche haben das entwicklungsbedingte Bedürfnis, sich von Erwachsenen abzugrenzen und wehren sich dementsprechend gegen vereinnahmende Zugriffe Erwachsener, seien diese auch noch so „gutgemeint". Erste prägende Erfahrungen mit der eigenen Geschlechtsrolle werden meines Erachtens nicht besser verarbeitet, wenn sie im nachhinein von Erwachsenen in psychologisierender Manier kommentiert werden. Ganz im Gegenteil besteht vielmehr die Gefahr, daß der oben angesprochene Schüler unbewußt die Bedeutung, die das besagte Erlebnis für ihn hatte, nach der Lektüre seines Jahresbriefes relativieren muß, um sich innerpsychisch der eigenen Autonomie zu versichern. Die in Lern– und Entwicklungsberichten gegebene Ausweitung der Beurteilung auf mehr Bereiche als nur die Fachkenntnisse des jeweiligen Schülers birgt also meines Erachtens besonders im Sekundarbereich I ernstzunehmende Gefahren. Aber auch im Grundschulbereich sollte die Gefahr einer ausufernden Intimisierung und totalisierten Kontrolle nicht unterschätzt werden.

Eine weitere Gefahr bergen Lern– und Entwicklungsberichte insofern, als sie in besonderer Weise dazu geeignet sind, die Größenphantasien des Lehrers zu konservieren (vgl. Wellendorf 1992, S. 19). Lernberichte an Freien Alternativschulen beinhalten in aller Regel neben dem „persönlichen Teil" einen „allgemeinen Teil", der die Entwicklung der Klasse im zurückliegenden Jahr, durchgeführte Projekte, AGs, Klassenfahrten u.a. herausragende Ereignisse beschreibt. Diesen allgemeinen Teil der Jahresbriefe zu verfassen, dürfte für den Lehrer meist mit einer gewissen Lust verbunden sein, weil er sich hier rückblickend noch einmal vergegenwärtigen kann, wieviel pädagogisch Wertvolles er im zurückliegenden Schuljahr geleistet hat. Mir geht es nun keineswegs darum, diesem Lustfaktor seine Existenzberechtigung abzusprechen – das Abfassen der Jahresbriefe ist in aller Regel mühsam genug! Je geringer aber das Vertrauen in den Wert der eigenen zurückliegenden Arbeit ist, um so wahrscheinlicher ist es, daß der Lehrer dazu tendieren wird, die sein professionelles Selbstvertrauen erschütternden Erinnerungen beim Abfassen der Jahresbriefe zu verdrängen. Das Ergebnis sind dann ellenlange Jahresbriefe mit überdeutlich schöngefärbten Zügen. Umgekehrt gilt natürlich dasselbe: Je gefestiger das Vertrauen in den Wert der eigenen pädagogischen Arbeit ist, um so mehr Selbstkritik kann sich der Lehrer leisten und um so weniger wird er dazu tendieren, seine Größenphantasien unreflektiert in die Jahresbriefe einfließen zu lassen.

Wenn Lern– und Entwicklungsberichte also in Gefahr stehen, den pädagogischen Zugriff der Lehrer auf die Schüler zu totalisieren und die Größenphantasien der ersteren zu konservieren, so spricht dies aber noch lange nicht dafür, doch wieder zu der herkömmlichen Form der schulischen Leistungsbeurteilung, also den Zensuren, zurückzukehren. Es muß aber erlaubt sein, Jahresbriefe daran zu messen, *wie* sie geschrieben sind. Auch müssen Freie Alternativschulen sich meines Erachtens in Zukunft noch intensiver der Frage widmen, wie sie Formen einer *vergleichenden* Leistungsbeurteilung etablieren können, ohne dabei in schlichte Quantifizierung komplexer Lernleistungen zurückzufallen.

Ein meines Erachtens vorzeigbares Beispiel einer alternativen Form der Leistungsbeurteilung ist der folgende Jahresbrief aus der Freien Schule Bochum, den ich nun abschließend zur Veranschaulichung der obigen Erörterungen wiedergebe. Was seine sprachliche Anlehung an die Märchenerzählung angeht, ist er zwar eher untypisch, seine inhaltliche Strukturierung ist aber durchaus typisch für die Art und Weise, wie Jahresbriefe im Grundschulbreich der Freien Schule Bochum geschrieben werden.

Dokument: Jahresbrief an Mareike

Allgemeiner Teil

Es waren einmal elf Kinder, die auszogen, um die Freie Schule Bochum kennenzulernen. Sie wollten schreiben, lesen, rechnen und viele andere Dinge lernen. Natürlich stand ihr Sinn auch danach, ab und zu den Lehrer zu ärgern und ihm Streiche zu spielen.

Am ersten Tag sollte die Welt erst einmal wissen: „Wir sind in der Schule.“ Daher ließen die Kinder Luftballons in alle Himmelsrichtungen aufsteigen. An den Luftballons waren Karten mit ihren Namen und Adressen befestigt. Der Wind ergriff die Luftballons und trug sie fort. Einige blieben in den Ästen der Bäume hängen, aber die größeren Schulkinder befreiten sie. Stefans Ballon flog bis nach Holland.

Und wahre Schätze kamen zum Vorschein, als die Elf ihre Schultüten öffneten: Süßigkeiten, Federtaschen, Spiele, Bleistifte, Scheren und vieles mehr. Es war wie im Schlaraffenland.

Die Elf merkten aber sehr schnell, daß ihnen noch ein Kind fehlte. Ja, zwölf, das wäre die richtige Zahl. Denn gibt es nicht zwölf Monate im Jahr: den Januar, Februar, März, April, Mai, Juni, Juli, August, September, Oktober, November und schließlich den Dezember? Auch hat ein Tag zweimal zwölf Stunden: zwölf für die Sonne und zwölf für den Mond.

Es dauerte auch nicht lange, da kam ein Junge zu ihnen, kräftig und stark. Nun waren sie vollzählig. Nicht, daß die Zwölf sich nicht stritten, manchmal sogar boxten und schubsten, sich gemeine Wörter sagten, aber sie wußten: „Wir gehören zusammen. Wir sind Stamm 1 der Freien Schule Bochum.“ Der Stamm 1, das waren nun Stefan, der alles in der Schule „Pippi leicht“ findet, Delia mit ihrem Lieblingshuhn „Anmut“, Annika, die schon mal in China lebte, Lukas, der Fußballspieler von Grumme, Nina, die „Peter und der Wolf" besser kennt als irgend jemand von den Zwölfen, Marvin mit seinen großen und kleinen, rot–, grün–, blau–, und gelbhaarigen Trollen, Andrea, die Freundin aller Ratten und Haustiere, Mareike, die Indianerin, Hendrik mit seinem Fahrrad, das achtzehn Gänge besitzt, Niklas, der am liebsten verkauft und kauft, seien es nun Mützen, Münzen, Spielzeug oder Kopien von seinen Körperteilen, Justine mit ihrem Gustav und Julia, die verwegene Fußballspielerin.

Das erste Abenteuer, das die Zwölf bestehen mußten, war das „L" zu finden. Ob nun groß oder klein – ein „L" mußte es sein. Die Zwölf suchten in Zeitungen und Zeitschriften, in Büchern und auf Verpackungen. Sie klebten, malten und schrieben das L. Große und kleine „Ls" – rote, blaue, gelbe und grüne. Es dauerte nicht lange und sie hatten das „L" in allen Formen und Farben gelernt. Nun war es in ihren Köpfen und konnte nicht mehr entfliehen. Ebenso machten sie es mit dem „O" und dem „E" und allen weiteren Buchstaben. Sie fügten Buchstaben zusammen und siehe da: Die Zwölf hatten die Wörter entdeckt: Leo, Alo, Ela, Oma und Opa, Mama und Papa. Eifrig schrieben sie die Wörter auf Papier und in ihre Hefte. Ihr Köpfe rauchten und dampften. Niemand konnte sie nun mehr aus der Welt der Wörter vertreiben, weder die Nebelhexe noch sonst jemand. Mit den Wörtern schrieben sie nicht nur Sätze, sondern auch Geschichten. Wenn sie wollten, konnten sie nun einen Berg, einen See, einen Wald, einen Hund, ja sie konnten alles, was ihnen einfiel, entstehen lassen. So, als ob sie Zauberkraft besitzen würden. Denn kaum hatten sie ein Wort auf Papier geschrieben, da versuchten Außerirdische eine Prinzessin zu rauben, fraß eine Krake einen Tintenfisch, wurde Otto von einem Delfin gerettet, ärgerte Dino die Menschen, fuhren Piraten auf dem schwarzen Meer, fand eine Ente eine Flaschenpost, stellte sich eine Supermaus zum Kampf gegen das Böse, ließ ein Mädchen Luftballons steigen, gruben Piraten einen Schatz aus, schwamm ein gestreifter Fisch durch die Meere, verfolgte eine Schlange ein Pferd. Ein „S" und zwei „E's" und schon war der „See" fertig.

Nicht nur daß die Zwölf in Windeseile Buchstaben für Buchstaben, Wort für Wort lernten, nein, sie spürten auch die Zahlen dieser Welt auf. Egal, wo sich diese versteckten: die 0, 1, 2, 3, 4, 5, 6, 7, 8, 9, 10, 11, 12, 13, 14, 15, 16, 17, 18, 19 und 20.

Und es reichte den Zwölfen immer noch nicht. Sie malten den Frühling, die Welt unter Wasser, die Prärie mit ihren Bisons und vieles mehr. Sie bastelten Laternen, Rasseln, Schlangen, Zootiere, Schmetterlinge, und vieles mehr.

Einige von ihnen erfanden Spiele, die sie auf Papier zeichne-
ten. Sie arbeiteten mit Ton und bauten Landschaften aus Holz,
Papier, Knete und allerlei mehr.

Besonders gern spielten einige der Zwölf Fußball. Das konnten
sie eigentlich recht gut und trotzdem stritten sie sich beim
Fußballspielen sehr oft. Einige der Zwölf hatten noch nicht ge-
lernt, zu verlieren. Ob sie sich wohl vornehmen werden, sich im
zweiten Schuljahr nicht mehr so häufig beim Fußballspielen zu
streiten? Was meinst du, liebe Leserin, lieber Leser? Dabei be-
denke, dass sie mit dem Stamm 2 beim Fußballturnier in Grumme
nicht nur den ersten, sondern auch den dritten Platz belegten.

Unsere Zwölf lernten sehr schnell, wie eine Morgenrunde ge-
führt wird, was ein Blitzlicht ist und wie eine Abschlussrunde vor
sich geht. Ja, jeder von ihnen kann solche Gesprächsrunden leiten.
Und das, meine liebe Leserin, mein lieber Leser, können viele Er-
wachsene ihr ganzes Leben lang nicht. Und wenn du glaubst, dass
die Zwölf immer einen Lehrer oder eine Lehrerin brauchten, die
aufpaßten, daß die Schularbeiten auch erledigt werden, dann irrst
du dich. Nicht nur daß sie in vielen Unterrichtsstunden, z.B. bei der
Wochenplanarbeit, ohne Aufsicht arbeiteten – sie haben auch
schon Mal einen ganzen Unterrichtstag gezeigt, dass sie allein ar-
beiten können. Und in der Regel halten die Zwölf sich an Verspre-
chen. Das alles, glaubst du, kann eine erste Klasse nicht? Dann
besuche die Zwölf doch einmal.

Fast jeden Tag bestanden unsere Zwölf ein Abenteuer. Sie
entdeckten nicht nur Zahlen, Buchstaben und Wörter, nein, Mon-
tags kämpften sie mit einem gefährlichen Krokodil, befuhren die
Meere mit einem alten und schaukelnden Schiff, das manchmal
sogar unterging. Im Urwald mußten sie verletzte Löwen retten und
sie bauten Höhlen und Buden. Ja, unsere Zwölf konnten sich in
kleine Vampire verwandeln und wurden dann von dem gemeinen
Geiermeier gejagt. Aber da die Vampire zusammenhielten, konnte
Geiermeier nie lange ein kleines Vampir in seinem schrecklichen
Verlies gefangen halten.

Du glaubst, daß das nun alles war. Weit gefehlt. Die Zwölf
bauten eine Burg, die leider zerstört wurde, Marterpfähle und ein
Tipi. Im Tipi wurde es oft so heiß, daß einige ihre Hemden und T–
Shirts auszogen. Nicht nur, daß sie Fasching feierten und sich
verkleideten, sondern sie machten einen Laternenumzug zu St.
Martin, leider ohne Stutenmänner, und feierten ein großes In-
dianerfest. Auf dem Indianerfest aßen sie gerösteten Mais, so wie
es die Indianer taten. Sie trugen Federschmuck und Indianerklei-
dung. Und sie schliefen nach dem Indianerfest nicht etwa zu Hau-
se, sondern in der Schule. Mit ihren Taschenlampen funkelten sie

die eisernen Donnervögel an, die am Nachthimmel vorbeizogen, bis ihnen die Augen zufielen.

Unsere Zwölf kochten und backten mit den Neunern: Pizza, Milchreis und Salat. All diese Köstlichkeiten wurden dann gemeinsam verspeist.

Für einige von unseren Zwölfen war das Lernen für den Restaurant–Pass sicher etwas mühsam und schwer. Gabel, Messer, Löffel und Becher richtig neben den passenden Teller zu stellen, höflich den Gast zu fragen, was er möchte und als Gast ebenso höflich zu antworten, gelang jedoch schließlich allen. So daß die Prüfung des Gelernten, in einem Restaurant als Gast und bei den Schulpatenkindern als Kellnerinnen, gemacht werden konnte. Diese Prüfung haben unsere Zwölf mit Bravour bestanden.

Auch gingen unsere Zwölf hinaus in die Welt, um Abenteuer zu bestehen. Als erstes machten sie sich auf, in die Wellen und Fluten der Badeanstalt am Kemnader See zu tauchen. Hier konntest du erleben, was unsere Zwölf besonders gut können: Sie teilen untereinander auf, was sie haben: Brot, Getränke, Süßigkeiten, Sonnencreme und alles, was du dir so vorstellen kannst.

Bald darauf ging es zu Fuß, dann mit der U–Bahn, dann mit dem Bus und schließlich mit der Schwebebahn in den Wuppertaler Zoo. Dort begegneten ihnen nicht nur viele Tiere wie Löwen, Seehunde, Eisbären, Pinguine und Otter, ein Tapir und Echsen, sondern auch das gefährlichste Tier der Welt: Es lauerte hinter einer Tür, die nur behutsam geöffnet werden durfte.

Schließlich gingen die Zwölf auf eine Expedition auf die stillgelegten Gleise in Wiemelhausen, hatten sie doch zuvor hier schon einen Bären, Verbrecher und Mörder mit Pistolen und Menschen mit haarigen Affenhänden gesehen. Endlich sollten die Geheimnisse dieser schrecklichen und aufregenden Gegend gelüftet werden. Was sie dort erlebten, das mußt du sie selber fragen.

Und zum Schluß des ersten Schuljahres feierten unsere Zwölf ein rauschendes Fest mit Musik und Köstlichkeiten zum Essen. Denn sie mußten sich erst einmal von den Abenteuern ausruhen und erholen, damit sie im zweiten Schuljahr gemeinsam mit Silvia, der neuen Schülerin, neue Abenteuer bestehen können. Nun sind sie nicht mehr die wilde Zwölf, sondern die wilde Dreizehn.

Daß ich nicht mehr dabei bin, macht mich sehr traurig. Habe ich doch von der wilden Zwölf viel gelernt. Sie haben mir gezeigt, Abenteuer zu bestehen und sich in Vampire, Ritter, Indianer, Jägerinnen und Krokodile zu verwandeln. Ich durfte mit ihnen lachen, mich freuen, manchmal auch ärgern und streiten. Doch niemals, meine liebe Leserin und mein lieber Leser, wirst du je solche zwölf tollen Kinder finden. Und ich bin mir sicher, daß sie im *nächsten Schuljahr die dreizehnte Schülerin freundlich in ihre Klassengemeinschaft aufnehmen, ihr helfen und sie trösten werden, wenn es ihr einmal schlecht gehen sollte. Und schließlich werden nun die Dreizehn neue Abenteuer bestehen.*

Persönlicher Teil

Liebe Mareike!
Nun ist das erste Schuljahr vorbei und dies ist dein erster Jahresbrief. So wie ich dich in der Schule erlebt habe, möchte ich hier gerne mitteilen. Einiges von dem wird dir sicher nicht neu sein, anderes vielleicht doch.

Du hast mit vielen Kindern der Klasse Kontakt und viele von ihnen sind schon bei dir zu Hause gewesen, z.B. hast du als erste Niklas eingeladen und ihm damit sehr geholfen, sich in der Klassengemeinschaft wohlzufühlen.

Dein ausgeprägter Gerechtigkeitssinn zeigt sich vor allem in den Gesprächsrunden, in denen wir nach Lösungen für Probleme und Schwierigkeiten suchen. Hier hast du oft tolle Ideen, wie Konflikte beigelegt und vermieden werden können. Nur du selbst bist dann häufig nicht in der Lage, deine Ideen in die Tat umzusetzen.

Im Unterricht hilfst du nicht selten anderen Kindern, ihre Aufgaben zu bewältigen. Gesprächsrunden wie den Morgenkreis und die Abschlußrunde leitest du sachgerecht. Du kennst die Regeln und wendest sie auch an. Hier achtest du darauf, daß die Kinder beim Thema bleiben und nicht das Gespräch stören. Führst du jedoch solche Gesprächsrunden nicht, so vergißt du sehr häufig die Regeln und Vereinbarungen. Du verhältst dich dann so störend, daß ich dich schon einmal aus der Klassse schicken mußte.

So wie du im Laufe des Schuljahres viele Namen angenommen hast, so zeigst du auch ganz viele verschiedene Seiten von dir. Mal arbeitest du zügig und fleißig und mit viel Geduld an deinen Aufgaben, entwickelst viel Phantasie und machst nicht selten mehr als gefordert wird. Ein anderes Mal bist du kaum zu bewegen, deine Aufgaben zu erledigen. Fußball interessiert dich dann mehr, und du versuchst, dich deinen Verpflichtungen zu entziehen. Vor allem gilt dies bei deinen Küchendiensten. Deckst du manchmal ohne Aufforderung und Verpflichtung den Tisch, so gibt es Tage – in letzter Zeit waren das sehr viele –, an denen du deinem Pflichtküchendienst kaum nachkommst.

Liebe Mareike, so gut wie du andere Kinder trösten kannst und ihnen hilfst, so oft streitest du dich auch mit ihnen. In vielen Konflikten setzt du leider immer häufiger deine Körperkraft ein, als daß du dich auf die Kraft deiner Worte verläßt. Das ist schade, weil du ja in der Lage bist, deine Interessen klar und deutlich zu formulieren.

Das Amt der Friedensstifterin mußte ich dir für eine Woche entziehen, obwohl du ja die Schöpferin dieses Amtes gewesen bist, weil du die damit verbundenen Verhaltensregeln nicht einhalten konntest. Im nächsten Schuljahr solltest du hier unbedingt eine Verbesserung herbeiführen. Vielleicht klappt es mit der neuen Lehrerin viel besser als mit mir.

Du kennst mehr Buchstaben und ihre Laute, als wir bisher im Unterricht behandelt haben. Du schreibst nicht selten Wörter, ohne mich zu fragen und schaffst es sehr gut, das Schreiben nach Lauten anzuwenden. Du traust dich auch schwierige Texte zu erlesen und wendest dabei das Leseprinzip an, die Buchstaben mit ihren unterschiedlichen Lauten zusammenzuziehen. Dein Buch über den Delfin und den Fisch war spannend und abwechslungsreich. Im Morgenkreis erzählst du oft Geschichten. In den letzten ging es um den „Dicken Burkhard".

Du kennst den Zahlenraum von 0 bis 20 und kannst Plus- und Minusaufgaben lösen. Die Zehnerüberschreitung fällt dir nicht ganz so leicht, aber im zweiten Schuljahr wirst du darin bestimmt sicherer werden. Wenn du mehr Geduld bei den Schularbeiten aufbringen würdest, wäre es für dich sicher ein Kinderspiel. Du besitzt eine schnelle Auffassung und du versuchst die Sachverhalte genau zu durchdenken. So habe ich z.B. von dir im ersten Halbjahr den wichtigen Unterschied zwischen einer Plus- und einer Minusaufgabe gelernt. Auch Andrea konntest du mit deiner Erklärung weiterhelfen.

Im Wasser bist du viel mutiger geworden. Du tauchst durch meine Beine hindurch und wenn du Wasser ins Gesicht bekommst, ist dir das zwar nicht angenehm, aber du kannst es nun ertragen. Du hast dich sogar schon getraut, vier Schwimmzüge ohne Schwimmflügel zu machen. Im zweiten Schuljahr solltest du dein Seepferdchen versuchen.

Im Malen und Basteln bist du sehr geschickt und in der Lage, nach deinen Vorstellungen Veränderungen hinzuzufügen. Du entwickelst viel Phantasie im Umgang mit verschiedenen Materialien. Und vor kurzem haben du und Delia das große Plakat mit der toten Eidechse in die Klasse gebracht. Dafür haben wir sogar unseren geliebten Eßtisch verlassen. Ich bin sehr beeindruckt davon, wie du Ideen umsetzen kannst.

Im Holzunterricht hast du am Anfang bei den Laubsägearbeiten gezeigt, daß du über handwerkliches Geschick verfügst. Auch die Arbeiten danach, u.a. mit der Raspel, beim Hämmern oder auch beim Bohren, gingen dir relativ leicht von der Hand. Jedoch meint auch Siegfried genau wie ich, daß deine Lebendigkeit sehr viel Unruhe in die Gruppe bringt und hierdurch auch andere Kinder von ihrer Arbeit abgehalten werden. Beim Burgbau hast du leider nur wenig mitgearbeitet.

Nimm dir bitte wirklich vor, im nächsten Jahr weniger zu stören und mehr Geduld für die Schularbeit aufzubringen. Sprich es mit der neuen Lehrerin ab. Es gibt immer Wege und Möglichkeiten, sich zu verändern. Auch muß nicht gleich alles auf einmal gelingen. Schritt für Schritt! Aber du mußt es wollen, und dich auch wirklich bemühen.

Nun genug der Worte. Sicher hast du erwartet, daß ich nur das Gute und Positive schreiben werde, von dem du sehr viel besitzt, aber das wäre dann doch wohl sehr unehrlich – oder?

Ich wünsche dir schöne Ferien, Kraft und Mut für die Veränderungen im nächsten Schuljahr. Und habe weiterhin so viele Ideen und Vorschläge für den Unterricht und die Klassengemeinschaft. Das Restaurant hätte es ohne dich nicht gegeben. Ich bin froh, dich kennengelernt zu haben. Du bist wie ein Vulkan. So wie aus dem Vulkan die Lava aufsteigt, so sprühen aus deinem Kopf die Ideen.

4.2 Kommunikations– und Interaktionsstrukturen in Freien Alternativschulen

4.2.1 Zur Rolle der LehrerInnen

In seinem 1965 gehaltenen Vortrag „Tabus über dem Lehrerberuf" stellt Adorno fest, daß es im öffentlichen Bewußtsein eine allgemeine Antipathie gegen den Lehrerberuf gibt, die in einer Reihe von unbewußten und vorbewußten Vorstellungen (Tabus) über diesen Beruf wurzelt. Diesen Vorstellungen liegt die Tatsache zugrunde, daß der Lehrer als „Agent des Zivilisierungsprozesses" die Aufgabe hat, den Schülern systematisch und mit physischer Gewalt (die in den heutigen Schulen allerdings nur noch in stark sublimierter Form auftritt) ihre „wilde" Triebnatur auszutreiben und ihre Eigenarten und ihre Individualität zu bekämpfen, also die Schüler zu nivellieren. (vgl. Adorno 1965, S. 71 ff.) Wegen dieser Aufgabe wird der Lehrer gemeinhin unbewußt verachtet und gehaßt, zumal der Lehrer, als der seinen Schülern geistig und körperlich Überlegene, keinen wirklich bedrohlichen Widerstand von seinen „Opfern" befürchten muß. Hinter der weitverbreiteten unterschwelligen Verachtung des Lehrerberufes steht also vor allem die Vorstellung vom prügelnden Lehrer, der als der Stärkere die Schwächeren schlägt. Unfairneß, so Adorno, gehört deshalb gleichsam zur Ontologie des Lehrers. (ebd., S. 77) Als ein „kastriertes" und „infantiles" Wesen, welches seine sadistischen Impulse ungestraft an den ihm ausgelieferten Schülern abreagieren kann, hafte ihm das Odium des Henkers und Kerkermeisters an. Vorherrschend im Unbewußten ist also ein Bild vom Lehrer, wie es beispielsweise die Gruppe Pink Floyd in ihrem bekannten Film „The Wall" eindrücklich zeichnet. Aus psychoanalytischer Sicht ist die Rolle des Lehrers auch deshalb so problematisch, weil der Lehrer strukturell dazu gezwungen wird, die Ich–Ideale der Kinder zu verkörpern, diesem hohen Anspruch aufgrund seiner eigenen Unzulänglichkeiten und Schwächen aber niemals gerecht werden kann. Adorno formuliert diese Problematik so:

> „In der Bewältigung des Ödipus–Komplexes, der Ablösung von dem Vater und der Verinnerlichung des Vaterbildes, bemerken die Kinder, daß die Eltern dem Ich–Ideal, das sie ihnen übermitteln, selbst nicht entsprechen. In den Lehrern tritt ihnen zum zweiten Mal das Ich–Ideal, womöglich klarer, entgegen, und sie hoffen, mit ihnen sich identifizieren zu können. Das ist ihnen aus vielen Gründen abermals nicht möglich, vor allem deshalb, weil die Lehrer selbst in besonderem Maß Produkt eben des Konformitätszwangs sind, gegen den das Ich–Ideal des noch nicht kompromißbereiten Kindes sich richtet. Auch Lehrer ist ein bürgerlicher Beruf; verleugnen wird das nur der verlogene Idealismus. Der Lehrer ist nicht der unverstümmelte Mensch, den, sei's noch so vag, die Kinder erwarten, sondern jemand, der sich unvermeidlich unter allen möglichen anderen Berufschancen und Berufstypen auf den seinen eingeschränkt, auf ihn als Fachmensch konzentriert hat, eigentlich schon a priori Gegenteil dessen, was das Unbewußte von ihm erhofft: daß gerade er kein Fachmensch sei, während er es doch erst recht sein muß." (ebd., S. 81 f.)

In seinem Aufsatz „Das Berufsmilieu des Volksschullehrers" (1958) kommt Hans U. Müller hinsichtlich der psychoanalytischen Einschätzung des Lehrerberufes zu ganz ähnlichen Ergebnissen wie Adorno. Den Lehrer vergleicht er mit einem Hirten, „der seine Kühe einen schmalen Steinpfad hinauftreibt, links und rechts saftiges Gras und schattige Bäume. Wenn eine nebenhinaus nascht, wird mit der Geißel geknallt." (Müller 1958, S. 249) Zudem weist Müller darauf hin, daß der Lehrerberuf oralen (die Möglichkeit, viel und ausgiebig zu reden), exhibitionistischen (die Möglichkeit, sich selbst und die eigenen Kompetenzen vor der Klasse zur Schau zu stellen) und anal–sadistischen (die Möglichkeit, Schüler zu bestrafen und zu erniedrigen) Partialtrieben eine besonders günstige Gelegenheit zur Befriedigung bietet. Genau wie Adorno weist er auch auf das Dilemma des Lehrers hin, keine wirklich befriedigenden Beziehungen zu seinen Schülern herstellen zu können, da er einerseits seine Schüler nur nach Teilaspekten be- und verurteilen muß und andererseits eine Art Über–Ich darzustellen hat und sich infolgedessen nicht in seiner Ganzheit zeigen kann (vgl. ebd., S. 256 f.).

Lehrer zu sein, bedeutet in psychoanalytischer Sicht schließlich auch, immer wieder mit der eigenen Kindlichkeit und dem eigenen Erzogen–worden–sein konfrontiert zu werden. Horst Brück sieht darin die Hauptquelle von Lehrerängsten (vgl. Brück 1980). Entgegen der weitverbreiteten Meinung, der grundlegende Konflikt der Kindheit, verstanden als die schmerzhafte Anpassung an das Realitätsprinzip, würde mit dem Eintritt ins Erwachsenenalter beigelegt, vertritt Brück die Position, „daß der Konflikt zwischen Erwachsenheit und Kindlichkeit niemals beigelegt wird, daß er vielmehr immer schwelt und oft aufflammt und zwar *innerpsychisch* in den betroffenen Erwachsenen und Kindern und auch *auf der Handlungsebene* zwischen den Erwachsenen und den Kindern." (ebd., S. 10) Erwachsene tragen ihre Erwachsenheit deshalb „oft genug wie eine siegreich erkämpfte Trophäe; sie ist aber *auch* ein leidvoll zugefügtes Stigma, ein peinliches und folglich zu verbergendes." (ebd., S. 11) Durch die ständigen Konfrontationen mit den spontanen, impulsiven, noch weitgehend undisziplinierten Affektäußerungen der Schüler wird es aber gerade dem Lehrer schwergemacht, seine eigene Kindlichkeit zu verleugnen. Manifestationen von Kindlichkeit im Schulalltag erinnern den Lehrer stets an seine eigene verdrängte Kindlichkeit und haben für ihn deshalb grundsätzlich einen bedrohlichen und beängstigenden Charakter. Die Art und Weise, wie Lehrer mit dieser Angst umgehen, ist freilich je nach ihrer Charakterstruktur und ihrem pädagogischen Selbstverständnis höchst unterschiedlich.

Wagner–Winterhager beschreibt in ihrem Aufsatz „die Angst des Lehrers vor der Erziehung" (1982) zwei Typen von Lehrern, deren „Führungsstil" und Umgangsweise mit undisziplinierten Affektäußerungen der Schüler sich konträr gegenüberstehen. Für eine psychoanalytische Durchleuchtung der Lehrerrolle in Freien Alternativschulen ist diese Typenbildung Wagner–Winterhagers von großer Relevanz, weil sie eine Polarität erfaßt, von der alle in Freien Alternativschulen arbeitenden Lehrer mehr oder weniger gekennzeichnet sind. Die beiden Lehrertypen, von Wagner–Winterhager als „Lehrer A" und „Lehrer Z" bezeichnet, sollen deshalb im folgenden kurz skizziert werden (vgl. Wagner–Winterhager 1982, S. 263 ff.):

Lehrer A identifiziert sich in hohem Maß mit dem Bereich von Geboten und Verboten, den herrschenden Normen und Traditionen. Er verkörpert eine Art „Zurichtungspädagogik", d.h. seine Aufgabe sieht er vor allem darin, aus den oft ungebärdigen und undisziplinierten Kindern das zu machen, was er unter einem „vernünftigen" erwachsenen Menschen versteht. Entsprechend diesem pädagogischen Selbstverständnis richtet er große Anstrengungen darauf, Instruktionskompetenz zu erlangen. Die direkte, ungenierte und lebendige Affektäußerung seiner Schüler macht ihm Angst, weil sie seine eigene mühsam erworbene Affektkontrolle ins Wanken zu bringen droht. Diese Angst wird ihm aber nicht bewußt, sondern drängt sich nur als der Impuls ins Bewußtsein, die Affektäußerungen der Schüler so schnell wie möglich zu zügeln. Dabei greift er in der Regel zu Mitteln, mit denen seine eigene Affektunterdrückung vollzogen wurde. Die Angst des Lehrers A ist also die Angst vor der Wiederkehr der eigenen verdrängten Kindlichkeit.

Ganz anders der *Lehrer Z*. Er vertritt keine „Zurichtungspädagogik", sondern die optimistische Auffassung Rousseaus, daß jedes Kind für sich selbst am besten beurteilen kann, was gut für seine Entwicklung sei und was es lernen müsse. Dem Lehrer Z ist in lebhafter Erinnerung, wie sehr er unter seiner eigenen Erziehung gelitten hat und ist von dem Wunsch beseelt, seinen Schülern nicht das anzutun, was ihm selbst angetan wurde. Er will auch gar nicht „erziehen", sondern ist Lehrer geworden, um seine Schüler zu lieben und von ihnen geliebt zu werden. Andererseits stellt die Schule als Institution Forderungen an ihn, die mit diesem Selbstverständnis nicht übereinstimmen. Von ungestümen Affektäußerungen seiner Schüler ist er eher fasziniert als geängstigt. Aufgrund seiner institutionell vorgegebenen Funktion lösen sie aber die Angst in ihm aus, er könne so wie die Lehrer werden, unter denen er selbst in seiner Kindheit so leiden mußte. Er hat also Angst davor, vor den Kindern und Jugendlichen die Welt der Erwachsenen, also eine Welt, mit der er sich nicht identifizieren kann, repräsentieren zu müssen. Er ist nicht bereit, eine Art Elternrolle für seine Schüler zu übernehmen, lieber sieht er sich selbst als den einfühlsamen und verständnisvollen großen Bruder. Dem Lehrer Z mangelt es sowohl an Instruktionskompetenz, wie an fachlicher und sozialerzieherischer Kompetenz, weil er sich selbst nicht als „Lehrer" oder „Erzieher" verstehen will und dementsprechend beispielsweise nur wenig Interesse für didaktische Fragen aufbringen kann. In der pädagogischen Praxis führt dies zu dauernden Mißerfolgen, oder, sofern er sich vor seinen Schülern gezwungenermaßen doch einmal als „Lehrer" gebärdet, zu dem Gefühl, die eigenen Ideale zu verraten. Lehrer Z erlebt die Schule deshalb als eine beschneidende, kränkende, strafende, letztlich „böse" Institution, unter der er selbst und die „guten" Kinder leiden.

Nach den bisherigen psychoanalytischen Anmerkungen zur Rolle des Lehrers stellt sich nun die Frage, inwiefern diese für das Selbstverständnis des Alternativschullehrers relevant sind. Auffällig ist zunächst die Tatsache, daß die Rolle des Lehrers als „Agent des Zivilisierungsprozesses", der mit physischer Gewalt die Schüler nivelliert und ihnen ihre Kindlichkeit austreibt, genau das beschreibt, was der Lehrer einer Alternativschule *nicht* sein möchte. Letzterer versteht sich nicht als eine Verkörperung des Über-Ichs, dem seine Schüler nachzueifern und sich anzugleichen haben, sondern eher als „Bezugsperson" und „Begleiter" des Kindes in seiner seelischen und geistigen Entwicklung. Das pädagogische Selbstverständnis des Alternativschullehrers entspricht also weit mehr dem Selbstverständnis des Lehrers Z als dem des Lehrers A. Anders als beim Lehrer Z ist es dem Alternativschullehrer aber kaum möglich, die Realität in die „böse" Schule und die „guten" Kinder aufzuspalten. Freie Alternativschulen sind kleine, überschaubare Schulen, in denen hierarchische Entscheidungsstrukturen weitgehend vermieden werden. Der Lehrer einer Alternativschule, der, aus welchen Gründen auch immer, mit seiner eigenen Arbeit unzufrieden ist, kann daher die Ursache der von ihm wahrgenommenen Probleme nicht einfach der Institution Schule zuschieben und sich selbst auf diese Weise entlasten, weil diese ihrem Anspruch nach jeden Lehrer ausdrücklich dazu ermutigt, sich an der Gestaltung der Schulorganisation zu beteiligen und wichtige strukturelle Entscheidungen mitzutragen. Vor diesem Hintergrund wird auch das Phänomen verständlicher, daß die Schüler Freier Alternativschulen zwar meist mit ihrer Schule sehr zufrieden sind, die Lehrer ihre Arbeit aber häufig als sehr belastend empfinden und einen hohen Grad von Unzufriedenheit an den Tag legen. Leider gibt es bislang keine empirischen Untersuchungen zu der Frage, für welchen Zeitraum Lehrer in Freien Alternativschulen durchschnittlich verweilen. Meiner eigenen Erfahrung mit einigen Alternativschulen in Deutschland nach läßt sich aber eindeutig feststellen, daß dieser Zeitraum erschreckend kurz ist. Daß Lehrer in Freien Alternativschulen häufig schon nach kurzer Zeit ihre Arbeit aufgeben und die Schule verlassen, hat sicherlich viele Ursachen (nicht zuletzt die meist vergleichsweise schlechte Bezahlung), ich vermute aber, daß dabei die Problematik, die Schüler nicht disziplinieren zu wollen, sie aber disziplinieren zu müssen und andererseits die Schuld für dieses Dilemma nicht der Schule zuschieben zu können, eine kaum zu überschätzende Rolle spielt.

Meine These lautet also, daß die Problematik, wie Wagner–Winterhager sie mit dem Typus des „Lehrers Z" beschreibt, in Freien Alternativschulen eine weitaus größere Rolle spielt als die Problematik des „Lehrers A". Deshalb möchte ich noch kurz auf die Frage eingehen, wie das grundlegende Bedürfnis des „Lehrers Z", von seinen Schülern geliebt zu werden, psychoanalytisch zu erklären ist. In seinem Aufsatz „Die Sehnsucht des Lehrers nach Wohlbefinden" (1990) beschreibt Rudolf Ermer auf der Grundlage einer psychoanalytischen Interpretation eines Lehrertagebuches einen Lehrertypus, der dem „Lehrer Z" Wagner–Winterhagers weitgehend entspricht.

In Anlehnung an die narzißmus–theoretischen Konzepte Kohuts und Argelanders entfaltet Ermer in diesem Aufsatz die These, daß der sich als progressiv und „kinderfreundlich" verstehende Lehrer unter einer narzißtischen Störung leidet und deshalb in seiner pädagogischen Arbeit immer von dem Wunsch bestimmt wird, zu seinen Schülern eine Privatbeziehung primärer, dyadischer Art herzustellen, um ein Gefühl des frühen Wohlbefindens und der Sicherheit zu erlangen. (Ermer 1990, S. 27 f.) Dazu geeignete Klassensituationen und Szenen werden von ihm immer wieder arrangiert, wobei das Auf–die–Schüler–Zugehen auf eine zwingende und gewaltförmige Weise geschieht, die die Distanzbedürfnisse der Schüler nicht wahrnehmen kann bzw. will. Seine Schüler sollen für ihn die Funktion einer primären, guten und idealen Mütterlichkeit übernehmen, womit das Erzieher–Zögling–Verhältnis umgekehrt wird: Die Schüler werden zum psychischen Halt des Lehrers. Ähnlich wie Wagner–Winterhager dies für den Lehrer Z beschreibt, sieht Ermer die schwerwiegende pädagogische Folge aus der Diskrepanz zwischen dem „kinderfreundlichen" Selbstverständnis und der faktischen Funktionalisierung der Kinder für die eigenen narzißtischen Bedürfnisse darin, „daß die inhaltlich–unterrichtliche und auch erzieherische Arbeit aus dem Blickfeld gerät – mit mehr psychischen Verlusten für den Lehrer (als „Leidendem") und mehr inhaltlich–lernmäßigen für die Schüler." (ebd., S. 28)

Wenn oben die These aufgestellt wurde, die narzißtische Problematik des Lehrers Z sei eher kennzeichnend für den „durchschnittlichen" Alternativschullehrer als die ödipale Problematik des Lehrers A, so soll damit natürlich keineswegs behauptet werden, alle Alternativschullehrer litten in der Weise unter einer narzißtischen Störung, wie Ermer dies in seiner Arbeit „Die Sehnsucht des Lehrers nach Wohlbefinden" beschreibt. Zudem habe ich weiter oben (Kap. 3.2) bereits darauf hingewiesen, daß man der Alternativschulpädagogik Unrecht tun würde, wenn man ihr ein dialektisches Bildungs– und Erziehungsverständnis absprechen wollte. Gleichwohl meine ich, daß viele Alternativschullehrer Schwierigkeiten damit haben, die Tatsache anzuerkennen, daß sie – und sei die Schule auch noch so „frei" und sie selbst psychisch noch so gesund – im Schulalltag immer wieder als Menschen auftreten müssen, die Affekte unterdrücken, Grenzen setzen und „disziplinieren". Es macht nun aber einen entscheidenden Unterschied, ob man sich, wie Lehrer A, mit dieser Haltung identifiziert oder sie wie eine Rolle annimmt und so oft wie möglich und sinnvoll wieder durchbricht. Müller plädiert in diesem Sinne für einen „lockeren Haltungswechsel" (Müller 1958, S. 263), der dem Lehrer ermöglicht, seine Funktion als „Agent des Zivilisierungsprozesses" nicht, wie Lehrer Z, gänzlich wegleugnen zu müssen, aber auch nicht, wie beim Lehrer A, zur Basis seines Selbstverständnisses zu erheben. „Kein gesunder Mensch kann überhaupt die Rolle des Schulmeisters tragen, ohne sich immer wieder durch Humor Luft zu schaffen." (ebd.) Der gute Lehrer ist also, dies ließe sich abschließend in Anlehnung an Wagner–Winterhager festhalten, in der Lage, das *Getrenntsein* von den Kindern zu ertragen, ohne diese zu bloßen Objekten erzieherischen Handelns zu degradieren.

> „Ein guter Anwalt der Kinder und Jugendlichen zu werden, ein leidenschaftliches Interesse für die Bildung und Ausbildung der heranwachsenden Generationen zu entwickeln, dazu gehört vor allem dies: daß man sich mit dem eigenen Erziehungsschicksal soweit ausgesöhnt hat, daß man die erfahrenen Verletzungen nicht aus blinder Abwehr weiterzugeben gezwungen ist, aber daß man auch nicht meint, mit Lieben und Geliebtwerden sei alles getan." (Wagner–Winterhager 1982, S. 271)

4.2.2 Das Beziehungsgeflecht im Klassenzimmer

Freud schreibt 1914 in seiner kleinen Schrift „Zur Psychologie des Gymnasiasten", daß das übliche Benehmen der Schüler gegenüber den Lehrern ohne Berücksichtigung der unbewußten Anteile im schulischen Beziehungsgefüge „nicht zu verstehen, aber auch nicht zu entschuldigen" sei.

(Freud 1914, S. 240). Freud entfaltet in dieser Schrift die These, daß die Gefühlsambivalenz des Kindes gegenüber seinem Vater, die in der ödipalen Phase wurzelt, im weiteren Leben auf andere wichtige Bezugspersonen, vor allem solche, die, wie der Lehrer, eine Art Vaterrolle spielen, übertragen wird. Der Lehrer stoße deshalb in der Regel auf intensive Sympathien und Antipathien, zu deren Erwerb er selbst nur wenig beigetragen habe. Sich an seine eigene Schulzeit erinnernd, wird es Freud vor diesem Hintergrund verständlich, daß ihm seine eigenen Lehrer, „auch wenn sie noch sehr jung waren, so gereift, so unerreichbar erwachsen" vorkamen. „Wir übertrugen auf sie den Respekt und die Erwartungen von dem allwissenden Vater unserer Kindheitsjahre, und dann begannen wir, sie so zu behandeln wie unsere Väter zu Hause. Wir brachten ihnen die Ambivalenz entgegen, die wir in der Familie erworben hatten, und mit Hilfe dieser Einstellung rangen wir mit ihnen, wie wir mit unseren leiblichen Vätern zu ringen gewohnt waren." (ebd.)

Angesprochen ist damit die grundlegende Bedeutung der *Übertragung* für Kommunikationsstrukturen im schulischen Kontext. Dieser Mechanismus kann im Beziehungsgefüge zwischen Lehrern und Schülern in höchst unterschiedlichen Formen zum Tragen kommen. Zu unterscheiden sind erstens die sogenannten „positiven Übertragungen" von den sogenannten „negativen Übertragungen". (vgl. Hopf 1976, S.620 ff.) Eine negative Übertragung liegt dann vor, wenn Übertragungsgefühle vorherrschen, die auf Haß, Wut, Feindseligkeit, Neid, Verachtung usw. beruhen. Ein in der Literatur häufig angegebenes Beispiel hierfür ist der Schüler, der die Wut, die eigentlich seinem Vater gilt, der ihn in seiner Kindheit oft schlug, auf den Lehrer überträgt und so den Lehrer gewissermaßen mit dem strafenden Vater „verwechselt".

Von einer positiven Übertragung kann dann gesprochen werden, wenn der Schüler dem Lehrer Gefühle der Liebe, Ergebenheit, Zärtlichkeit, der Bewunderung und des Respektes entgegenbringt, die eigentlich einer frühen Bezugsperson gelten, vornehmlich der versorgenden und behütenden Mutter. Die positive Übertragungsreaktion des Schülers kann die pädagogische Tätigkeit des Lehrers durchaus erleichtern, weil dieser, indem er wie die „gute Mutter" wahrgenommen wird, vom Schüler gewissermaßen einen Vertrauensvorschuß erhält. Nimmt die Übertragungsliebe des Schülers aber besonders heftige oder erotisch gefärbte Formen an, kann sie sich ebenfalls kontraproduktiv auf die Schüler–Lehrer–Beziehung auswirken, zumal diese Formen der Übertragungsliebe vom Lehrer allzu leicht als Gefühle mißverstanden werden, die real seiner Person gelten. Neben rein positiven und rein negativen Übertragungen spielen im Beziehungsdickicht der Schule natürlich auch die ambivalenten Übertragungen, wie Freud sie in seiner oben zitierten Schrift beschreibt, eine große Rolle. Weiterhin ist davon auszugehen, daß Übertragungsreaktionen in der Schule nicht nur in der Weise vorkommen, daß Schüler spezifische Gefühle, die in der frühen Kindheit wurzeln, auf Lehrer übertragen, sondern umgekehrt auch in der Weise, daß Lehrer bestimmte Erwartungen, Gefühle oder Konflikte auf Schüler übertragen. Der im vorigen Kapitel beschriebene narzißtische Lehrertypus, der von seinen Schülern mit Liebe und Zuwendung versorgt werden möchte (Ermer 1990), ist hierfür beispielhaft. Nicht zuletzt gibt es auch Übertragungsreaktionen zwischen Schülern. Hier kann man exemplarisch den Schüler nennen, der ständig mit anderen Schülern in Streit gerät, weil er sie unbewußt mit seinen Geschwistern, auf die er eifersüchtig ist, „verwechselt".

Was bisher über die verschiedenen Formen der Übertragung im Beziehungsdickicht der Schule gesagt wurde, gilt in gleicher Weise auch für den psychischen Mechanismus der *Projektion*. Es gibt Projektionen positiver, negativer und ambivalenter Natur, sie können sowohl vom Schüler auf den Lehrer gerichtet sein, wie umgekehrt vom Lehrer auf den Schüler. Anders als bei der Übertragung, geht es bei der Projektion aber nicht darum, daß aktuelle Interaktionsbeziehungen durch vergangene Beziehungsmuster geprägt werden, sondern darum, daß Aspekte des Selbst von der Realität des anderen nicht deutlich genug unterschieden werden. In der Projektion schließt das Subjekt Gefühle oder Wünsche, die es verkennt oder in sich ablehnt, aus sich aus und lokalisiert sie in einer anderen Person. (vgl. Laplanche/Pontalis 1992, S. 400) Vergangene Objektbeziehungen werden hier also nicht neu mobilisiert, sondern der andere fungiert als Projektionsfläche unerledigter Probleme mit dem eigenen Selbst.

Ein weiterer psychischer Mechanismus, der mit denen der Übertragung und der Projektion im engsten Zusammenhang steht, ist der *Wiederholungszwang*. Die Psychoanalyse versteht darunter einen „nicht bezwingbaren Prozeß unbewußter Herkunft, wodurch das Subjekt sich aktiv in unangenehme Situationen bringt und so alte Erfahrungen wiederholt, ohne sich des Vorbilds zu erinnern, im Gegenteil den sehr lebhaften Eindruck hat, daß es sich um etwas ausschließlich durch das Gegenwärtige Motiviertes handelt." (ebd., S. 627) Diesem sonderbaren Phänomen liegen meist Erfahrungen in der frühen Kindheit zugrunde, die so demütigend, verletzend und überwältigend für die noch unstrukturierte Psyche des Kindes waren, daß sie ins Unbewußte abgedrängt wurden und später nicht mehr erinnert werden können. Die dramatische Wiederinszenierung traumatischer Erfahrungen wird also meist in einer Weise arrangiert, die die alten Enttäuschungen zwangsläufig mit provoziert, welche zwar leidvoll, aber dennoch vertraut sind und die verdrängten Konflikte unangetastet lassen. In der Schule äußert sich der Wiederholungszwang beispielsweise so, daß der Schüler seinen Lehrer durch provokantes Verhalten immer wieder dazu bringt, ihn im höchsten Grade als widerwärtig, dumm und aggressiv zu empfinden und ihn folglich bestraft oder aus der Klassengemeinschaft ausschließt.

In einem solchen Fall liegt dann beim Lehrer das vor, was die Psycho-analyse als *„ Gegenübertragung"* bezeichnet. D.h. der Lehrer wird, ohne daß ihm dies bewußt würde, der Rolle gerecht, die der unter dem Einfluß des Wiederholungszwangs agierende Schüler ihm zuspricht. Er antwortet auf die Übertragung des Schülers (der Lehrer als der böse, strafende Vater) mit der den alten Beziehungserfahrungen des Schülers adäquaten Gegen-übertragung (der Schüler als das böse, zu strafende Kind). Wird dieser Teufelskreis aus Übertragung, Wiederholungszwang und Gegenübertra-gung nicht durchbrochen, entsteht die paradoxe Situation, daß der Schüler, der in seiner Beziehung zum Lehrer seine unerfüllten Wünsche nach Liebe und Zuwendung endlich befriedigt wissen möchte, doch immer wieder bei seinem Lehrer Ablehnung hervorrufen muß.

In Kapitel 2.4 habe ich bereits darauf hingewiesen, daß die Kommuni-kations– und Interaktionsstrukturen in einer Schulklasse nicht nur durch die Beziehungsdynamik einzelner Paarbeziehungen geprägt sind, sondern auch durch die Dynamik der Gruppe in ihrer Gesamtheit, die unabhängig von einzelnen Paarbeziehungen ihre Wirkung entfalten kann. Ergebnisse der psychoanalytischen Kleingruppenforschung haben gezeigt, daß auch in Gruppen Übertragungsprozesse stattfinden (vgl. Finger–Trescher/Büttner 1987). Vor diesem Hintergrund ist davon auszugehen, daß die psychischen Mechanismen der Übertragung und Gegenübertragung, der Projektion und des Wiederholungszwangs auch für gruppenpsychologische Aspekte im Beziehungsgefüge der Schule relevant sind. Sie finden ihren Ausdruck vor allem in Form *unbewußter Gruppenphantasien*, die für das Geschehen in der Schulklasse erlebnis– und handlungsleitend werden können.

> „In Gruppen bilden sich auf der Gefühlsebene Strömungen, an denen alle Mitglieder Anteil nehmen. Es entstehen gemeinsame Phantasien über das, was in der Gruppe und zwischen der Gruppe und ihrem (professionellen) Leiter in emotionaler Hinsicht vor sich geht. Das steht immer in Relation zu infantilen Erlebnissen. In einem Konflikt gibt es zwar „Protagonisten", Hauptakteure. Aber die übrige Gruppe ist nicht weniger beteiligt. Die Mit-glieder setzen unbewältigte frühe Konflikte – mit verteilten Rollen – gemein-sam in Szene." (Leber 1986, S. 19)

Gruppenphantasien bilden sich also in der Weise, daß die Gruppe sich unbewußt auf ein Thema „einigt". Jeweils ähnliche Erfahrungen aus der Lebensgeschichte der einzelnen Gruppenmitglieder werden dabei wiederbe-lebt und gemeinsam agiert. Die dem Thema zugrundeliegenden Erfahrun-gen können höchst unterschiedlicher Natur sein. Frühkindliche Verlassens- und Trennungsängste können in einer Schulklasse etwa dann aktualisiert werden, wenn der vertraute Klassenlehrer in eine andere Schule wechselt oder aufgrund einer schwerwiegenden Krankheit seinen Beruf auf absehba-re Zeit nicht mehr wird ausüben können (einen ähnlichen Fall beschreibt Clos 1987).

Ein als autoritär und übermächtig erlebter Lehrer wird demgegenüber bei seinen Schülern eher Gefühle der Ohnmacht und ödipalen Autoritätsprotest wachrufen. Unabhängig von dem Inhalt der gemeinsamen Gruppenphantasien nimmt durch ihre Herausbildung die Gruppe aber immer eine spezifische Gestalt an und wird zu einer quasi eigenständigen Individualität, die nach Trescher (1985, S. 90) in ihren wesentlichen strukturellen Aspekten einem einzelnen Subjekt vergleichbar ist. Die einzelnen Gruppenmitglieder können dabei unterschiedliche Aspekte dieser Subjektivität repräsentieren, z.B. die Kontrolle (Über–Ich), die Verführung (Es), oder die Koordinierung und den Ausgleich (Ich). (Eine interessante Typologie fünf unterschiedlicher Gruppenrollen im schulischen Kontext bietet auch ein Aufsatz Fritz Redls (1980, S. 152 ff.). Er unterscheidet „Führerpersönlichkeiten", „Fürsprecher", „Clowns", „Fußabtreter" und „Anstifter".)

Konflikthafte Interaktionen in Schulkassen können in den meisten Fällen also nur dann geklärt und bearbeitet werden, wenn der Lehrer neben der Analyse seiner Beziehungen zu den einzelnen Schülern auch die gruppeneigene Dynamik innerhalb der Schulklasse beobachtet und berücksichtigt. Die schon in Kapitel 2.2 skizzierte Anwendung „massenpsychologischer" Erkenntnisse in der Schule durch den psychoanalytischen Pädagogen Zulliger ist ein Beispiel dafür, wie gruppenpsychologischer Aspekte im Rahmen der Schule konkret berücksichtigt werden können (vgl. hierzu auch die Arbeiten von Buxbaum 1936, Reich–Büttner 1987, Hirblinger 1992).

Es liegt auf der Hand, daß konflikthafte Interaktionsverläufe in der Schule, die auf negativen Übertragungen einzelner Schüler oder der Schulklasse in ihrer Gesamtheit beruhen, schulisches Lernen häufig erheblich in Mitleidenschaft ziehen, wenn nicht sogar gänzlich unmöglich machen. Wie Mario Muck in seiner Arbeit „Psychoanalyse und Schule" (1980) aber überzeugend darlegt, sind solche negativen Übertragungen in der Schulpraxis aufgrund der hierarchischen Strukturen der Institution Schule leider keineswegs selten. Schulische Kommunikationsstrukturen sind, so Muck, ganz wesentlich durch einseitige Abhängigkeiten, Aufstiegs– und Prestigedenken, Rivalität usw. gekennzeichnet, so daß im Schulalltag immer wieder „der alte ödipale Groß–Klein–Konflikt wiederbelebt wird. (...) Vom psychoanalytischen Standpunkt aus besteht das Hauptproblem des hierarchischen Kommunikationsangebotes in der Tatsache, daß es durch seine Eigenart Übertragungen frühkindlicher, insbesondere analer und phallischer Haltungen herausfordert; es ist dem Erwachsenwerden grundsätzlich nicht förderlich, denn es unterstützt die Ich–Entwicklung viel weniger als das Erstarken des Über–Ich." (Muck 1980, S. 155)

In deutlicher Opposition zu den hierarchischen Strukturen des Regelschulwesens versuchen Freie Alternativschulen, basisdemokratische statt hierarchische Entscheidungsstrukturen in der Schule zu kultivieren. Die

Gleichberechtigung aller am Schulgeschehen Beteiligter bei wichtigen Entscheidungen und das den Schülern zugestandene Recht, im Unterricht weitgehend über die Lerninhalte und –methoden mitzubestimmen, sind wesentliche Prämissen der Alternativschulpädagogik. Vor diesem Hintergrund stellt sich die Frage, ob die von Muck formulierte Kritik an den hierarchischen Strukturen der Institution Schule mit ihren problematischen psychodynamischen Konsequenzen auch für Freie Alternativschulen relevant ist. Angesichts der in Kapitel 3.1 dargelegten gesellschaftlichen Bedingtheit der Institution Schule muß davon ausgegangen werden, daß es keiner Alternativschule möglich ist, den Anspruch der Enthierarchisierung vollends in die Realität umzusetzen. Auch der „kinderfreundlichste" Alternativschullehrer ist letztlich in der Beziehung zu seinen Schülern der real Mächtigere. Dennoch sind viele hierarchische Strukturen, wie sie in Regelschulen selbstverständlich sind, in Freien Alternativschulen nicht zu finden.

Schauen wir uns beispielsweise die *Sitzordnung* der Schüler und Schülerinnen in einer Alternativschulklasse an und vergleichen sie mit der in Regelschulen üblichen, so fällt vor allem auf, daß die Sitzordnung in Freien Alternativschulen fast vollständig der Gruppe überlassen wird. Anders in Regelschulen: die Lehrer plazieren die Kinder dort meist nach den eigenen Vorstellungen, wahrscheinlich weil sie befürchten, „daß die autonome Platzverteilung in der Gruppe den Einfluß der Leitungsautorität allzu stark schmälern würde." (Büttner, 1995, S. 64) Heiner Hirblinger beschreibt in seiner Arbeit „Pubertät und Schülerrevolte" (1992) sehr detailgenau, wie sich das Beziehungsgefüge einer Schulklasse in der Sitzordnung niederschlägt und wie Fragen der Macht und Rangordnung unter den Schülern über die Sitzordnung „ausgehandelt" werden können, ohne sie verbalisieren zu müssen (ebd., S. 36 ff.).

Aufgrund eigener Beobachtungen in Alternativschulklassen vertrete ich die These, daß der Lehrer einerseits zwar tatsächlich etwas von seiner Leitungsautorität abgibt, wenn er die Platzverteilung den Kindern überläßt, daß deshalb aber noch lange nicht „anarchische Zustände" im Klassenzimmer ausbrechen müssen. Insbesondere in Klassen der Sekundarstufe I konnte ich beobachten, wie Schüler etwa während der Wochenplanarbeit die „offene" Platzverteilung nutzen, um sich dem kontrollierenden Blick bzw. der schlichten Anwesenheit des Lehrers zu entziehen. Sie gehen dann etwa alleine oder in kleinen Gruppen mit ihren Arbeitsmaterialien in einen Nebenraum. Die Motive für dieses Verhalten können ganz unterschiedlicher Natur sein. Manche haben in diesem Moment einfach keine Lust aufs Lernen, wollen plaudern oder walkman hören. Die mitgebrachten Arbeitsmaterialien dienen dann gewissermaßen nur als eine Art „Tarnung", die dem im Klassenraum befindlichen Lehrer die eigene Arbeitsbereitschaft suggerieren soll (natürlich gelingt es meist nur den schauspielerisch begabteren Schülern, die Lehrer auf diese Art und Weise wiederholt zu täuschen). Andere wiederum nehmen ihre Arbeitsmaterialien nicht zur Tarnung mit, sondern begeben sich in den Nebenraum, um dort konzentrierter arbeiten zu können. Die ständige Anwesenheit eines Lehrers mag diese Schüler eher ablenken und beunruhigen. Indem sie zu ihm eine räumliche Distanz einnehmen, können sie sich konzentrierter und angstfrei auf den jeweiligen Lerngegenstand einlassen. Auch im herkömmlichen Kursunterricht ist die Sitzordnung in Freien Alternativschulen von einer vergleichsweise großen Dynamik geprägt. Während die Sitzordnung in Regelschulen meist zu Beginn des Schuljahres festgelegt wird und dann bis zum Ende des Schuljahres ihre Gültigkeit behält (abgesehen von kleinen Änderungen, wenn etwa „Störenfriede" auseinandergesetzt werden), bin ich im Rahmen meiner ethnographischen Feldforschung in der Freien Schule Bochum meist zu Beginn einer neuen Beobachtungsphase genötigt, eine neue Skizze der Sitzordnung anzufertigen, da sie sich immer wieder aufs Neue ändert. Als beispielsweise die Mädchen der 7. Klasse ein deutliches Bedürfnis der Abgrenzung gegenüber den Jungen hatten, schlug sich dies sofort in der Sitzordnung nieder: so weit wie möglich hatten sie ihre Tische von denen der Jungen weg gestellt. Inzwischen haben sich die Jungen und Mädchen der Klasse allerdings wieder im doppelten Sinne einander „angenähert".

Ein häufiger Wechsel der Sitzordnung hat zwar meines Erachtens nicht nur positive Seiten, da er zu einer Unruhe der Beziehungsdynamik im Klassenverband beitragen kann. Unabhängig von der Frage, wie man es pädagogisch bewertet, wenn Schüler und Schülerinnen ihre Sitzordnung selbst festlegen und immer wieder erneuern, wird aber an dem Beispiel der Platzverteilung deutlich, daß die Schüler–Lehrer–Beziehung in Freien Alternativschulen weit weniger hierarchisch strukturiert ist als in den meisten anderen Schulen. Bemerkenswert ist jedenfalls die Tatsache, daß gerade die Kommunikationstrukturen in Freien Alternativschulen aus der Sicht der Schüler im allgemeinen sehr positiv bewertet werden. Um dies exemplarisch zu belegen, seien im folgenden zwei Äußerungen von Schülern der Freien Schule Bochum zitiert, denen ich im Rahmen einer 1993 bis 1994 durchgeführten Interviewstudie (Maas 1994) unter anderem die Frage stellte, was ihrer Meinung nach das wesentliche Kennzeichen der Freien Schule Bochum im Vergleich zu anderen Schulen sei:

> „Der Umgang mit Lehrern und Schülern, es ist lockerer hier, man kann sich unterhalten, man braucht nicht da zu sitzen und den Lehrer zu siezen. Hier duzt man, auf der Regelschule muß man siezen. Man kann ruhig mal ein bißchen lachen, was sagen, mit dem Nebenmann reden." (ebd., S. 17)
> „Daß wir uns besser mit den Lehrern verstehen, daß wir anders mit den Lehrern umgehen können und sagen: 'Hör mal du!', mit denen da drüber reden. Das finde ich doch besser, das ist sehr wichtig. Ich glaube, das hat auch einiges gebracht. Das hat sicherlich vielen hier geholfen, daß man mit den Lehrern über alles reden konnte." (ebd., S. 21)

Das wohl auffälligste Ergebnis meiner Interviewstudie lag in der Einmütigkeit, mit der alle befragten Schüler das soziale Klima, insbesondere die freundschaftliche und vertrauensvolle Beziehung zu den Lehrkräften als das zentrale Merkmal der Freien Schule Bochum herausstellen. Diese Einschätzungen sind aber nicht nur für die Freie Schule Bochum kennzeichnend. Köhler (1997) kommt in ihrer AbsolventInnenstudie zur Glocksee–Schule zu ganz ähnlichen Ergebnissen. Auch Sieglin und Goll bemerken in Ihrem Buch „Freie Schule Kreuzberg – Schule der Zukunft" zutreffend, daß „den Alternativschulen selbst von den schärfsten Kritikern eine Kompetenz im sozialen Umgang mit Kindern zugestanden wird." (Sieglin/Goll 1990, S. 16) Eine wichtige Ursache hierfür dürfte in der Überschaubarkeit der Freien Alternativschulen liegen. Kleine Lerngruppen mit höchstens 20 Kindern, die meist von zwei Lehrern betreut werden, ein ganztägiger Schulbetrieb und die Einzügigkeit sind Elemente einer Schulpädagogik, die bewußt an familienähnliche Strukturen anzuknüpfen versucht. Die Freie Schule Bochum weist in ihrem pädagogischen Konzept ausdrücklich darauf hin, daß ein solches „Anknüpfen an familienähnliche Strukturen und Umgangsformen manche (freilich nicht alle) Probleme lösbar macht, die unmittelbar mit Sozialisationsbedingungen heutiger Kindheit zusammenhängen. Denn es gibt einen Zusammenhang zwischen dem Gefühl von Kindern, daß Erwachsene ihnen mit Sympathie, Offenheit und Verläßlichkeit begegnen und der Bereitschaft von Kindern, ihre Sorgen und ihre Interessen Erwachsenen anzuvertrauen." (FS Bochum 1994, S. 18 f.)

Viele Freie Alternativschulen unterrichten zudem in altersgemischten Gruppen, was den Kindern ermöglicht, ganz unterschiedliche Rollen einzunehmen. Christian Büttner weist in seiner Arbeit „Gruppenarbeit" (1995) darauf hin, daß eine „Ungleichheit" der Mitglieder einer Gruppe der Sozialität derselben keineswegs abträglich sein muß, sondern umgekehrt eher einen Profit für die Gruppe darstellt. Gehe es etwa in einer Gruppenphantasie „um die Versorgung der Gruppe, so kann das eine Kind eine 'erwachsene' Rolle übernehmen, während ein anderes in einer kleinkindhaften Rolle seine Versorgungsbedürfnisse wiederholen kann." (Büttner 1995, S. 62) Ausdrücklich bezogen auf altersgemischte Lerngruppen sehen auch Garlichs und Leuzinger–Bohleber eher Vorzüge darin, wenn die Mitglieder einer Gruppe sehr verschiedenartig sind: „Das Motto, 'es ist normal, verschieden zu sein', bedarf in einer altersgemischten Lerngruppe keiner zusätzlichen Erläuterung. Die unterschiedlichen Lernstände von Kindern einer Klasse sind hier gerade Programm und führen dazu, daß gegenseitiges Helfen zur Selbstverständlichkeit wird und Hilfe anzunehmen nichts Beschämendes hat. Die meisten Kinder erfahren sich in der einen wie in der anderen Position und können dabei ihre soziale Kompetenz und oft auch ihr Wissen erheblich erweitern." (Garlichs/Leuzinger–Bohleber 1999, S. 147)

Unabhängig von der Frage der Altersmischung (nicht alle Freie Alternativschulen folgen diesem Prinzip) haben familienähnliche Strukturen im schulischen Kontext jedenfalls den Vorzug, daß sie die *sozialisatorische*

Kraft der Gruppe wesentlich erhöhen. Im deutlichen Unterschied zu dem vergleichsweise abstrakten Lehrer–Schüler–Verhältnis in Regelschulen, zeichnen sich die Sozialkontakte in Freien Alternativschulen durch größere Intimität, höhere Kontakthäufigkeit, relative Dauerhaftigkeit und nicht zuletzt durch eine gewisse Unmittelbarkeit und Ungezwungenheit aus. Gruppen, die durch solche Merkmale gekennzeichnet sind, bergen nach Finger–Trescher in besonderem Maße in sich die Möglichkeit, soziales Lernen zu ermöglichen, individuelle Entwicklung zu fördern und defizitäre Entwicklungsverläufe zu kompensieren. „In der Gruppe wird die elementare Bestimmung des Menschen als soziales Wesen deutlich und konkret erfahrbar. Sie ist per se ein Medium für Sozialisation im Sinne der Nachreifung und Nachentwicklung, der Differenzierung und Entfaltung von Subjektstrukturen." (Finger–Trescher 1993, S. 232)

Mißverständlich wäre nun aber die Annahme, daß Freie Alternativschulen aufgrund ihres offeneren und intimeren Sozialklimas Einrichtungen sind, in denen ständig ein harmonisches Klima herrscht. Im Gegenteil: gerade wegen des spezifischen Sozialklimas in Alternativschulen kann Kritik frei geäußert und Konflikte offen ausgetragen werden. Die erste wissenschaftliche Begleitung der Glocksee–Schule, die im Rahmen ihrer Begleitforschung unter anderem den Zusammenhang von „Sozialer Identität und Gruppenerfahrung" (vgl. Manzke 1981, S. 72 ff.) untersuchte und dabei zunächst von einer diesem Mißverständnis ähnlichen Vorstellung ausging, zieht dementsprechend in ihrem Abschlußbericht folgendes Resümee:

> „Wie schon eingangs erwähnt, hat sich gezeigt, daß die Ausgangsthese, daß in der entformalisierten Struktur der Glocksee–Schule bestimmte bekannte Konflikte im Zusammenhang von Gruppenprozessen gar nicht erst manifest auftreten werden oder jedenfalls unbedeutend bleiben werden, zu optimistisch war. Allerdings wird die Tatsache, daß solche Konflikte im schulischen Bereich der Glocksee–Schule 'öffentlich' werden und sich zum Beispiel nicht durch Verdrängung als neurotische Störungen im Individuum niederschlagen, also einer Bearbeitung und Verarbeitung zugeführt werden können, von uns uneingeschränkt als positiv bewertet, auch und gerade im Hinblick auf einen notwendigen Individuierungs– und Identitätsbildungsprozeß der Kinder. So gesehen ist u.E. die Gruppe eine wichtige, wenn nicht gar die wichtigste Sozialisationsinstanz für die Kinder." (ebd., S. 82)

Zusammenfassend kann also festgehalten werden, daß Beziehungskonflikte, die sich in der Schule beispielsweise durch psychische Mechanismen der Übertragung und Gegenübertragung, des Wiederholungszwangs und der Projektion ergeben, zwar auch in Freien Alternativschulen virulent sind, hier aber insgesamt offener ausgetragen und bearbeitet werden können. Die Möglichkeiten und Grenzen einer solchen Bearbeitung psychodynamischer Konflikte im Rahmen der Schule sollen im letzten Kapitel erläutert werden. Zunächst möchte ich noch auf die Bedeutung positiver Übertragungsreaktionen im Beziehungsgefüge Freier Alternativschulen eingehen.

Positive Übertragungen stellen für schulische Lernprozesse eine wichtige emotionale Basis dar, welche eine libidinöse Besetzung der Lerninhalte häufig überhaupt erst möglich macht. Als eine Form der Übertragungsliebe, der im schulischen Kontext eine besondere Bedeutung zukommt, hebt Winterhager–Schmid (1994) in einem Vortrag zum 20–jährigen Jubiläum der Glocksee–Schule die *idealisierende Identifikation* des Schülers mit der Person des Lehrers oder genauer: mit bestimmten *Aspekten* der Persönlichkeit des Lehrers, hervor. Die idealisierende Identifikation mit nichtelterlichen Erwachsenen gibt dem Kind die Möglichkeit, so Winterhager–Schmid, „in variationsreichen neuartigen Übertragungen *in sich selbst Neues zu erleben.* Es kann diese neuen, aus den engen familialen Beziehungsgespinsten des Wiederholungszwangs herausführenden Idealisierungen *für sich selbst eigenständiger gestalten als die Beziehung zu den Eltern,* denn – wenn es gut geht – sind diese Idealisierungen vorübergehend und partial, d.h. das Kind identifiziert sich mit den Eigenschaften einer ihm zunächst nicht völlig nahen Person, die es für sich selbst aneignen möchte. Weil die Identifikation virtuell und partial ist, ermöglicht sie dem Kind Ich–Veränderungen, die ihm zur Errichtung seines eigenen persönlichen Ich–Ideals dienen." (Winterhager–Schmid 1994, S. 6)

Winterhager–Schmid äußert nun die kritische Vermutung, daß die Bedeutung einer solchen idealisierenden Identifikation für die Persönlichkeitsentwicklung des Kindes in der Glocksee–Pädagogik lange unterschätzt wurde. Sie führt dies auf den Umstand zurück, daß viele Alternativschullehrer, die sich der antiautoritären Bewegung und dem gesellschaftskritischen Pathos der 68er–Generation verpflichtet fühlten, selbst mit schweren Entidealisierungskrisen, d.h. mit der enttäuschten Wut auf die Generation der eigenen Eltern und Lehrer, die sich der eigenen kindlichen Idealisierung so wenig würdig erwiesen hatten, zu kämpfen hatten:

„Als Erwachsene verstrickt, verletzt, desillusioniert, *lag es nahe, den Kindern dies nicht mehr antun zu wollen*: sich idealisieren zu lassen, um dann zu enttäuschen. Aber dieser Ausweg erwies sich als eine trügerische Vermeidungsabwehr, das traurige Schicksal, das die eigenen Idealisierungen genommen hatten, blieb unbearbeitet, häufig verdrängt. Die Folge waren neue Varianten des alten Konzepts rousseauscher 'Negativer Erziehung', in der der Erzieher *alles* für das Kind tut *außer dem einen*: dem Kind zu erlauben, den Erwachsenen in eine idealisierende Übertragungs–Beziehung zu verstricken." (ebd., S. 7)

Die Alternativschulpädagogik verfehlte gerade hierdurch ihr eigentlich wichtigstes Ziel: die Entwicklung kindlicher Autonomie. Denn die Identifikationen, die das Kind von sich aus am bewunderten Erwachsenen auswählend vornimmt, erwecken zwar zunächst den Eindruck einer *abhängigen* Beziehung, im inneren Erleben des Kindes ist aber gerade die partiale und virtuelle Idealisierung von Nicht–Familienmitgliedern ein Zeichen für beginnende seelische Autonomie (vgl. hierzu auch meine in Kapitel 3.2.2 vorgenommene Kritik am erzieherischen Verhalten Neills). Die Bezogenheit auf andere, die Bindungs– und Anlehnungswünsche des Kindes sollten also nicht als regressive Schwäche interpretiert werden, sondern als notwendige Vorstufen einer sich zaghaft entwickelnden Autonomie. Voraussetzung dafür ist allerdings auch, daß der Erwachsene sich dem Kind zur Idealisierung anbietet, sich aber nicht aufdrängt. Seine „Autorität" muß präsent und erfahrbar sein, aber gleichzeitig dem Kind die Möglichkeit eröffnen, sich von dieser Autorität auch wieder abzulösen. Wenn dies gelingt, kann, so Thomas Ziehe, aus einer *personalen* Identifikation eine *strukturelle* werden:

> „Nicht mehr die ganze Person des anderen steht im Zentrum des idealisierenden Interesses, sondern *dessen Verhältnis* zum Arbeits– und Lerngegenstand. Dann geht es mir nicht mehr darum, 'genauso wie' der andere werden zu wollen, sondern aus dessen *Verhältnis* zur Sache etwas *für mich* zu lernen. Ich kann dann durchaus 'anders' werden wollen, und habe aus Identifikation gelernt! Getragen von diesem Prozeß kann sich schließlich eine *Idealisierung meiner eigenen Zielsetzung* ergeben. Ich kann das, was ich für mich will, libidinös besetzen. Ich kann den Weg dahin als Vorfreude auf Zustände meiner Aufwertung erleben." (Ziehe/Stubenrauch 1979, S. 145)

Die idealisierende Überhöhung der Erwachsenen durch die Kinder hat in Freien Alternativschulen also nur dann eine Chance, wenn erstere bemüht sind, glaubwürdige Modelle des Erwachsenseins zu repräsentieren und sich von einer Idealisierung des Infantilen frei machen. Alternativschullehrer sollten sich stets der Gefahr bewußt sein, daß eine falsch verstandene „Nähe" zu den Kindern deren Sehnsucht nach einer partialen und vorübergehenden Identifikation mit nichtelterlichen Erwachsenen frustrieren würde. Solche abgewehrten Idealisierungen richten sich dann leicht auf das narzißtische Größenselbst, wodurch die Entwicklung von Autonomie letztlich verhindert wird. Wagner–Winterhager sieht dementsprechend in der mangelnden Bereitschaft bzw. Fähigkeit vieler Erwachsener, sich in eine idealisierende Übertragungs–Beziehung verstricken zu lassen, eine wichtige Ursache narzißtischer Störungen bei heutigen Kindern:

> „Wo die Erwachsenen dem Kind gegenüber ihr Erwachsensein zu verleugnen suchen, zieht sich das kindliche Ich auf archaische Größenphantasien zurück, die sehr viel grausamer als reale Erwachsene das kindliche Ich mit Anforderungen terrorisieren können. Viele narzißtischen Störungen, die sich an latenter Depressivität, Lustlosigkeit, Lernstörungen, Verlust an Identitätsgefühl und Verlust freudiger Selbstgewißheit zeigen, werden heute zurückgeführt auf einen Mangel an realen Erfahrungen mit kompetent unterstützenden, fördernd fordernden Erwachsenen." (Wagner–Winterhager 1987, S. 62)

4.2.3 Über den Umgang mit Aggressionen

Aggressive Verhaltensformen waren schon immer ein besonders ernstzunehmendes Problemfeld schulischer Kommunikation. In den letzten Jahren häuften sich in den Medien zwar Schreckensmeldungen über furchtbare Gewalttaten in der Schule und tatsächlich unterstützen einige einschlägige wissenschaftliche Untersuchungen auch die weitverbreitete These von einer tendenziellen Zunahme der Gewalt in der Schule. Oft entsteht in dieser aufgeregten Debatte aber der gänzlich falsche Eindruck, als sei das soziale Miteinander in den Schulen früher immer nur ganz harmonisch und friedfertig gewesen. Beim Nachdenken über die Ursachen schulischer Gewalt reicht es meines Erachtens jedenfalls nicht aus, die psychosozialen Folgen gesellschaftlicher Modernisierungsprozesse in Betracht zu ziehen. Andere Faktoren, wie die von der Institution Schule ausgehende strukturelle Gewalt, defizitäre Sozialisationsbedinungen, der Antagonismus zwischen Familie und Schule sowie geschlechtsspezifische Faktoren sind ebenso bedeutsam und sollen deshalb im folgenden auch erörtert werden. Zunächst werde ich mich aber noch einmal kurz den psychosozialen Folgen gesellschaftlicher Modernisierungsprozesse zuwenden.

Hans–Georg Trescher und Urte Finger–Trescher erläutern in einem Beitrag ihres 1992 herausgegebenen Buches „Aggression und Wachstum" den „Zusammenhang von äußerer Struktur und innerer Strukturbildung". Die zentrale These ihrer einleitenden Bemerkungen ist die, daß sich innere Struktur nur im Rahmen einer halbwegs gesicherten äußeren Struktur bilden kann, letztere aber aufgrund gesellschaftlicher Modernisierungsprozesse im Laufe der letzten Jahrzehnte zunehmend aufgeweicht wurde. Trescher und Finger–Trescher benennen etwa Tendenzen wie die der „Pluralisierung und Individualisierung von Lebenslagen", der „Erosion tradierter Sinnsysteme" oder der „Verwischung festgefügter Begrenzungen von Lebensphasen und Generationsschranken", die zusammengenommen eine Orientierung, Beständigkeit und Überschaubarkeit gewährende äußere Struktur verschwinden lassen. Insbesondere Kinder und Jugendliche, deren innere Regulationssysteme aufgrund schlechter Sozialisationsbedingungen instabil sind, sind angesichts dieser Aufweichung eines äußeren Strukturrahmens überfordert und reagieren oftmals mit aggressiven Verhaltensweisen. „Wir können also sagen, daß eines der eben so genannten „Überforderungssymptome" die erschreckende Zunahme des Aggressions– und Destruktionspotentials in pädagogischen Institutionen ist." (Trescher/Finger–Trescher 1992, S. 93 f.)

Auf die von der Institution Schule ausgehende *strukturelle Gewalt* als ein wichtiger Einflußfaktor für aggressives Verhalten der Schüler möchte ich hier nicht näher eingehen, da ich ihre Erscheinungsformen unter Bezugnahme auf Autoren wie Fürstenau, Muck und Wellendorf im 3. Kapitel bereits eingehend erläutert habe. Zudem ist Büttner (1993a) zuzustimmen, wenn er kritisiert, daß der Hinweis auf die strukturelle Gewalt der Institution Schule bei vielen Autoren in die resignative Einschätzung einmündet, es sei aussichtslos, sich konstruktive Gedanken zu dem Thema „Schule und Aggression" zu machen, da Friedensfähigkeit, verstanden als gekonnter Umgang mit Aggression, durch Schule letztlich nicht vermittelt werden könne (vgl. Büttner 1993a, S. 154). Büttner geht statt dessen in seinem einschlägigen Beitrag auf familiäre Gewalt und den strukturellen Antagonismus zwischen den beiden Institutionen Familie und Schule ein. Gerade Schüler mit Aggressionsproblemen haben häufig eine gewaltsame Erziehung durch Vater und Mutter erfahren oder sogar frühkindliche Traumatisierungen erlitten. Ihre Aggressivität wird so leicht erklärlich als Reaktion auf erfahrene Gewalt im Elternhaus. Darüberhinaus, so Büttner, stellen aber allein schon die Spannungen zwischen Elternhaus und Schule ein ernstzunehmendes Konfliktpotential dar:

> „Aber selbst, wenn Kinder die ersten sechs Lebensjahre verhältnismäßig behütet aufwachsen konnten, so ergibt sich doch aus den prinzipiellen familiären Anforderungen an die Schule eine aggressive Spannung, die die Kinder quasi stellvertretend zwischen Schule und Elternhaus hin– und hertragen müssen. Die Forderung der Eltern an die Lehrer nach optimaler Förderung, Schutz des eigenen Kindes vor den 'bösen' Mitschülern, ist nämlich mitverantwortlich für die Erwartungen der Schüler an Lehrer und Schule, die vor allem dann einen aggressiven Unterton bekommen, wenn Lehrer ihren Unterricht nach anderen Prinzipien und das Sozialverhalten ihrer Schüler nach anderen Regeln beurteilen, als dies in der Familie üblich ist. Die familiäre Perspektive dabei ist immer die, daß im Zweifelsfall das eigene Kind Opfer der schulischen Verhältnisse ist." (ebd., S. 148)

Aus dem „unauflösbaren Antagonismus zwischen Familie und Kultur" (Erdheim) ergibt sich häufig also eine unproduktive, gegenseitige Schuldzuweisung. So wie die Eltern dazu tendieren, die „Schuld" für aggressive Ausbrüche ihres Kindes der Schule oder der vermeintlichen Unfähigkeit der Lehrer zuzuschieben, so sehen die Lehrer umgekehrt gerne die Hauptursache in den familiären Verhältnissen ihrer Schüler, vielleicht noch in der Institution Schule, am wenigsten aber in ihrer eigenen Aggressivität.

Insbesondere der zuletzt genannte Aspekt, nämlich die persönliche Wut und Aggressivität der Lehrer, ist meines Erachtens bisher in der einschlägigen Literatur viel zu selten bedacht worden. Eine der wenigen Ausnahmen ist eine in der Schulzeitung der Glocksee–Schule veröffentlichte Kolumne von Frank Mehler, in der er sich unter dem Titel „Mal im Vertrauen, sind sie auch manchmal wütend auf ihre Kinder oder Schüler?" mit der Wut der Lehrer auseinandersetzt: „ (...) ich hatte schon manchmal darüber nachgedacht und mit Freunden und Kollegen auch ab und zu mal darüber gesprochen, daß man manchmal auf Kinder und Jugendliche, mit denen man Tag für Tag arbeiten muß, auch ganz schön wütend werden kann. In einer Zeit, in der aufgeregt über Kindesmißhandlung diskutiert wird, setzt sich derjenige, der sich zu negativen Gefühlen gegenüber Kindern und Jugendlichen äußert und diese nicht sofort verurteilt, schnell dem Verdacht aus, ein ganz übler Bursche zu sein.

Aber kennen Sie das nicht auch, Sie haben sich alles schön überlegt für den Unterricht oder eine andere pädagogische Veranstaltung, und dann machen die Kids einfach alles kaputt durch ihre blöden Kommentare und Faxen. Gut, nun kann der aufgeklärte Pädagoge sich überlegen, warum das so

ist. Bloß immer hilft das auch nicht. Irgendwie steigt der Ärger auf. Soziali-
sationstheoretische Erklärungsansätze können die Adrenalinzufuhr nicht
mehr stoppen. Und dann brüllt man z.B. los. Das sind natürlich keine pädagogischen Sternstunden. Wohlgemerkt, ich finde so ein pädagogisches
Verhalten nicht erstrebenswert, glaube aber, daß es im pädagogischen Alltag immer wieder mal vorkommt." (Mehler 1998, S. 245)

Zu selten werden meines Erachtens bei der Erörterung möglicher Ursachen für Gewalt in der Schule auch geschlechtsspezifische Aspekte berücksichtigt. Zahlreiche empirische Untersuchungen haben nachgewiesen,
daß bei den vielfältigen Erscheinungsformen schulischer Gewalt die Jungen
fast immer „vorne liegen". Eine aktuelle (noch nicht veröffentlichte) empirische Studie von Tillmann und Popp zur schulischen Gewalt bestätigt beispielsweise einmal mehr die Annahme, daß Jungen sowohl häufiger Täter
als auch Opfer von Aggressionen sind als Mädchen; was physische Gewalt
(z.B. prügeln) angeht ist ihr „Vorsprung" allerdings wesentlich stärker ausgeprägt als bei Formen psychischer Gewalt (z.B. beleidigen). Mädchen
fungieren bei körperlichen Auseinandersetzungen zwischen Jungen meist
eher als „Drahtzieher" im Hintergrund, ohne sich an der tätlichen Auseinandersetzung selbst zu beteiligen.

Einen interessanten Erklärungsansatz für die Dominanz männlicher
Gewalt bietet Heinemann (1992), die in Anlehnung an Studien der Psycho-
analytikerin Chodorow auf die spezifische Problematik hinweist, der Jungen bei der Herausbildung einer männlichen Geschlechtsidentität in einer
Kultur ausgesetzt sind, in der Väter als wichtige Bezugspersonen und Identifikationsobjekte nur sehr eingeschränkt verfügbar sind. „Um Mann werden zu können, muß der Junge sich früh aus der primären Beziehung zur
Mutter lösen. Mit ihr fällt auch ein großer Teil seiner Gefühls– und Phan-
tasiewelt der Verdrängung anheim. Seine Angst ist von nun an, in die pri-
märe Beziehung zurückzusinken, da diese Regression die Zerstörung seiner
männlichen Identifikation bedeutet. (...) Der Sohn ist für seine Selbstent-
wicklung, zur Identifikation, fundamentaler als das Mädchen von männlichen Bezugspersonen abhängig. Nicht der Objektwechsel des Mädchens,
sondern der Identifikationswechsel des Knaben scheint in einer Kultur, in
der Vaterschaft unsicher ist, ein entscheidendes Problem zu sein."
(Heinemann 1992, S. 84 und 86) Aggressives Verhalten von Jungen erklärt
sich so gesehen also als eine Verleugnung eigener Gefühle der Unsicherheit
und Ohnmacht, die aus fehlenden unmittelbaren Identifikationsangeboten
resultieren. Den Medien fällt in unserer Kultur dabei die Rolle zu, dieses
Identifikationsvakuum durch die Konstruktion imaginärer Helden (Tarzan,
He–Man, Rambo) zu füllen, die sich dem verunsicherten Jungen als Identi-
fikationsfiguren anbieten. Frank Tietz (1996), ein Lehrer der Werk–statt–
Schule Hannover, führt hierzu in einem Diskussionspapier zum Thema
Jungengewalt aus: „Helden zu präsentieren ist ein riesiges Geschäft. Helden
überschwemmen den Spielzeugmarkt und bringen ihre Welt gleich mit. Ei-

ne Welt, die sie bis in die kleinste Ecke dominieren mit einer maßlosen Überlegenheit, die sie fast immer mit Gewalt sichern. Sie sind berechtigt wütend, berechtigt gewalttätig, der/die/das andere hat Schuld und sie setzen sich durch. Es ist für Jungen eine trügerische Identifikationsmöglichkeit, denn sie kennt keine Schwächen, muß sich nie unterordnen, ist selten gezwungen, Situationen abzuwägen, und es gibt meist nur eine Lösung. Diese Ideale sind unerreichbar, das zu merken wird als eigenes Versagen gedeutet, macht Frust, macht Versager, denn kein Mann kann diese Vorstellung von Männlichkeit je erreichen." (Tietz 1996, S. 9)

Die bisherigen Erörterungen haben gezeigt, daß die Entstehung aggressiver Verhaltensweisen bei Kindern und Jugendlichen im schulischen Kontext von ganz unterschiedlichen Faktoren abhängen kann, nämlich von

– der Aufweichung eines haltgebenden äußeren Strukturrahmens in der modernen Gesellschaft
– der strukturellen Gewalt der Institution Schule
– der persönlichen Aggressivität einzelner Lehrer
– einer defizitären Frühsozialisation, insbesondere traumatisierender Erfahrungen erlittener Gewalt im Elternhaus
– den Spannungen zwischen dem Elternhaus und der Schule, die aus dem „Antagonismus zwischen Familie und Kultur" (Erdheim) resultieren
– und nicht zuletzt von einer spezifischen Problematik, der sich Jungen bei der Herausbildung ihrer Geschlechtsidentität in unserer „vaterlosen Gesellschaft" ausgesetzt sehen.

Welche Möglichkeiten und Grenzen eines angemessenen Umgangs mit Aggressionen sind nun im schulischen Kontext gegeben? Ein erstes wichtiges Moment, auf das ich eingehen möchte, ist die Frage, ob und inwieweit es der Schule gelingt, ein strukturierendes, überschaubares und transparentes Setting zu gewährleisten, in welchem auch Schüler mit labilen inneren Regulationssystemen sich geborgen und sicher fühlen können. Büttner (1993b) weist diesbezüglich auf die sozialisierende Kraft der Gruppe hin und analysiert in Anlehnung an Trescher die Dynamik der sogenannten „szenischen Auslösereize". Gemeint sind damit insbesondere Situationen, die dazu geeignet sind, an traumatische Erfahrungen zu „erinnern" und entsprechende Abwehrbewegungen gegen eine Reaktualisierung zu provozieren. So kann zum Beispiel ein bevorstehender Lehrerwechsel in einer Schulklasse Abwehr gegen massive Trennungsängste produzieren, die sich dann in dissozialem Verhalten äußern.

„Zentrales Moment eines szenischen Auslösereizes könnte das Maß an Sicherheit sein, die eine erwachsene, für die Gruppe verantwortliche Person in einer bestimmten Position bietet oder nicht. Je höher das Maß an Sicherheit, desto unbelasteter kann sich auch die Begegnung zwischen den Gruppenmitgliedern gestalten. Je höher der Angstpegel, je größer die Isolierung des einzelnen in der Gruppe, desto stärker werden auch seine Ich–Kräfte beansprucht, dann nämlich, wenn sich eine Situation anspannt bzw. eine Gruppe in eine 'Not' gerät (die in der Schule schon prinzipiell durch ständige Trennung und Neuanfang per Stundenplan oder ständigen Nachweis von Leistung vor Lehrer oder Lehrerin gegeben ist)." (Büttner 1993b, S. 30)

Das Moment der Sicherheit muß also auf zwei Ebenen gewährleistet sein: einmal auf der organisatorischen Ebene des Unterrichtes, sodann aber auch auf der Ebene der unmittelbaren Schüler–Lehrer–Beziehung. Der Lehrer sollte also darum bemüht sein, die Sicherheit der Zuwendung in der Beziehung zum Schüler auch dann zu garantieren, wenn letzterer aggressive Verhaltensweisen an den Tag legt. Sollte ihm dies gelingen, so wird der Schüler früher oder später symbiotische Beziehungswünsche an den Lehrer herantragen, mit denen angemessen umzugehen ebenso herausfordernd sein kann, wie der empathische Umgang mit Aggressivität (vgl. Büttner 1993a, S. 151 f.). Sicherlich können Lehrer solch hohen Ansprüchen nur unter der Voraussetzung gerecht werden, daß sie selbst in ihrem Kollegium haltende Beziehungen haben, in denen Gefühle der Enttäuschung, Ohnmacht und Wut nicht tabuisiert werden müssen. Man muß allerdings feststellen, daß dies in der Schulrealität alles andere als selbstverständlich ist. „Leider erweisen sich Versuche, mit aggressiven Schülern angemessen verständnisvoll umzugehen, häufig als Anlaß für Kollegen, ihrerseits aggressiv zu werden." (ebd., S. 152 f.)

Eine weitere Möglichkeit des gekonnten Umgangs mit Aggressionen sieht Büttner darin, in verstärktem Maße die Fähigkeiten der Schüler zu nutzen, selbst aktiv zur Regelung und Schlichtung von Konflikten beizutragen. Büttner bezieht sich dabei auf ein Modell der Konfliktschlichtung, wie es in verschiedenen amerikanischen Schulen bereits erfolgreich praktiziert wurde. „Dieses Modell folgt der eigentlich banalen Alltagserfahrung, daß ein Streit häufig eskaliert, wenn sich ein unbeteiligter Dritter quasi als pädagogische Instanz einzumischen versucht. Und so erfahren denn die Schüler in ihrer Ausbildung zum Konfliktmanager auch, wie schwer es ist, sich mit seiner eigenen Meinung zu einem Konflikt zurückzuhalten und die Kontrahenten in ihren jeweiligen Positionen ernst zu nehmen. Alle Schüler, sowohl die Konfliktmanager als auch diejenigen, denen geholfen wird, erfahren in diesem Modell darüber hinaus eine Wertschätzung: Man traut ihnen die Lösung ihrer eigenen Konflikte auch selbst zu und bestärkt sie in ihrer sozialen Verantwortung." (ebd., S. 153 f.)

Diese Einsicht Büttners, daß ein gekonnter Umgang mit Aggressionen auch Vertrauen in die Fähigkeiten der Schüler zur Konfliktregelung voraussetzt, ist geeignet, zu der Frage überzugehen, welche Rolle Aggressionen nun in Freien Alternativschulen spielen und wie man hier mit diesem Problem umgeht. So heißt es etwa – ganz im Sinne Büttners – in dem Protokoll einer Arbeitsgruppe zum Thema „Umgang mit Aggressionen in Freien Alternativschulen" aus dem Jahre 1994: „Der Erwachsene soll nicht der Polizist sein, der regelt, er soll den Freiraum schaffen, damit die Kinder regeln können! Der Erwachsene soll dafür sorgen, daß sich die Streitenden sicher fühlen, die Auseinandersetzung angstfrei zu führen, d.h. präsent zu sein!"

Freie Alternativschulen legen also großen Wert darauf, daß Schülerinnen und Schüler die Gelegenheit haben, soweit wie möglich ihre Konflikte eigenständig zu regeln und schaffen dafür auch ganz bewußt Zeiten und kultivieren Umgangsformen, die dies möglich machen. In vielen Alternativschulen gibt es etwa die sogenannte „Stop–Regel". Mit dieser Regel soll vermieden werden, daß anfänglich lustvolle Neckereien in ernsthafte Auseinandersetzungen umschlagen. Wenn ein Kind sich in der Auseinandersetzung mit einem anderem Kind ernsthaft beleidigt oder bedroht fühlt, sagt es „Stop!" Für das andere Kind ist dies ein eindeutiges Signal, daß nunmehr eine Grenze erreicht ist, die auf keinen Fall überschritten werden darf. Natürlich funktioniert eine solche „Stop–Regel" und andere Formen der Konfliktschlichtung nicht immer. Regelverletzungen können dann in „Morgenrunden" besprochen werden und eventuell werden beschlossene Gruppenregeln modifiziert oder auch fallengelassen, wenn sie nicht mehr sinnvoll scheinen. Die „Morgenrunden" finden in den meisten Freien Alternativschulen täglich statt und sind ein wichtiges Feld der bewußten Konfliktverarbeitung im Schulalltag. Das Prinzip, Konflikte und aggressive Auseinandersetzungen nicht unter den Tisch zu kehren, sondern, wann immer möglich, offenzulegen und damit bearbeitbar zu machen, ist für den Umgang mit Aggressionen an Freien Alternativschulen von zentraler Bedeutung. Im wissenschaftlichen Begleitbericht der Glocksee–Schule heißt es hierzu:

„ Die Glocksee–Schule stellt sich dem aggressiven Verhalten der Kinder nicht disziplinierend entgegen, sondern versucht, dieses zum Gegenstand sozialer Lernprozesse zu machen. Dahinter steckt keineswegs der Glaube, daß Aggressionen im Sinne eines naturkonstanten, vorgegebenen Potentials dadurch, daß sie ausgelebt werden, verschwinden – wie etwa Hunger und Durst –, wohl aber die Vorstellung, daß Aggressivität und Konflikte zuallererst durch die Möglichkeit, sie zu äußern und in soziale Prozesse einzubringen, bearbeitbar werden, wohingegen die Vorgabe starrer, den beteiligten Subjekten äußerlicher Regelsyteme zur Verdrängung von Konfliktpotentialen beiträgt, die dann als von der sozialen Praxis der Individuen losgelöste Gewaltphantasien ein fatales, von Bearbeitungsmöglichkeiten entrücktes Eigenleben führen." (Manzke 1981, S. 83)

Der offene, äußere Strukturrahmen der Freien Alternativschulen hat im Hinblick auf Aggressionen allerdings auch eine ernstzunehmende Kehrseite. Wenn nämlich beispielsweise Regeln der Konfliktschlichtung in Morgenrunden immer wieder neu zur Disposition gestellt und verändert werden, fehlt dem sozialen Miteinander notwendigerweise die Koninuität, die Überschaubarkeit und die Sicherheit, die aber Büttner (1993b) ebenso wie Trescher und Finger–Trescher (1992) als sehr wichtig erachten. Organisatorische Rahmenbedingungen, die wenig verläßlich und konturiert sind, können die Fähigkeit der Kinder zur innerpsychischen Selbstregulation überfordern und somit zum Entstehen aggressiver Konflikte beitragen. An-

dererseits geht von Freien Alternativschulen sicherlich weniger „strukturelle Gewalt" aus als von den meisten anderen Schulen. Kennzeichen der
Alternativschulpädagogik, wie der Verzicht auf einen rigiden Sanktionsap-
parat oder individualisierte Formen der Leistungsbeurteilung, schaffen für
die Kinder und Jugendlichen ein vergleichsweise angstfreies Klima, welches viele Aggressionen gar nicht erst entstehen läßt.

4.3 Das Jugendalter als pädagogische Herausforderung

„Die Jugend von heute liebt den Luxus, hat schlechte Manieren, verachtet die Autorität, hat keinen Respekt vor älteren Leuten und plaudert, wo sie arbeiten sollte. Sie verschlingen bei Tisch die Speisen, legen die Beine übereinander und tyrannisieren ihre Lehrer."
Sokrates, 470 – 399 v. Chr.

Die Klage der Erwachsenen über „die Jugend von heute" ist gar nicht so neu, wie mancher glauben mag. Schon immer haben die Jugendlichen es den Erwachsenen nicht leicht gemacht. Im Bemühen um eine neue, selbst errungene Autonomie und Freiheit, in der Suche nach neuen Werten hinterfragen sie alles, was die Erwachsenen repräsentieren. Respektlos setzen sie sich über Dinge hinweg, die den Erwachsenen heilig sind, akzeptieren die Werte der Erwachsenen dann und *nur* dann, wenn sie sie als *ihre* Werte wiederentdeckt haben. Mario Erdheim (1982) sieht in dieser, mit jeder neu heranwachsenden Generation wiederkehrenden Revolte eine entscheidende Voraussetzung dafür, daß eine Kultur sich überhaupt weiterentwickeln kann. Weil aber jede Kultur bestrebt ist, den status quo zu sichern, setzt sie der jugendlichen Revolte mächtige Widerstände entgegen. Schon immer haben es auch die Erwachsenen den Jugendlichen nicht leicht gemacht.

So muß auch die Vorstellung, es könne im schulischen Kontext einen störungs– und irritationsfreien Umgang mit Jugendlichen geben, als reichlich naiv zurückgewiesen werden. Als Lehrer in der Sekundarstufe I muß ich in hohem Maße konfliktfähig und konfliktbereit sein. Viele Jugendliche suchen geradezu die Konfrontation mit Erwachsenen und können dann am wenigsten einen harmoniesüchtigen und konfliktscheuen Lehrer gebrauchen, der die adoleszente Suche nach Konfrontation letztlich ins Leere laufen läßt.

Der Umgang mit Jugendlichen im schulischen Rahmen ist also in mancherlei Hinsicht schwerer als der mit Kindern – in mancherlei Hinsicht aber auch leichter und faszinierender. Öfter als der Grundschullehrer kann der Sekundarsschullehrer das Gefühl genießen, für seine Schüler mehr und mehr überflüssig zu werden, wird beispielsweise in Unterrichtsgesprächen mit der faszinierenden Phantasietätigkeit und Kreativität des Jugendalters konfrontiert und mit Beiträgen der Schülerinnen, die für ihn eine willkommene intellektuelle und emotionale Herausforderung darstellen.

Eine faszinierende Herausforderung ist das Jugendalter meiner Einschätzung nach auch für die Alternativschulpädagogik. Denn viele Elemente der Alternativschulpädagogik, die wesentlich im Grundschulbereich entwickelt und ausdifferenziert wurden, lassen sich nicht umstandslos auf den Sekundarbereich I übertragen. Der Umgang mit Jugendlichen nötigt die Alternativschulpädagogik so zu einer grundlegenden, kritischen Selbstreflexion, die langfristig sicherlich auch auf den Grundschulbereich zurückwirken wird. Sieben Alternativschulen haben sich in Deutschland bislang dieser Herausforderung gestellt.

Diese Schulen mußten die schmerzhafte Erfahrung machen, daß gerade die Verwirklichung alternativpädagogischer Postulate wie beispielsweise das „Lernen in Selbstverantwortung" im Sekundarbereich I auf besondere Schwierigkeiten stößt. Die Kluft zwischen dem reformpädagogischen Anspruch und der Alltagsrealität ist hier meist größer als in den Alternativschulen, die ausschließlich im Primarbereich arbeiten. Um so wichtiger erscheint es, bei einer psychoanalytischen Durchleuchtung Freier Alternativschulen auch jene spezifische Problematik ins Auge zu fassen, von der alle im Sekundarbereich arbeitenden Alternativschulen mehr oder weniger deutlich geprägt sind. Diese Problematik möchte ich nun kurz skizzieren, um sie anschließend mit Erkenntnissen der psychoanalytischen Jugendheorie zu verbinden.

4.3.1 Jugendliche in Freien Alternativschulen – eine Problemskizze

Schulisches Lernen, so die durchgängige Erfahrung aller im Sekundarbereich arbeitenden Freien Alternativschulen, hat für Jugendliche ab einem Alter von etwa 12 Jahren nur noch einen vergleichsweise geringen Stellenwert. Gleichzeitig sind sie in ihrem Verhalten viel weniger auf Erwachsene ausgerichtet als Kinder. Eine wichtige Lernmotivation, nämlich die emotionale Bindung an den Lehrer, tritt damit in den Hintergrund. Die Bedeutung der Freien Schule liegt für Jugendliche hauptsächlich in ihrer sozialpädagogischen Funktion: Hier können sie sich mit Gleichaltrigen treffen und die Geborgenheit einer überschaubaren, großfamilienähnlichen Atmosphäre genießen. Die Freie Schule ist im Erleben der Jugendlichen deshalb die bessere Schule, weil es hier keine Hausaufgaben gibt, die Pausen oft länger sind, sie also insgesamt einen relativ stressarmen und freizeitintensiven Lebensraum darstellt. Demgegenüber begreifen sie die Freie Schule kaum als Möglichkeit, anders oder selbstbestimmter zu lernen, als dies in einer Regelschule möglich wäre. Im Gegenteil: Das Lernverhalten vieler Jugendlicher wird dominiert durch ein Interesse an stark zweckgerichtetem Lernen. Im Wissen um die gesellschaftliche Bedeutung der Schulabschlüsse fordern sie effektive Lernmethoden ein, die eine möglichst schnelle und wenig mühsame Aneignung von abschlußrelevantem Wissen ermöglichen. Gelernt wird deshalb hauptsächlich für die sogenannten „Hauptfächer", das Interesse an „Nebenfächern", an künstlerischer oder handwerklicher Betätigung geht gleichzeitig deutlich zurück.

Eine auf den ersten Blick erstaunliche Erfahrung der Alternativschulpraxis liegt auch darin, daß Jugendliche in Freien Schulen von ihren Lehrern häufig ausdrücklich *mehr* Leistungsdruck hinsichtlich der Vorbereitung auf die Schulabschlüsse einklagen. In einem Diskussionspapier der Freien Schule Bochum aus dem Jahre 1986 heißt es dementsprechend: „Die

Jugendlichen verlangen zum großen Teil Druck von den Erwachsenen, weil sie Angst haben, sonst nicht genug Stoff zu schaffen. Sie wissen zwar einerseits, wie wichtig Schulabschlüsse sind, schaffen es aber andererseits nicht immer, sich zum oft mühsamen Lernen zu überwinden." Andererseits ist das Lernverhalten der Jugendlichen höchst ambivalent: Sofern ihr Verhalten nicht durch die Sorge um die eigene Zukunft, sondern von spontanen Bedürfnissen bestimmt wird (was natürlich oft genug vorkommt), verweigern sie sich mit großer Vehemenz jedem schulischen Leistungsdruck. Im Bewußtsein der ihnen durch den Anspruch der Freien Schule („Schule ohne Zwang") gegebenen Stärke, setzen sie ihr momentanes Interesse oft sehr erfolgreich gegen die Unterrichtsbemühungen einzelner Lehrer durch. Vor dem Hintergrund seiner Erfahrungen in der Freien Schule Frankfurt stellt Klaus Rödler sogar die provokante These auf, daß die Verweigerungshaltung Jugendlicher gegenüber schulischem Lernen in Freien Alternativschulen noch größer ist als in der Regelschule. Ausgangspunkt dieser These ist die Überlegung, daß jeder Jugendliche in der Zwickmühle steht, zum einen seine eigenen Lerndefizite durch gezielten Unterricht abbauen zu wollen, andererseits aber in dem Zusammenhang einer jugendlichen Subkultur steht, welche die Distanz zur Schule und zur Kultur der Erwachsenen zur Basis ihres Selbstverständnisses erhebt.

> „Der Schüler der öffentlichen Schule ist fähig, die gespaltene Situation zu leben, da er seine Lernarbeit als etwas ihm Äußerliches und Aufgezwungenes darstellen kann. Er ist in der Lage, gleichzeitig gegen das Sytem zu rebellieren und – dem scheinbaren Zwang gehorchend – für sich das Nützliche herauszuziehen. Der Jugendliche der Freien Schule aber ist in dieser Bewußtseinsspaltung nicht groß geworden, und die Realität in der Freien Schule Frankfurt nimmt ihm die Möglichkeit, sie nachzuexerzieren. Anders als der Regelschüler muß sich der Freie Schüler – um sich selbst glaubwürdig zu bleiben – nicht nur verbal, sondern auch praktisch verweigern." (Rödler 1984, S. 59)

Das skizzierte Lernverhalten Jugendlicher in Freien Alternativschulen stellt die Alternativschulpädagogik insofern auf eine harte Probe, als es wichtige Grundgedanken derselben sabotiert. Das zweckrationale Lerninteresse der Jugendlichen steht im deutlichsten Widerspruch zu dem reformpädagogischen Anspruch, die Subjektivität der Schüler soweit wie möglich in schulische Lernprozesse einfließen zu lassen. Typisch für viele Jugendliche ist eine Haltung, die einen deutlichen Trennungsstrich zwischen der eigenen Subjektivität und den Anforderungen der Schule zieht: „Macht alles, um mich optimal auf die weiterführenden Schulen vorzubereiten, ansonsten laßt mich aber gefälligst in Ruhe!" Jeder gutgemeinte Versuch der Lehrkräfte, die Konflikte und Erfahrungen der Schüler im Unterricht aufzugreifen und zu bearbeiten, wird dadurch schon im Keime erstickt.

Innerhalb der Sekundarstufe I werden besonders die Jahrgänge 7 und 8 von vielen LehrerInnen als besonders schwierig und konfliktträchtig empfunden. Während die Jugendlichen zum Ende ihrer Schulzeit in aller Regel den Eindruck machen, wieder „zur Vernunft gekommen" zu sein und zielgerichtet auf ihren jeweils angestrebten Schulabschluß hinarbeiten, wird die Geduld der Lehrer in den Jahrgängen 7 und 8 oft genug bis aufs Äußerste strapaziert. Wasser– und Essensschlachten beim Mittagessen, ein nicht enden wollender Strom provozierender bis beleidigender Äußerungen der Schüler, ihr Zur–Schau–Stellen der eigenen Uninteressiertheit, die sonderbare Mischung von extremen Ansprüchen und extrem kindlichem Betragen, der verantwortungslose Umgang mit Tischen, Heften, Büchern und sonstigen Materialien der Schule, zähe Diskussionen, penetrante Albernheiten – all dies kann Lehrerinnen und Lehrern ihre Arbeit gründlich verleiden. Manchem Lehrer einer Regelschule mag es schwerfallen zu glauben, daß all diese – ihm wohl vertrauten – Verhaltensweisen auch in Freien Alternativschulen, die Jugendlichen doch ein ganz anderes Lern– und Erfahrungsfeld bieten, zu Tage treten. Freie Alternativschulen haben meines Erachtens zwar nicht mehr unter dem „Phänomen 7/8" zu leiden als andere Schulen auch. Die Stürme und Wirnisse der Pubertät wehen aber auch an den Freien Alternativschulen nicht vorbei – zum Glück nicht, muß man sagen. Ob die spezifischen Konflikte, Probleme, Ängste und Eigenarten dieses Alters nämlich in anderen Lebenswelten grundsätzlich besser be– und verarbeitet werden könnten als in der Schule, bleibt zweifelhaft.

4.3.2 Autonomie und Widerstand – Erkenntnisse zum adoleszenten Loslösungs– und Individuationsprozeß

Die psychoanalytische Konzeption des Jugendalters zentriert sich um das seelische Wachstum der Persönlichkeit. Eine der wesentlichsten Entwicklungsaufgaben der Adoleszenz besteht darin, die kindlichen Identifikationen, Idealisierungen und Objektbeziehungen aufzugeben, neue Identifikationen mit Personen außerhalb der Familie aufzubauen und so mehr und mehr Unabhängigkeit zu entwickeln. Der Jugendliche sucht eine eigene unverwechselbare Identität, indem er sich nach einer Phase des Experimentierens auf einen Beruf, einen sexuellen Partner, eine bestimmte Lebensform identifikatorisch festlegt. (vgl. Bohleber/Leuzinger 1981, S. 123 f.)

In topischen Kategorien formuliert, kann das Jugendalter also als Chance begriffen werden, das Ich neu zu strukturieren und dem Es zu einer intensiveren Verwirklichung seiner Triebansprüche zu verhelfen. Alle Werte und Verhaltensorientierungen erwachsener Bezugspersonen, mit denen das schutzbedürftige Kind sich identifiziert hatte, werden vom Jugendlichen einer sondierenden Prüfung unterzogen, gleichzeitig baut er zaghaft neue Objektbeziehungen und Identifizierungen auf und entwickelt so eine neue Selbststruktur. Winterhager–Schmid beschreibt diesen Prozeß folgendermaßen:

„Das jugendliche Selbst ist ein 'virtuelles Selbst', d.h. es ist ein Selbst, das noch 'in Arbeit' ist. Diese 'Arbeit' an der je eigenen Identität geschieht über vielfältige kleine Identifikationen 'auf Probe', in denen das Selbst seine spezifische Tönung des Erlebens an den Angeboten der Kultur umformen kann. Das wachsende Ich präsentiert sich seiner Umgebung in kleinen Akten der Selbstdarstellung, erfährt darauf Resonanz durch wichtige andere und gewinnt dadurch, daß es erfährt, wie es von anderen gesehen wird, eine deutlichere Kontur seiner selbst." (Winterhager–Schmid 1993, S. 37)

Winterhager–Schmid stellt vor diesem Hintergrund die Forderung auf, Schule müsse sich dem Jugendlichen als ein „Möglichkeitsraum sozialer und kognitiver Selbsterprobungen" darstellen. Je größer die Facette der Selbstaspekte ist, in denen sich der Jugendliche selbst kennenlernen und erproben kann, desto wahrscheinlicher wird er zu einer subjektiv und real tragfähigen Selbstdefinition kommen, die gleichermaßen um die Relativierung der eigenen Stärken und die Integration der eigenen Schwächen bemüht ist.

Freie Alternativschulen bemühen sich durch eine möglichst große Vielfalt der Lernformen und Lernorte, die übliche Erfahrungsarmut und Monotonie schulischen Lernens zu überwinden. Im Sekundarbereich I wird insbesondere ein großes Gewicht auf *außerschulisches Lernen* gelegt, welches beispielsweise die Freie Schule Bochum durch mehrere Praktika in unterschiedlichen Betrieben, eine Klassenfahrt pro Jahr und zahlreiche Exkursionen zu außerschulischen Lernorten umzusetzen versucht. Indem Freie Alternativschulen also Jugendlichen vielfältige Erfahrungsfelder bieten, in denen sich diese jeweils neu erproben können, schaffen sie vergleichsweise günstige Voraussetzungen für die Entwicklung einer subjektiv und real tragfähigen Selbstdefinition.

Daß sich der adoleszente Loslösungs– und Individuationsprozeß aus psychoanalytischer Sicht notwendigerweise konfliktträchtig gestalten muß, hat am deutlichsten Winnicott herausgearbeitet. Heranwachsen bedeutet ja letztlich, an die Stelle der Erwachsenen zu treten. Winnicott geht nun davon aus, daß sich dies beim Jugendlichen in unbewußten Mordphantasien niederschlägt, die meist nur in entstellter bzw. sublimierter Form (Spiel mit Gefahrensituationen, Selbstmordphantasien, Phantasien von Verfolgung) ausgelebt werden (vgl. Winnicott 1979, S. 162 ff.). Das Nicht–Ausleben der aggressiven Impulse führt aber zu einem Gefühl der inneren Leere, und um dieses Gefühl zu überwinden, sucht der Jugendliche die *Konfrontation.* Hinter dem aufbegehrenden Verhalten Jugendlicher vermutet Winnicott also das Bedürfnis, auf Grenzen zu stoßen, sich an diesen Grenzen zu reiben und somit das unerträgliche Gefühl der Unterlegenheit und inneren Leere zu überwinden. Jugendliche brauchen deshalb nach Winnicott erwachsene Bezugspersonen, die der jugendlichen Suche nach Konfrontation nicht ausweichen, sondern beherzt ihren eigenen Standpunkt vertreten und Grenzen setzen können, ohne dabei die Angriffe der Jugendlichen aus ihrer überlegenen Position heraus zu vergelten. Das stolze Gefühl einer selbst errungenen Reife und Autonomie stellt sich beim Jugendlichen also erst dann ein, wenn er sich seine Freiheiten gleichsam „erkämpft" hat. Werden ihm aber die Vorrechte und Freiheiten des Erwachsenenalters wie auf einem goldenen Tablett dargereicht, verfestigt sich das Gefühl der inneren Leere und Hilflosigkeit. „Dem Jugendlichen, dem sich kein Erwachsener entgegenstellt, dem der Sieg über einen Erwachsenen gleichsam geschenkt würde, könnte sein Erwachsen–Werden nicht als Ergebnis einer eigenen Anstrengung bewußt werden." (Kannicht 1985, S. 159)

Während Winnicotts Begriff der „Konfrontation" die entwicklungsbedingte Notwendigkeit insbesondere *aggressiver* Aspekte in Interaktionsprozessen zwischen Jugendlichen und Erwachsenen heraustellt, bietet Peter Blos in seinem Aufsatz „Die Funktion des Agierens im Adoleszenzprozeß" (1964) einen interessanten Erklärungsansatz für die jugendliche Neigung zu hemmungslosem Aktionsdrang und schauspielerischem Benehmen. Blos vertritt die These, daß das *Agieren* für Jugendliche ebenso spezifisch sei wie das Spielen für Kinder und die sprachliche Kommunikation für Erwachsene. Ähnlich wie Winnicott die Suche des Jugendlichen nach Konfrontation auf das Gefühl der Leere und Unsicherheit zurückführt, welches die Ablösung von den kindlichen Identifizierungen und Objektbeziehungen mit sich bringt, sieht Blos die Funktion des Agierens in der Verarbeitung des schmerzlichen Gefühls der Isolierung, des Auf–sich–selbst–zurückgeworfen–Seins. Nach der Loslösung von den Eltern und ihren inneren Repräsentanzen werden neue Identifikationen – die dann wieder ein Gefühl der Sicherheit und Orientierung vermitteln – eben nicht bruchlos neu aufgebaut. Letztlich hat jeder Jugendliche eine Phase der Orientierungslosigkeit durchzustehen, in welcher die alten Identifikationen schon abgestreift sind, eine neue, selbst erarbeitete Orientierung aber noch nicht in Sicht ist. „Die Loslösung von den internalisierten Liebes– und Haßobjekten wird von einem Gefühl des Verlustes und der Isolierung begleitet, wie auch von einer schweren Verarmung des Ich, die für die ungestüme Zuwendung des Adoleszenten zur Außenwelt, also zur sensorischen Stimulierung und zur Aktivität, außerordentlich verantwortlich ist. Der Jugendliche wendet sich so ungestüm der Realität zu, da er sich ständig in Gefahr befindet, sie zu verlieren." (Blos 1964, S. 127) Durch das Agieren verneint der Jugendliche situativ seine Hilflosigkeit, bestärkt sich in dem Gefühl seiner Unabhängigkeit von der aktiven archaischen Mutter und wirkt dem regressiven Drang nach Passivität entgegen (ebd., S. 124). Die oftmals unangebrachten und anmaßenden Handlungen Jugendlicher sind also Abwehrmaßnahmen gegen die Passivität. In der für Jugendliche gleichzeitig typischen Lethargie, dem Antriebsmangel und der Abneigung zu handeln, sieht Blos jedenfalls ein deutliches Indiz für die defensive Qualität dieser Aktionismen.

Die oben beschriebene Umstrukturierung des adoleszenten Ich durch die Ablösung von infantilen Identifizierungen und den Aufbau neuer Identifikationen „auf Probe" mit dem Ziel einer „Individuierung" kann nur gelingen, so eine weitere Einsicht der psychoanalytischen Jugendtheorie, im Wechsel von *Regression* und *Progression*. D.h. der Jugendliche muß sich gleichermaßen auf Erlebnisse der Verschmelzung, des psychodynamischen „Rückschritts" einlassen können, wie auf Erlebnisse der Veränderung und des Fortschreitens. Nur im Rückgriff auf die Sicherheit und Trieblust gewährende Komponente infantiler Objektbeziehungen kann der Adoleszente neue tragfähige Objektbeziehungen aufbauen. Regressiv zu sein, bedeutet für den Jugendlichen, sich durch den Rückzug auf Bekanntes bzw. auf die Wiederholung psychisch zu entlasten, Kraft zu schöpfen, gegebenenfalls auch zu genießen. Erikson hält es vor diesem Hintergrund für notwendig, der Jugend ein „psychosoziales Moratorium" als Freiraum für regressives Erleben zuzubilligen. Blos sieht in der Regression sogar die „größte psychische Leistung der Adoleszenz". (vgl. Hirblinger 1991, S. 92)

Die für den adoleszenten Individuierungsprozeß unverzichtbare Dialektik von Regression und Progression ist in der Regelschule auf eine unheilvolle Art und Weise zerschnitten. Regressives Verhalten Jugendlicher wird vehement als Unterrichtsstörung disqualifiziert oder bestenfalls als vermeintlich unproduktives Innehalten geduldet. „Die Dialektik soll so weit als möglich zum Pol der Progressionsinteressen hin verschoben werden. Regressions– und Progressionsinteressen werden auseinanderdividiert. Die Idee pädagogischen Fortschritts speist sich dann gerade aus der Vorstellung, Schritt für Schritt könne ein Übergewicht der Progressionsinteressen vor denen der Regression etabliert werden." (Ziehe/Stubenrauch 1982, S. 108)

Winterhager–Schmid interpretiert die durch diese Vorstellung geprägten Anforderungen der Schule als eine Verletzung des adoleszenten Größenselbst. (vgl. Winterhager–Schmid 1993, S. 35 ff) Die Schule bedeutet strukturell für das jugendliche Selbst eine Zumutung. Ausgerechnet in der Lebensphase, in der das jugendliche Ich mit großen Hoffnungen und Erwartungen seine eigene Zukunft entwirft, wird ihm durch die Schule unmißverständlich signalisiert, daß es eigentlich noch unfertig und noch nicht recht brauchbar sei, daß es noch viel lernen müsse, um sich im Leben der Erwachsenen behaupten zu können. Dem Selbstwertgefühl der Jugendlichen wird hierdurch eine empfindliche Wunde zugefügt. Die Schule verletzt also das jugendliche Größenselbst, indem sie den Jugendlichen immer wieder mit seiner Unvollkommenheit konfrontiert. Winterhager–Schmid sieht in dieser Problematik eine wesentliche Ursache der gemeinhin als „Disziplin– oder Motivationskonflikte" erörterten Schwierigkeiten mit Jugendlichen in der Schule.

> „Das gerade im Jugendalter neu erwachende starke Bedürfnis, um seiner
> selbst ganz und gar und ohne Einschränkungen geliebt und bewundert sein zu
> wollen – und dies ist der Kern der narzißtischen Größenselbstphantasien –
> kann durch die Anforderungsstruktur in der Schule nicht im ersehnten Maß

befriedigt werden. Solche Jugendlichen, die die Schule als ernsthafte Bedrohung ihres Größenselbst erfahren, neigen dazu, sich für die erlittenen Kränkungen mehr oder weniger subtil zu 'rächen', indem sie ihren Lehrerinnen und Lehrern Gefolgschaft, Bewunderung, freudige Zustimmung verweigern, sich eher ignorant, desinteressiert, abwesend präsentieren, indem sie also den Lehrerinnen und Lehrern die dringend benötigte narzißtische Zufuhr verweigern." (Winterhager–Schmid 1993, S. 36)

Diese kränkende Seite der Schule kann nach Winterhager–Schmid nur dann abgemildert werden, wenn es gelingt, die Ich–fernen Anforderungen der Kultur mit Ich–nahen Ausformungen eines persönlichen Ich–Ideals zu verbinden. In einem ähnlichen Sinne fordert Ziehe, die Schule müsse der Dialektik von Regressions– und Progressionsinteressen gerecht werden, d.h. die Schule soll durchaus an Zukunft und Erwachsenheit appellieren, gleichzeitig muß sie aber auch das Kindlich–Regressive im Verhalten Jugendlicher zulassen und aushalten können. Für Ziehe bedeutet dies aber keineswegs, daß Schule einen Mittelweg zwischen den Progressions– und Regressionsinteressen anstreben sollte. Statt dessen plädiert er für einen „Mut zum Exzeß", d.h. für ein zeitweiliges Ausleben der beiden Extrempole. Die Rückkehrfähigkeit zum jeweils anderen Pol solle dabei allerdings nicht verloren gehen.

„Wenn wir sagen, daß es nicht darum geht, einen Mittelweg zwischen Regressions– und Progressionsinteressen anzustreben, ist vor einer schlechten Mitte gewarnt: den Hingabeängsten mit distanzierenden Mitteln zu begegnen und den Trennungsängsten mit symbiotisierenden. 'Ein bißchen' Hingabe und 'ein bißchen' Trennung sind der schlechte Kompromiß, der sowohl das Risiko der Nähe als auch das Risiko der Distanz vermeiden will, damit aber auch Genuß– und Lustkomponenten, die in beidem enthalten sein können, gar nicht erst erprobbar und erlebbar macht." (Ziehe/Stubenrauch 1984, S. 113)

Bezieht man diesen Gedankengang auf die eingangs skizzierte Problematik, daß das Lernverhalten Jugendlicher in Freien Alternativschulen durch das Interesse an stark zweckgerichtetem Lernen dominiert ist, so wird eines deutlich: Freie Alternativschulen müssen den Mut entwickeln, *auch diesem* Interesse der Jugendlichen zeitweilig exzessiv nachzugeben. (Exzessiv zweckrationales Lernen findet etwa in „Paukkursen" oder „Lern–Kompaktwochen" statt, wie sie in der Glocksee–Schule bereits erprobt wurden.) Die Chance eines dialogischen, konfliktverarbeitenden Unterrichtes, der auch die regressiven Bedürfnisse der Jugendlichen ernst nimmt, ist nur dann gegeben, wenn die zweckrationale Seite der Institution Schule (Vorbereitung auf die Weiterbildung, Aneignung von abschlußrelevantem Wissen) nicht kontinuierlich mit dem Verweis auf den Anspruch der Alternativschulpädagogik (nicht zweckrationales, sondern ganzheitliches, erfahrungsorientiertes und sinnstiftendes Lernen) verleugnet werden muß. Zweckrationales und effektives Lernen schafft Zeit, in anderen Phasen des Schultages sinnvolleren Beschäftigungen nachzugehen.

4.3.3 Allmachtsphantasien und Arbeit – Erkenntnisse zum adoleszenten Narzißmus

Ein zentraler Begriff der psychoanalytischen Jugendtheorie ist der des „Narzißmus". Im vorigen Kapitel ist der adoleszente Loslösungs– und Individuierungsprozeß erörtert worden, der mit der Ablösung von den Eltern und deren inneren Repräsentanzen seinen Anfang nimmt. An die Stelle der abgestreiften infantilen Identifizierungen tritt dann nach Erikson zunächst eine Identifizierung mit dem eigenen Selbst (vgl. Wagner–Winterhager 1990, S. 452). Bohleber und Leuzinger sprechen von der Adoleszenz als einer „narzißtischen Zwischenphase", in der sich der Jugendliche sozusagen selbst zum Objekt seiner Libido nimmt. „Zeichen davon sind die hohe Besetzung der Phantasien, Träume von Ruhm und Größe, Masturbation, hohe Besetzung des Aussehens, Egozentrizität und Überschätzung der eigenen Kräfte." (Bohleber/Leuzinger 1981, S. 127)

Auch Erdheim (1982) verweist auf die entscheidende Bedeutung der Größen– und Allmachtsphantasien im Adoleszenzprozeß. Adoleszente Größen– und Allmachtsphantasien wurzeln nach Erdheim in der frühen Kindheit und werden durch die Verflüssigung der in der Latenzzeit erworbenen Strukturen und die neue Besetzung des Selbst reaktiviert. Diese Phantasien bestehen in dem Gefühl des Jugendlichen, alles zu können, jedes Problem meistern zu können. Aus schulpädagogischer Perspektive ist nun von besonderem Interesse, daß Erdheim das Verhältnis zwischen adoleszenten Allmachtsphantasien und Arbeit als ein Dilemma begreift. „Das Dilemma zwischen Allmachtsphantasien und Arbeit könnte zusammen mit dem Ablösungsprozeß von der Familie als das zentrale Dilemma des Adoleszenten bezeichnet werden. Vom Gelingen des Letzteren wird seine Liebesfähigkeit, und von der Lösung des Ersteren die Kreativität seiner Arbeit abhängen." (Erdheim 1982, S. 312) Die Allmachtsphantasien sind zwar insofern eine Stärke des Jugendlichen, als sie ihn kreativer und begeisterungsfähiger machen als den Erwachsenen, der sich mit der Realität arrangiert und seine Allmachtsphantasien weitgehend verleugnet hat. Gleichzeitig hindern die Allmachtsphantasien den Jugendlichen aber daran, sich auf nur eine Sache zu konzentrieren, denn dies hieße, alle anderen Möglichkeiten aufzugeben und seine Anlagen einzuschränken. Arbeit zeigt die Grenzen der Allmacht auf und bedeutet insofern für den Adoleszenten eine narzißtische Kränkung. Erdheim unterscheidet vier Möglichkeiten, den Widerspruch zwischen Allmachtsphantasien und Arbeit aufzulösen, von denen aber, so Erdheim, nur die vierte die volle Entfaltung menschlicher Kreativität und die „Versöhnung zwischen adoleszentem Narzißmus und Welt" ermöglicht (ebd., S. 310 ff.):

1. Verleugnung der Allmacht, Projektion derselben ins Über–Ich
(Folge: Fetischisierung der Arbeit)

2. Projektion der Allmachtsphantasien in die Freizeit
   (Folge: entfremdete Arbeit)
3. Verleugnung der Arbeit und des Realitätsprinzips
   (Folge: Verwahrlosung, Kriminalität)
4. Abarbeitung der Allmachtsphantasien an der Realität
   (Folge: selbstbestimmte Arbeit)

Die „Abarbeitung der Allmachtsphantasien an der Realität" vollzieht sich nach Erdheim über die Herausbildung eines Ich–Ideals. Dieses ermöglicht eine Integration der Allmachtsphantasien ins Ich und schlägt eine Brücke zwischen Ich und Über–Ich. Bezieht man diesen Gedankengang auf die Schule, so lassen sich aus Erdheims Ausführungen also ganz ähnliche schulpädagogische Konsequenzen ziehen, wie Winterhager–Schmid sie oben formulierte: Schulisches Lernen sollte in der Adoleszenz vor allem darauf gerichtet sein, die Ich–fernen Anforderungen der Kultur mit Ich–nahen Ausformungen des persönlichen Ich–Ideals zu verbinden. Indem es dem Jugendlichen gelingt, sich auf dem Wege konzentrierter Arbeit seinem Ich–Ideal anzunähern, verlieren übersteigerte Allmachtsphantasien zunehmend ihre psychodynamische Notwendigkeit. Die Praxis der Freien Alternativschulen im Sekundarbereich I muß sich also vor allem daran messen lassen, inwieweit sie Jugendlichen solche identitätsrelevanten und entwicklungsfördernden Lernprozesse ermöglicht.

Als typisch für das Lernverhalten Jugendlicher in Freien Alternativschulen habe ich oben auch die Ambivalenz beschrieben, daß sie einerseits mehr Leistungsdruck einfordern und sich andererseits häufig jedem Leistungsdruck massiv verweigern. Diese zunächst paradox anmutende Haltung kann verständlicher werden durch den Rückgriff auf eine psychoanalytisch fundierte Theorie zur gesellschaftlichen Herausbildung veränderter psychischer Strukturen bei heutigen Kindern und Jugendlichen, die Thomas Ziehe 1975 mit der Veröffentlichung seiner Studie „Pubertät und Narzißmus" in den erziehungswissenschaftlichen Diskurs einbrachte. Das in dieser Studie dargelegte Konzept eines neuen, narzißtisch strukturierten Sozialisationstypus ist meiner Ansicht nach bis heute der differenzierteste Ansatz zur Erklärung der immer wieder von Lehrern und anderweitig pädagogisch Tätigen beklagten „Motivationskrise" Jugendlicher und soll deshalb im folgenden ausführlicher skizziert werden.

Der gegenwärtigen Motivationskrise Jugendlicher – nach Ziehe das schwerstwiegende Problem, vor dem pädagogische Institutionen derzeit stehen – liegen bestimmte Veränderungen der psychischen Struktur zugrunde, die wiederum aus einer Veränderung des psychischen Verhältnisses zwischen Eltern und Kind ableitbar ist (vgl. Ziehe 1980, S. 14 ff.). In der klassischen Psychoanalyse wurde der Ödipus–Komplex, d.h. insbesondere die kindliche Unfähigkeit, die Übermacht der Vaterfigur realitätsangemessen zu verarbeiten und die hierdurch bedingte, häufig lebenslange Selbstunterdrückung durch Schuldgefühle gegenüber den strengen Verboten des

Vaters, als der Kernkonflikt psychischer Krankheit betrachtet. Mitscherlich hat mit seinem Begriff der „vaterlosen Gesellschaft" diesbezüglich auf eine grundlegende Veränderung hingewiesen. Nicht mehr die zwanghafte Identifikation mit der Vaterfigur ist heute die zentrale Grundlage psychischer Erkrankung, sondern die zunehmende Unfähigkeit, sich überhaupt noch mit einer Vaterfigur identifizieren zu können. Die ursprünglich machtvolle und autoritäre Vaterrolle hat deutlich an Substanz verloren. Die Bedeutung der Mutter für die psychische Entwicklung des Kindes wurde im Zuge dieses Prozesses allmählich vorrangig.

Diese familialen Strukturveränderungen stehen nun in einem bedeutungsvollen Zusammenhang mit allgemein–gesellschaftlichen Veränderungen, die Ziehe in Anlehnung an Habermas und Negt als spätkapitalistische Modernisierungsprozesse interpretiert. Er spricht von einer „Vergesellschaftung der Gesellschaft", d.h. immer mehr ehemals dem Privaten vorbehaltene Lebensbereiche wie Freizeit, Sexualität oder Phantasie werden den Prinzipien der Industrialisierung unterworfen, weil die Ökonomie zu ihrer Expansion zunehmend der menschlichen Subjektivität bedarf. Mit der gesellschaftlich bedingten Zunahme an Subjektivität steigen auch die Ansprüche an Lebensqualität und die Hoffnungen, was mit der Entfaltung der eigenen Subjektivität alles erreicht werden könnte. Dieses *erhöhte Anspruchsniveau* wird in der Regel aber aufgrund der mangelnden Verwirklichungsbedingungen in der gesellschaftlichen Realität enttäuscht, so daß eine chronische Unzufriedenheit in den Subjekten entsteht. Weitere Belastungsfaktoren der gesellschaftlichen Modernisierung sieht Ziehe in der durch den allgemeinen Wertezerfall und den Legitimationszwang des Staates bedingten *normativen Verunsicherung* und in dem *erhöhten Arbeitsstreß*, der aus erhöhten Qualifikationsanforderungen im Arbeitsmarkt resultiert. Vor allem alleinerziehende Mütter leiden zusätzlich an einer *kommunikativen Verarmung*. Die Familien werden immer kleiner, die neuen Wohnungen vielfach enger, nachbarschaftliche Beziehungen verlieren zunehmend an Bedeutung.

Ziehe geht davon aus, daß Mütter angesichts dieser belastenden Faktoren dazu neigen, das ihnen „ausgelieferte" Kind unbewußt für die eigene emotionale Stabilisierung zu funktionalisieren (vgl. ebd., S. 16 f.). Die Mutter–Kind–Beziehung erhält einen übermäßig engen, symbiotischen Charakter, den das Kind ins Unbewußte aufnimmt und dort aufbewahrt. Dieser narzißtische Urzustand der Mutter–Kind–Symbiose wird repräsentiert durch das Bild der „guten Mutter", welches von dem Bild der realen Mutter abgelöst wird. Auf diese Weise nistet sich eine psychische Disposition im Kinde ein, die alle späteren Beziehungen im Leben durch den latenten Wunsch nach Symbiose, Omnipotenz und Diffusität einzufärben droht. Die Problematik des „Neuen Sozialisationstypus" besteht also weniger in einer strengen Über–Ich–Bildung und neurotischen Autoritätsfixierung, als vielmehr in der Verarbeitung frühest-kindlicher Allmachtsphantasien und

Trennungsängste. Ziehe weist ausdrücklich darauf hin, daß es sich bei dieser als „narzißtische Störung" gekennzeichneten Problematik aber keineswegs um einen alltagssprachlich verstandenen „Narzißmus" im Sinne einer eitlen Selbstgefälligkeit handelt.

> „Vielmehr handelt es sich um ein strukturelles Auseinanderklaffen von eigenen Handlungsmöglichkeiten und ihrer Bewertung durch das Ich–Ideal. Die eigenen Handlungsmöglichkeiten sind gebunden durch ständiges Symbiosestreben gegenüber anderen, das einen Großteil der psychischen Energien beansprucht, und nachfolgende Trennungsangst und Enttäuschungsgefühle. Das heißt: 'Erfolg' vermag sich vor den Maßstäben des unreifen Ich–Ideals kaum, und wenn, dann nur kurzfristig, einzustellen. (...) Den einzigen Ausweg aus dieser 'Schußlinie' des kränkenden eigenen Ich–Ideals bildet vielfach eine Verhaltensweise, die als Vermeidungsverhalten bezeichnet wird. Der Betreffende zieht sich so weit wie möglich aus der Realität heraus, zumindest aus den Bereichen und Situationen, die das Risiko des Versagens beinhalten." (...) „Dieser Rückzug kann ein realer sein (ein buchstäbliches Flüchten oder Wegbleiben aus bestimmten kränkenden Situationen) oder aber darin bestehen, daß der Grad der Affekte, die in 'gefährlichen' Situationen beteiligt werden, extrem niedrig gehalten wird." (ebd., S. 17 f./23)

Als starke affektive Distanz gegenüber den Anforderungen und Angeboten der Schule und als ein allgemeiner Mangel an Motivation äußert sich ein solches narzißtisches Vermeidungsverhalten im Bereich der Schule besonders deutlich. Ziehe stellt allerdings kritisch fest, daß diese Motivationskrise häufig als Bedürfnislosigkeit mißverstanden wird und hält es deshalb für wichtig, die Begriffe „Bedürfnis" und „Motivation" klar voneinander zu unterscheiden (vgl. Ziehe 1977, S. 33 f.) Während Bedürfnisse gewissermaßen „tiefer" liegen, d.h. unmittelbar an das Triebgeschehen gekoppelt sind, haben Motive einen engeren Bezug zur Handlung und zum Sprachsystem. Die Problematik des neuen Sozialisationstypus besteht gerade darin, daß die sein Verhalten und Erleben steuernden narzißtischen Bedürfnisse der Selbstverständigung und Selbstreflexion nur bedingt zugänglich sind, weil sie in einem Lebensalter wurzeln, das noch vorsprachlich ist. Die für viele Jugendliche kennzeichnende Uninteressiertheit für Lerngegenstände jedweder Art, wurzelt also nicht in einer vermeintlichen Bedürfnislosigkeit, sondern in der Unfähigkeit, die eigenen Bedürfnisse in sprach– und handlungsfähige Motive umzusetzen. Lehrer sollten deshalb nach Ziehe verstärkt darum bemüht sein, die Bedürfnisse der Jugendlichen aus ihrem „apathisch" wirkenden Verhalten gleichsam herauszulesen, um sie so bei der schwierigen Aufgabe zu unterstützen, die eigenen Bedürfnisse in Handlungsmotive umzusetzen. Erfahrungsverarbeitung in dem eingeschränkten Sinne eines Grübelns und Forschens im eigenen Selbst geht aufgrund der psychischen Struktur der Jugendlichen ohnehin schon immer vor sich, zudem sind sie aufgrund ihres unbewußten Strebens nach Omnipotenz auch durchaus anspruchsvoll. Von daher steht einer Ausrichtung schulischen Lernens an den Lebensbedürfnissen und Erfahrungen der Schüler nichts im Wege. „Inhalte, Wissen, Begriffe und Interpretationen, mit denen Schüler konfrontiert werden (in der Schule, der Gleichaltrigengruppe, in den Medien), werden zuerst und hauptsächlich danach befragt, was sie „für das eigene Leben" bedeuten könnten. Die „Anwendbarkeit" für sich selbst wird tendenziell zum Hauptmaßstab für die Stabilität eigener inhaltlicher Interessen der Jugendlichen." (Ziehe 1980, S. 26) Die große Herausforderung für den pädagogisch Tätigen besteht aber eben darin, die hermeneutische Fähigkeit zu entwickeln, auch jene Bedürfnisse und Interessen wahrzunehmen, die aufgrund ihrer Verankerung im frühesten Lebensalter strukturell dazu neigen, in einer gewissen Latenz zu verbleiben.

Freie Alternativschulen bieten hierzu einerseits ideale Voraussetzungen, weil das Anknüpfen an narzißtische Bedürfnisse, die ja stets auch mit korrespondierenden Ängsten (z.B. Trennungs– und Versagensängste) verbunden sind, nur möglich ist in einem Klima des Vertrauens und der Geborgenheit, wie es in Freien Alternativschulen weitgehend gegeben ist. Andererseits haben sich weite Teile der Alternativschulszene immer noch nicht von einer pädagogischen Ideologie emanzipiert, die in Anlehnung an antipädagogisches Gedankengut und ein sehr einfach verstandenes Konzept der Selbstregulierung die Erwachsenen auf eine prinzipielle „Außen–Position" verweist (vgl. Ziehe 1977, S. 36). Jeder pädagogische Versuch, latente Bedürfnisse des Kindes aufzugreifen und dabei auch die eigene Subjektivität in die Interaktion einzubringen, wird im Sinne dieser dogmatischen Denkungsart als machtlüsterner Eingriff in das „selbstregulierte Kinderkollektiv" gewertet. Problematisch ist diese Denkungsart vor allem deshalb, weil sie den veränderten psychischen Strukturen heutiger Kinder und Jugendlicher nicht mehr gerecht wird. In einem Diskussionspapier der Glocksee–Schule (Ziehe 1977) weist Ziehe darauf hin, daß viele pädagogische Prämissen, die im Umgang mit ödipal, bzw. autoritär strukturierten Schülern durchaus ihren Sinn haben, dem Neuen Sozialisationstypus kaum noch angemessen sind. Während das pädagogische Bemühen im Umgang mit dem ödipalen Typus – ganz im Sinne der antiautoritären Erziehung – in erster Linie darauf gerichtet sein sollte, Autoritätsängste und Unterlegenheitsgefühle der Kinder abbauen zu helfen, stellt sich die Situation für den narzißtischen Typus ganz anders dar: Er hat weniger Probleme damit, den Erwachsenen als beängstigende Übermacht zu empfinden, sondern Probleme mit der Objektkonstanz, d.h. es fällt ihm schwer, den Erwachsenen als eine kontinuierliche Person wahrzunehmen, einmal ist der Erwachsene nur „gut", ein anderes mal nur „schlecht". Ziehe schlägt deshalb vor, Kindern und Jugendlichen gegenüber eine „Verhaltensweise zu repräsentieren, die nicht so sehr von der dauernden Sorge getragen ist, 'bin ich zu mächtig?', sondern von der Sorge, 'bin ich zu diskontinuierlich?'" (ebd., S. 39) Auch der Leistungsdruck spielt im Erleben des ödipalen und des narzißtischen Typus jeweils eine ganz unterschiedliche Rolle. Während der ödipale Typus am ehesten dadurch remotiviert wird, daß man jeden Leistungsdruck von ihm wegnimmt, besteht das Problem des narzißtischen Typus darin, aufgrund seiner maßlosen inneren Ansprüche (Omnipotenzstreben – Versagensängste) gar nicht erst mit etwas Neuem anfangen zu können. Für ihn ist es deshalb vordringlich, ihm die Anfänge des Lernens zu erleichtern und seine Frustrationstoleranz zu stärken. Eine dritte Dimension der psychischen Struktur des narzißtischen Typus sieht Ziehe in dem latenten Streben nach Diffusität und der damit korrespondierenden Angst vor Konturiertheit. Um dieser Dimension gerecht zu werden, geht es – anders als beim ödipalen Typus – weniger um Entmoralisierung, sondern um Verbindlichkeit, d.h. der Erwachsene sollte sozusagen eine Person mit „Ernstcharakter" sein, der für sich selbst und für andere verbindlich sein kann.

Resümierend hält Ziehe fest, daß die zentrale Problematik beim ödipalen Typus der Überich–Druck ist, von daher ist es in Bezug auf den ödipalen Typus auch völlig adäquat, das Erzieher–Zögling–Verhältnis vor allem unter dem Aspekt des Herrschaftsproblems zu reflektieren. Im Umgang mit dem narzißtischen Typus müsse der Erzieher demgegenüber lernen, „mit der Nicht–Ichgerechtigkeit des Überich – und damit verbunden Nicht–Identifikation des Überich – umzugehen und mit der Regressivität des Ich." (ebd., S. 42)

Das skizzierte Konzept Thomas Ziehes zur Herausbildung eines „neuen Sozialisationstypus" gehörte in den späten 70er und frühen 80er Jahren zu den am breitesten rezipierten Ansätzen jugendtheoretischer Forschung und war auch keineswegs unumstritten. Ziehe wurde vorgeworfen, er pathologisiere die heutige Jugend, indem er sie durchgängig als „früh gestört" stigmatisiere. Bohleber und Leuzinger fassen ihre Kritik wie folgt zusammen: „Zurück zu Ziehes Erklärung „narzißtischer Verhaltensweisen" heutiger Jugendlicher. Es ist u.E. ein überzogener, spekulativer Schluß, als Erklärung eine narzißtische Störung in der Primärsozialisation anzunehmen, womit eine charakterpathologische Qualifizierung von Verhaltensweisen vorgenommen wird, die anders erklärbar sind, nämlich aus der Psychodynamik adoleszenter Entwicklung und deren Verflechtung mit den gesellschaftlich-sozialen Bedingungen, in denen diese stattfindet." (Bohleber/ Leuzinger 1981, S. 132) Recht haben Leuzinger und Bohleber meines Erachtens mit ihrer Einschätzung, Ziehe vernachlässige in seinen Schriften die Entwicklungsbedingtheit des adoleszenten Narzißmus. Jugendliche waren entwicklungsbedingt eben gewissermaßen „schon immer" narzißtisch; wer Ziehes Studie von 1975 ohne sonstige Kenntnisse zur psychoanalytischen Jugendtheorie liest, mag den Eindruck gewinnen, die von Ziehe beschriebene Phänomenologie narzißtischer Verhaltensweisen habe sich erst in Folge spätkapitalistischer Modernisierungsprozesse herausgebildet. Nicht stimmig erscheint mir die Kritik der beiden Autoren aber insofern, als Bohleber und Leuzinger in ihrem Aufsatz keine Scheu zeigen, in ihrer Darstellung der „gesellschaftlich–sozialen Bedingungen" dieselben ebenfalls zu „pathologisieren" und somit gewissermaßen die Frage offen lassen, wie es in einer derart „kranken" Gesellschaft möglich sein kann, daß Jugendliche sich in aller Regel „gesund" entwickeln. Meines Erachtens verkennen sie also die Möglichkeit einer „Pathologie der Normalität" (Fromm). Zudem hat Ziehe in seinen einschlägigen Schriften immer wieder darauf hingewiesen, daß er mit seinen Ausführungen zum „neuen Sozialisationstypus" nicht suggerieren wolle, die Jugendlichen seien heute insgesamt schwerer gestört als früher, sondern daß es ihm vielmehr auf die Beschreibung qualitativer Veränderungen ankomme, die durchaus auch positive Seiten haben. Ein positives Moment in der psychischen Befindlichkeit des „neuen Sozialisationstypus" sieht Ziehe etwa darin, „daß hier die narzißtischen Sehnsüchte offener zutage treten, also (im Vergleich mit kulturhistorisch früheren Charakteren) weniger „zugepfropft" sind durch ödipale Zwangsstrukturen." (Ziehe 1991, S. 174)

In der öffentlichen Diskussion des „neuen Sozialisationstypus" ist oftmals auch vergessen worden, daß dieser als ein theoretisches Modell zur Erklärung veränderter psychischer Strukturen zu verstehen ist, und nicht als empirische Wirklichkeit. Für die Schulpraxis kann hieraus die Konsequenz gezogen werden, daß natürlich kein Schüler den narzißtischen Typus in Reinform verkörpert. Überwiegend dürfte es sich bei der psychischen Struktur heutiger Jugendlicher um eine Überlagerung narzißtischer *und* ödipaler Strukturen handeln. Sicherlich gibt es auch nach wie vor Schüler, deren hauptsächliches Problem, wie beim ödipalen Typus, ein zu starker Überich–Druck ist. Nichtsdestotrotz stellen die veränderten psychischen Strukturen heutiger Kinder und Jugendlicher die Alternativschulpädagogik vor die Aufgabe, ihre pädagogischen Postulate grundlegend zu überdenken. Das Bemühen des typischen Alternativschullehrers, den ihm anvertrauten Schülern jenen Leistungsdruck zu ersparen, unter dem er selbst in seiner Schulzeit so gelitten hat, ist sicherlich „gut gemeint", allzu häufig dürfte es aber an den realen Bedürfnissen und Problemen seiner Schüler vorbeigehen.

4.3.4 Zusammenfassung: fünf Spannungsfelder pädagogischer Praxis in Schulen der Sekundarstufe I

Viele der oben dargelegten Erkenntnisse der psychoanalytischen Jugendtheorie sowie der daraus ableitbaren schulpädagogischen Konsequenzen scheinen einander auf den ersten Blick zu widersprechen. So bietet eine Schule, die das Lernen sehr offen, flexibel und vielfältig organisiert, den Schülern und Schülerinnen im Sinne Winterhager–Schmids zwar vielfältige Möglichkeiten der sozialen und kognitiven Selbsterprobung. Die Ich–Schwäche des Jugendlichen, seine narzißtische Kränkbarkeit, legen aber andererseits eher eine verbindliche, konturierte und rhythmisierte Lernorganisation nahe.

Lernprozesse durchweg zu öffnen, kann also ebensowenig ein Patentrezept zur Lösung schulischer Probleme im Sekundarbereich I sein, wie eine Rhythmisierung und stärkere Konturierung des Lernens. Tatsächlich bewegt sich schulpädagogische Praxis immer in verschiedenen Spannnungsfeldern. *Gelungene* Praxis ist keineswegs immer gleichsam genau in der Mitte des jeweiligen Spannungsbogens zu verorten. Abhängig von gesellschaftlichen, situativen oder innerpsychischen Faktoren mag es durchaus sinnvoll sein, wenn schulische Praxis mal eher zum einen, ein anderes mal eher zum anderen Pol ausschlägt. Daß ich im folgenden von „Spannungsfeldern" pädagogischer Praxis spreche, sollte also nicht als Plädoyer für einen „goldenen Mittelweg" mißverstanden werden. Vielmehr geht es mir darum, den Blick für die Komplexität und die Dialektik pädagogischen Handelns zu schärfen. Unfruchtbare und überzogene Hoffnungen wie die, mit einer konsequent durchgeführten „Öffnung" von Schule ließe sich im Sekundarbereich alles zum Guten wenden, helfen eben nicht weiter und machen lustlos für das, was tatsächlich leistbar ist.

1. Offene, flexible und vielfältige Lernorganisation versus verbindliche, konturierte und rhythmisierte Lernorganisation

Vieles spricht dafür, Lernprozesse in Schulen der Sekundarstufe I möglichst offen, flexibel und vielfältig zu gestalten. Jugendliche können nur dann ihre individuellen Bedürfnisse in schulische Lernprozesse einfließen lassen, wenn Inhalte und Methoden derselben nicht von vornherein starr festgelegt sind. Jugendliche müssen die Chance haben, die ihnen gemäße Lernform zu wählen und immer wieder mit neuen Formen des Lernens zu experimentieren. Nur dann stellt sich die Schule den Jugendlichen als ein Möglichkeitsraum sozialer und kognitiver Selbsterprobungen (Winterhager–Schmid) dar. Zu bedenken ist auch die große Schwankungsbreite in der psychosexuellen Entwicklung Jugendlicher. Wenn etwa in einer Klasse drei Jungen in der Pause ihre neuesten Donald–Duck–Hefte austauschen, während zwei Mädchen sich über ihren Beziehungsfrust mit ihren Freunden unterhalten, wird es in der folgenden Deutschstunde kaum möglich sein, besagte Jungen und Mädchen für die Erarbeitung des gleichen Inhaltes mit der gleichen Methode zu begeistern.

Andererseits kann eine offene und flexible Lernorganisation Jugendliche dazu verführen, einer Auseinandersetzung mit neuen und unbekannten Gegenständen langfristig aus dem Wege zu gehen. Aufgrund ihrer leichten narzißtischen Kränkbarkeit vermeiden sie tendenziell Situationen, die das eigene Selbstwertgefühl bedrohen könnten und tun deshalb lieber das, was sie immer schon konnten. Klare und verläßliche Strukturen dienen dem ich–schwachen Jugendlichen als eine Art „Hilfs–Ich", erleichtern die Anfänge des Lernens und vermitteln ein Gefühl der Sicherheit. Psychoanalytisch betrachtet gibt es also ebenso gute Gründe, die Lernorganisation im

Sekundarbereich I möglichst verbindlich, konturiert und rhythmisiert zu gestalten.

2. Bedürfnis nach ernsthafter und „nützlicher" Arbeit versus Notwendigkeit eines psychosozialen Moratoriums

Jugendzeit ist im Laufe der letzten Jahrzehnte immer mehr zur Schulzeit geworden. Während die meisten 16Jährigen in den 50er Jahren schon in aller Regel gesellschaftlich nützliche Arbeit verrichteten und darüber auch ihr Selbstwertgefühl stabilisieren konnten, drücken sie heute meist noch die Schulbank. Gemessen an der Verantwortung, die Jugendliche aufgrund ihrer errungenen Reife potentiell wahrnehmen *könnten*, werden sie heute also eher unterfordert als überfordert. Der Ausschluß Jugendlicher von gesellschaftlich nützlicher Arbeit bietet den Jugendlichen zwar eine vermehrte Teilhabe an Bildungschancen und eine gesteigerte Möglichkeit individueller Lebensplanung. Andererseits ergibt sich daraus aber eine ständige Bedrohung des Selbstwertgefühls. Jugendliche können über die Bewältigung ernsthafter, verantwortungsvoller und nützlicher Aufgaben ihr Selbstwertgefühl stabilisieren und werden dann nicht mehr so anfällig für entwicklungshemmende Minderwertigkeitsgefühle. In der Schule bieten sich solche Erfahrungsfelder etwa in Werkstätten, Praktika oder in der stadtteilorientierten Projektarbeit. So oft wie möglich sollte Schule dem Jugendlichen also die Gelegenheit geben, sich, in welcher Art auch immer, „nützlich zu machen".

Andererseits brauchen Jugendliche ein psychosoziales Moratorium (Erikson), in dem sie ihre regressiven Bedürfnisse ausleben und Fehler machen können, die keine lebenslangen Konsequenzen haben. Winnicott warnte sogar ausdrücklich davor, Jugendlichen zu früh Verantwortung zu geben. Der adoleszente Individuierungsprozeß setzt eben die Freiheit voraus, spontanen Impulsen folgen zu können und kreative Ideen zu haben, ohne gleich an ihre Verwert- und Realisierbarkeit denken zu müssen. So wichtig und sinnvoll es also auch immer sein mag, Jugendliche im schulischen Kontext nützliche Arbeit verrichten zu lassen, gilt es dabei aber doch zu bedenken, daß sie damit gleichzeitig den Zwängen des Erwachsenseins ausgesetzt werden. Der höchste Realitätsdruck ist selten der günstigste Lernkontext. Schule ist so gesehen ein *wertvoller Schonraum* für Probedenken und Probehandeln, in dem man sich Fehler und Unzulänglichkeiten noch erlauben kann, ohne mit fatalen Konsequenzen rechnen zu müssen.

3. Außerschulisches und individualisiertes Lernen versus Lernen und Leben in der Gleichaltrigengruppe

Damit Jugendliche eine eigene, unverwechselbare Identität entwickeln können, ist es wichtig, daß sie im schulischen Rahmen auch ihren ganz individuellen Interessen nachgehen können, etwa in Form individueller Projektarbeiten mit einem frei gewählten Thema. Daß individualisiertes Lernen gerade im Jugendalter aufgrund der großen Schwankungsbreite der psychosexuellen Entwicklung vonnöten ist, habe ich oben bereits angesprochen. Außerschulisches Lernen ist für Jugendliche ein wichtiges Feld der Selbsterprobung, in dem sie zudem über gesellschaftlich nützliche Arbeit ihr Selbstwertgefühl stabilisieren können.

Die Ansprüche des individualisierten und außerschulischen Lernens stehen nun aber in einem gewissen Widerspruch zu dem, was den Jugendlichen selbst an der Schule am allerwichtigsten ist, nämlich die Möglichkeit, sich mit Gleichaltrigen zu treffen. Die Gleichaltrigengruppe ist für den Jugendlichen eine Art „sozialer Uterus" (Ziehe), sie vermittelt ihm Geborgenheit und Sicherheit. Der regelmäßige Kontakt zu Gleichaltrigen ist deshalb für viele Jugendliche zur Aufrechterhaltung der psychischen Stabilität unabdingbar. Eine Schule, die den Jugendlichen von einem Praktikum ins nächste schicken würde, wäre vor diesem Hintergrund äußerst fragwürdig. Auch sollten beispielsweise Projektarbeiten nicht nur individuell, sondern immer wieder auch in Kleingruppen durchgeführt werden.

4. Vertrauensvolles und freundschaftliches Verhältnis zu den Jugendlichen versus Bereitschaft zur Grenzsetzung und Konfrontation

Auf der Grundlage eines vertrauensvollen und freundschaftlichen Verhältnisses zwischen Lehrer und Schüler stellt sich der Lehrer dem Jugendlichen als ein Erwachsener dar, der sich für partielle Identifkationen anbietet. Als erwachsene Vertrauensperson bietet der Lehrer dem Jugendlichen damit emotionale Geborgenheit und Orientierungsmöglichkeiten, die ihm die Ablösung von den Eltern und deren inneren Repräsentanzen erleichtern.

Andererseits darf ein solches vertrauensvolles Verhältnis nicht in eine falsch verstandene Nähe umschlagen. Jugendliche brauchen konfliktfähige und konfliktbereite Lehrer, die sich der adoleszenten Suche nach Konfrontation zu stellen wagen, die klare Grenzen setzen können und es auch ertragen können, situativ von ihren Schülern „gehaßt" zu werden. Gerade im Sekundarbereich I sollte sich jede Schule um die Etablierung einer *produktiven Streitkultur* bemühen.

5. Entmischung von Arbeit und Freizeit versus Verknüpfung gesellschaftlicher Anforderungen mit identitätsrelevanten Lernprozessen

Die adoleszente Identitätsentwicklung vollzieht sich in einer Dialektik von Regression und Progression, d.h. der Jugendliche muß sich ebenso auf Erfahrungen des Fortschreitens wie des Rückschritts einlassen können. Im Hinblick auf die Schule plädiert Ziehe für einen Mut zum Exzeß, d.h. für das zeitweilige Ausleben *beider* Extrempole. Schule darf und soll also in bestimmten Phasen durchaus sehr fordernd, leistungsorientiert und zweckrational sein. Nur wenn sie den Jugendlichen aber auch Räume und Zeiten für extrem regressives Verhalten einräumt, wird sie der entwicklungsbedingten Bedürfnislage Jugendlicher gerecht. Schule hat sich außerdem mit dem Tatbestand zu arrangieren, daß sie für den Jugendlichen eben nur *eine* spezifische und nicht *die* Lebenswelt darstellt. Dies bedeutet, daß Jugendliche bestimmte Aspekte ihrer Identität (z.B. subkulturelle Verhaltensstandards) in ihrer Freizeit ausbilden, reflektieren und erproben, jedenfalls nicht in ihrem Arbeitsplatz Schule.

Eine Entmischung von Arbeit und Freizeit findet im schulischen Kontext freilich da eine sinnvolle Begrenzung, wo es um die Verknüpfung von identitätsrelevanten Lernprozessen mit gesellschaftlichen Anforderungen geht. Die (psychodynamisch progressive) Auseinandersetzung mit gesellschaftlichen Anforderungen wird Jugendlichen nämlich wesentlich erleichtert, wenn sie auch regressive Lustkomponenten enthält und identitätsrelevante Lernprozesse ermöglicht. Erdheim sprach in diesem Sinne von einer Abarbeitung der adoleszenten Allmachtsphantasien an der Realität, die zu einer „Versöhnung zwischen Narzißmus und Welt" führe.

5. Möglichkeiten und Grenzen einer praktischen Anwendung der Psychoanalyse im schulischen Kontext

Während die Psychoanalyse in dieser Arbeit primär als ein Erkenntnisinstrument angewandt wird, mit dessen Hilfe es möglich ist, die tiefenpsychologische Dimension in der Theorie und Praxis Freier Alternativschulen kritisch zu durchleuchten, sollen in diesem abschließenden Kapitel die Möglichkeiten und Grenzen einer *praktischen* Anwendung der Psychoanalyse in Freien Alternativschulen erörtert werden. Angesichts der Analogie zu den Kommunikationsstrukturen in der klassischen psychoanalytischen Therapie ist es naheliegend, daß sich psychoanalytisches Arbeiten in der Schule primär auf das Beziehungsgefüge zwischen Schülern und Lehrern bezieht. Ähnlich wie der Analysand in der therapeutischen Beziehung neigt der Schüler – oft genug natürlich auch der Lehrer – in der pädagogischen Beziehung zu einer Reinszenierung früherer unbewußter Konflikte. Psychoanalytisches Arbeiten in der Schule bietet die Chance, unbewußte, aber gleichwohl handlungsleitende Motive und Verstrickungen der an der Interaktion Beteiligten zu entschlüsseln und entsprechend zu berücksichtigen. Um diese Chance in möglichst professioneller Form zu nutzen, hat die psychoanalytische Pädagogik in Anlehnung an Lorenzer das Konzept des „*szenischen Verstehens*" entwickelt, welches von vielen Autoren als der Dreh– und Angelpunkt psychoanalytischen Arbeitens in der Schule angesehen wird. (vgl. Trescher 1985, Leber 1986, Wellner 1993, Steitz–Kallenbach 1993, Heinemann u.a. 1992)

„Szenisches Verstehen" bedeutet zunächst, die unbewußte Dimension des Beziehungsgefüges, und d.h. vor allem die dramatisch inszenierten Wiederholungen lebensgeschichtlich verankerter Beziehungskonflikte, zu entschlüsseln. Der Schlüssel zum szenischen Verstehen ist dabei die Selbstreflexion des Pädagogen, d.h. in erster Linie die Auseinandersetzung mit den eigenen Gegenübertragungen, denn diese sind ein wichtiger Indikator für das Beziehungsgefüge und das emotionale Klima in der Klasse. Durch eine Auseinandersetzung mit den eigenen Gefühlen und Wünschen, die der Lehrer gegenüber seiner Klasse oder gegenüber einzelnen Schülern hegt, wird es ihm möglich, die Rolle zu verstehen, die seine Schüler ihm in ihrer unbewußten Reinszenierung alter Beziehungskonflikte zusprechen. „Szenisches Verstehen heißt also," so Leber, „erfassen, wie einen der Klient – hier: das Kind – in seine verschlüsselten Mitteilungen und Gestaltungen einbezieht, wie er einen in eine bestimmte Rolle drängt und dabei Mittel verwendet, die sich zur Darstellung seines ihn belastenden Problems eignen." (Leber 1986, S. 17)

Szenisches Verstehen in der Schule bezieht sich anders als im therapeutischen Setting, welches durch die dyadische Struktur Analysand–Analytiker geprägt ist, nicht nur auf einzelne Paarrelationen, sondern darüber hinaus auf Gruppenphantasien, organisatorische Rahmenbedingungen und institutionelle Machtstrukturen. Jede einzelne Beziehung in der Schule steht in einem größeren und weiteren Beziehungsnetz und ist nur voll zu verstehen, wenn ihre Einbettung in komplexe Zusammenhänge mitgesehen wird. Steitz–Kallenbach (1993, S. 65), Wellendorf (1994, S. 26) u.a. halten es deshalb für unabdingbar, die psychoanalytische Orientierung in der Schule *systemisch* zu erweitern, was nicht zuletzt bedeutet, personale Abwehrstrategien ebenso zu bedenken und zu bearbeiten, wie institutionelle.

Weiterhin ist zu bedenken, daß szenisches Verstehen in der Schule nur dann gelingen kann, wenn es nicht in Konkurrenz zu dem institutionellen Auftrag der Schule gerät. Psychoanalytisches Arbeiten ist nämlich, wie Leber (1987, S. 16) zutreffend bemerkt, unvereinbar mit schulpädagogischen Konzepten, die auf äußere Anpassung und Leistung abzielen. Steitz–Kallenbach sieht eine wesentliche Voraussetzung dafür, daß Lehrer ihre Gegenübertragungsgefühle verstehend nutzen können, darin, daß sie „eine Haltung entwickeln, die Ähnlichkeiten mit dem hat, was Freud als Haltung der 'gleichschwebenden Aufmerksamkeit' bezeichnet. Freud sieht darin eine Entlastung für den Wahrnehmungsprozeß der AnalytikerIn, da nicht ausgewählt und bewertet werden müsse. Auswahl und Bewertung sind aber gerade zwei zentrale Handlungselemente des LehrerInnenberufs, so daß es LehrerInnen nicht leicht fällt, jene nicht–wertende Haltung der 'gleichschwebenden Aufmerksamkeit' zu kultivieren." (Steitz–Kallenbach 1993, S. 64) Szenisches Verstehen kann sich also am besten in einem Freiraum (z.B. in Form psychoanalytischer Supervisionsgruppen) entfalten, der institutionelle Abwehrmechanismen außer Kraft setzt und den Lehrern ermöglicht, ihren pädagogischen Handlungszwang situativ abzustreifen.

Szenisches Verstehen sollte in der Schule also zum einen *systemisch* erweitert werden, zum anderen setzt es voraus, daß Lehrern ermöglicht wird, eine Haltung „gleichschwebender Aufmerksamkeit" im Sinne Freuds zu entwickeln. Sind diese Voraussetzungen gegeben, kann durch szenisches Verstehen die Handlungskompetenz des Lehrers, welche durch Beziehungskonflikte häufig stark beeinträchtigt wird, zurückgewonnen werden. (vgl. Wellner 1993, S. 45)

Da Verstehen auch entlastend für den Pädagogen ist, wirkt es bereits für sich. Darüber hinaus bietet szenisches Verstehen dem Lehrer aber auch die Möglichkeit, aus dem Wiederholungszwang auszubrechen, d.h. in der unbewußten Reinszenierung früherer Beziehungskonflikte nicht mehr mitzuagieren. Dem Schüler wird dadurch die Möglichkeit eröffnet, *neue* Beziehungserfahrungen zu machen, welche ihm helfen, die Begrenztheit seiner bisherigen Problemlösungen ohne allzu große Ängste zu erleben.

Klaus Wellner beschreibt in seinem Aufsatz „Das Dickicht der Beziehungen" (1993) den Fall eines Schülers, der ihn durch provozierende Äußerungen und Verhaltensweisen immer wieder dazu brachte, den Schüler zurechtzuweisen und zu bestrafen. Erst durch eine Auseinandersetzung mit den Gefühlen und Wünschen, die das Verhalten dieses Schülers (Ingo) in ihm hervorriefen, wurde es Wellner möglich, die unbewußte psychodynamische Dimension des Geschehens im Sinne des szenischen Verstehens zu entschlüsseln. Ingo übertrug offensichtlich Gefühle der Entwertung und der enttäuschten Wut, die eigentlich seinem Vater galten, auf seinen Lehrer Wellner. Wellner zog hieraus die Konsequenz, in dieser Inszenierung fortan nicht mehr mitzuspielen, also nicht mehr als der böse und strafende Vater aufzutreten und Ingo jenes Mehr an Zuwendung zuteil werden zu lassen, das er offensichtlich brauchte, um in der Schule arbeiten zu können.

„Mir war klar, daß es Ingo gelungen war, durch sein Verhalten eine besondere Rolle in meiner Wahrnehmung zu spielen. Da aber die übrigen Schüler diese Sonderrolle tolerierten, sah ich keinen Anlaß, Ingo nicht gewähren zu lassen. (...) Obgleich er sich in dieser Phase oft nicht genau an die vorgegebenen Aufgaben hielt, bestätigte ich ihn. Dabei war ich gerührt von Ingos Reaktionen selbst auf sehr beiläufige anerkennende Bemerkungen: Er wiederholte sich das Gesagte, und als er einmal hörte, daß ich seine Arbeit für die gelungenste aller Jungen hielt, verkündete er diesen Triumph laut. (...) Für mich ist überraschend, wie wenig Anstrengung und Aufmerksamkeit es von meiner Seite bedurft hatte, um dieses gute Verhältnis zu Ingo herzustellen und aufrechtzuerhalten. Gelegentliche Bemerkungen zu dem nach wie vor in meiner Nähe sitzenden Jungen genügten völlig." (Wellner 1993, S. 44)

Eine ähnliche Beobachtung aufgreifend, weist Becker in ihrem Beitrag „Von der Störung zur Botschaft" (1997) darauf hin, daß schon „*minimale Einstellungsänderungen*" beim Lehrer eine große Wirkung entfalten können. Indem der Lehrer Unterrichtstörungen durch szenisches Verstehen als psychodynamische Botschaften des jeweils störenden Schülers aufzufassen lernt, gibt er den üblichen, energieraubenden Machtkampf zwischen Schüler und Lehrer auf und gewinnt so seine professionelle Handlungskompetenz zurück:

„Lehrer, die das Angebot meiner Lehrerberatung wahrnehmen, kommen (...) oft mit der Frage zu mir: 'Was kann ich tun, um den Schüler zu verändern?' Darauf kann ich nur antworten: 'Der Schüler wird sich nicht ändern, solange es wir von ihm erwarten. Nur unsere Einstellung zu den Problemen kann sich verändern.' Das klingt zunächst desillusionierend, stellt aber eine ungeheure Entlastung für den Lehrer dar. Wie beim Tauziehen handelt es sich um einen Machtkampf zwischen Lehrer und Schüler, bei dem es um die Ausschaltung der Störung im Unterricht geht. Mit pädagogischen Reaktionen kann es zu Verschiebungen der Machtverhältnisse kommen, aber eigentlich käme es darauf an, das Tau loszulassen, um sich jenseits von energieraubenden Machtkämpfen auf eine Verständigung einzulassen, in der die Störung zur Botschaft und somit zu einem Bestandteil des Dialogs zwischen Lehrer und Schüler werden kann." (Becker 1997, S. 25 f.)

Eine theoretisch sehr differenzierte und zudem anschauliche Beschreibung szenischen Verstehens im schulischen Kontext bietet Evelyn Heinemann in ihrer Arbeit „Psychoanalyse und Pädagogik im Unterricht der Sonderschule" (1992). Bemerkenswert ist diese Arbeit vor allem deshalb, weil Heinemann hier anhand von Fallstudien aufzeigt, wie vielfältig szenisches Verstehen sich in der Handlungspraxis von Lehrerinnen und Lehrern konkretisieren kann und dabei neben der häufig thematisierten Möglichkeit des nicht–genetischen Deutens vier weitere Möglichkeiten unterscheidet:

- Hilfs–Ich–Funktionen
- Konfrontation mit der Realität
- Symbolische Konfliktverarbeitung
- Gelegenheit zur Wiedergutmachung

Da sich Heinemanns einschlägige Beschreibungen durch eine ungewöhnliche Dichte und Anschaulichkeit auszeichnen, seien die fünf von ihr unterschiedenen Möglichkeiten im folgenden durch konkrete Beispiele jeweils kurz erläutert.

Heinemann erzählt im Rahmen ihrer Fallstudie über Jürgen, einen 13jährigen, hyperaggressiven Jungen, den sie als Klassenlehrerin in einer Sonderschule betreute, wie dieser eines Tages auf seine schlechte Note in einer Geschichtsarbeit mit einem Wutanfall reagiert: Jürgen „sah die Note, beschimpfte mich, zerriß das Blatt, rannte zur Tür hinaus und schlug diese, so heftig er konnte, hinter sich zu. Das Klassenzimmer bebte, die Fensterscheiben vibrierten. Er rannte aus der Schule, zerschlug noch die Glasscheibe der Eingangtür der Schule und rannte nach Hause." (Heinemann 1992, S. 45) Während des am darauf folgenden Tage stattfindenden Einzelgespräches äußert Heinemann an Jürgen gewandt die Vermutung, „daß er gestern wohl so wütend über die 4 war, weil es ihn kränkte, und daß er vielleicht Angst habe, weil eine 4 ihm das Gefühl gebe, wertlos zu sein. Ich sagte ihm, daß die Note nur etwas aussage über die Anzahl der Punkte, die jemand in der Geschichtsarbeit hat. Die Note sage nichts darüber aus, ob ich ihn gern habe oder nicht. Er lächelte.

Nach einigen Tagen holte ich aus meinem Schreibtisch die übriggebliebenen Schnipsel der Geschichtsarbeit. Ich hatte die Schnipsel eingesammelt, nachdem Jürgen weggelaufen war. Ich sagte ihm, daß er die Schnipsel wieder zusammenkleben könne, was er ablehnte. So setzte ich mich neben ihn und klebte in seiner Gegenwart die Schnipsel zusammen. Beeindruckt von meiner Mühe, war er bereit, dieses Blatt in seinen Geschichtsordner einzuheften." (ebd., S. 46)

Die wiedergegebene Szene ist geeignet, gleich drei psychoanalytisch fundierte Formen der Intervention zu veranschaulichen: das „nicht–genetische Deuten", die „Konfrontation mit der Realität" und die „Hilfs–Ich–Funktionen". Nicht genetisch ist die obige Deutung Heinemanns insofern, als sie nur die aktuelle Beziehung reflektiert und zum Ziel hat, den Realitätsbezug Jürgens wiederherzustellen. Ohne auf ihr Wissen um Jürgens äußerst konflikthafte Biographie einzugehen, deutet Heinemann die ihm zugemutete Kränkung und macht ihm gleichzeitig klar, daß sie ihn als seine Lehrerin weiterhin gern habe, auch bei einer schlechten Note. Indem sie Jürgens Arbeitsblätter erst einmal selbst wieder zusammenklebt, bietet sie seinem Ich eine Hilfe bei der schwierigen Aufgabe, seine innere, in total böse und total gute Anteile gespaltene Welt zu integrieren. Das wieder zusammengeklebte Arbeitsblatt stellt für Jürgen zwar eine erneute Konfrontation mit der Realität der schlechten Note dar, diese Konfrontation ist aber emotional verkraftbar, weil sie in einer stützenden, fürsorglichen Form erfolgt.

Heinemanns Bemühen, ihren SchülerInnen so oft wie möglich die *„Gelegenheit zur Wiedergutmachung"* zu geben, veranschaulicht sie ebenfalls am Beispiel des Schülers Jürgen:

> „(...) Nach weiteren Wochen geschah folgende Szene: ich wollte morgens das Klassenzimmer aufschließen. Dabei gab es jedesmal Gedrängel, weil jeder Schüler zuerst in der Klasse sein wollte. Jürgen glaubte, ein anderer Schüler drängle sich an ihm vorbei. Wutentbrannt riß er diesem den Ranzen aus der Hand und kickte den Ranzen durch den Gang. In der Klasse öffnete der geschädigte Schüler den Ranzen und tobte, als er sah, daß das Joghurt, das im Ranzen war, über alle Bücher und Hefte gelaufen war. Jürgen sah die Verzweiflung des anderen Schülers und schien doch etwas betroffen. So fragte ich ihn: 'Möchtest du den Schaden nicht wiedergutmachen?' Er zögerte, denn das war seiner Meinung nach eine Niederlage und Schwäche. So sagte ich ihm 'Vielleicht machen wir es zusammen?' Ich nahm die Tasche und ging zum Waschbecken. Jürgen kam und säuberte die Tasche mit mir." (ebd., S. 50 f.)

Obgleich diese Szene bei Heinemann den Wunsch zu strafen auslöste, gab sie diesem Impuls nicht nach und bot Jürgen eine Gelegenheit der Wiedergutmachung. Strafen werden gerade von verhaltensauffälligen Kindern meist als eine beängstigende Wiederholung von Ohnmachtserfahrungen erlebt, und diese Ängste müssen dann durch aggressives Verhalten wieder abgewehrt werden. Die Gelegenheit zur Wiedergutmachung fördert demgegenüber die „Fähigkeit zur Besorgnis" (Winnicott), d.h. dem Bewältigen der eigenen Schuldgefühle und der Übernahme von Verantwortung für die eigenen aggressiven Impulse. Heinemann weist aber darauf hin, daß diese Fähigkeit zur Besorgnis keineswegs gefördert wird, wenn ein Kind dazu gezwungen wird, den angerichteten Schaden wiedergutzumachen. „Gelegenheit zur Wiedergutmachung muß allerdings wirklich Gelegenheit bleiben, da sie sich sonst nicht von Strafe unterscheidet." (ebd., S. 51)

„Symbolische Konfliktverarbeitung" als weitere handlungspraktische Spielart szenischen Verstehens veranschaulicht Heinemann am Beispiel des Schülers Sebastian, dessen Integration in den Klassenverband sich aufgrund seines ebenfalls sehr aggressiven Verhaltens als besonders schwierig gestaltete. Heinemann berichtet im Rahmen dieser Fallstudie, wie der Zeichentrickfilm „Pongo und Perdi" für mehrere Wochen zum leitenden Thema des Unterrichtes wurde. Heinemann hatte für ihre Klasse eine Kinovorstellung mit diesem Film organisiert, da er in besonderer Weise die psychische Verfaßtheit ihrer SchülerInnen anzusprechen schien. „Pongo und Perdi" handelt von einer Dalmatinerfamilie, die sich einer existenziell bedrohenden Verfolgung ausgesetzt sieht. Pongo, der Dalmatinerhund und Perdi, die Dalmatinerhündin überlisten aber ihre Verfolger und tragen so

letztlich dazu bei, daß 99 Dalmatinerkinder gerettet werden und ein glückliches zu Hause finden. Insbesondere Sebastian war von der in diesem Film enthaltenen Thematik offensichtlich stark berührt. „Am nächsten Morgen war Sebastian wie verwandelt. Er betrat das Klassenzimmer und redete ständig von Pongo und Perdi. Ich hatte Bilder zum Film mitgebracht, welche die Schüler in die richtige Reihenfolge legen sollten. Sebastian küßte Pongo auf allen Bildern und sagte, daß er Pongo sei und ich Perdi. (...) Auf seinem Tisch mußte ich ein Bild von Pongo anbringen, ich klebte den Namen „Pongo" in Buchstaben darunter, sowie seinen eigenen Namen. Den Leseunterricht begann ich bei Sebastian mit dem Buchstaben P. Er liebte den Buchstaben P und war überglücklich, ihn bei akustischen oder optischen Differenzierungsübungen zu erkennen. Die anderen Buchstaben aus Pongo und Perdi lernte er ebenfalls schnell. Nun rechnete er, indem ich ihm Aufgaben mit den entsprechenden Bildern stellte wie: fünf Dalmatiner minus zwei Dalmatiner. Im Kunstunterricht zeichnete ich Dalmatinerumrisse, und die Schüler stempelten mit Korken schwarze Punkte hinein. So ging es über Wochen. Ich fühlte mich besessen von der Phantasie.

An einem Tag kaufte ich mir Bermuda–Shorts, und als ich sie am nächsten Tag in der Schule anzog, strahlte Sebastian: „Nun siehst du genau aus wie Perdi." Ich schaute meine Hose an und merkte erst jetzt, daß sie tatsächlich lauter schwarze Punkte hatte." (ebd., S. 64)

Als Sebastian dann begann, nach Dalmatinerhunden Ausschau zu halten und eines Tages stolz berichtete, er habe vom Bus aus einen Dalmatiner gesehen, organisierte Heinemann eine Klassenfahrt zu einem Dalmatinerzüchter und dessen Frau. „(...) Sebastian konnte den ganzen Vormittag die Hunde umarmen. Wir bekamen beim Abschied noch Fotos und Anstecknadeln geschenkt. Jedes Kind steckte sich nun das Dalmatinerclubabzeichen an den Ranzen." (ebd., S. 65) Nach einigen Wochen ließ dann das Interesse der Schüler an der Pongo– und Perdi–Phantasie nach, und auch Sebastian begann, sich für andere Dinge zu interessieren.

Heinemann definiert „symbolische Konfliktverarbeitung" in Anlehnung an Winnicott als „das Ermöglichen eines Übergangs von der Phantasie zur Realität, d.h. zur realistischen Wahrnehmung des Selbst und äußerer Objekte, das Ermöglichen integrierter, nicht gespaltener, innerer Bilder." (ebd., S. 59) Das Aufgreifen der Pongo– und Perdi–Phantasie im Unterricht ermöglichte Sebastian in diesem Sinne einen Übergang zur Realität, zunächst auf dem Wege einer Idealisierung des nur guten Vaters (=Pongo, =Sebastian) und der nur guten Mutter (=Perdi, =Heinemann). Sebastian schuf sich mit diesen Phantasien die idealisierten Gegenbilder zu den abgespaltenen grausamen und bedrohlichen inneren Bildern, die immer wieder in Form von Wutausbrüchen ans Tageslicht gekommen waren. Zwar waren diese Phantasien illusionär, stellten aber, so Heinemann, für Sebastian einen wichtigen Entwicklungsschritt dar. In einem zweiten Schritt ging es dann darum, Sebastian zu einer realistischen Einschätzung seines Selbst und der Umwelt zu verhelfen. Die Konfrontation mit den realen Dalmati-

nerhunden während der Klassenfahrt war für Sebastian dabei von aus-
schlaggebender Bedeutung und half ihm, Heinemann wieder mehr als reale
Lehrerin und nicht als idealisierte Perdi wahrzunehmen.

Wie weitgehend im übrigen sich Heinemann auf die Phantasie und die
damit verküpften unbewußten Wünsche ihrer Klasse (und insbesondere
Sebastians) einließ, zeigt die unbewußte Wahl der schwarz gepunkteten
Bermuda–Shorts. Indem Heinemann – damit nun auch äußerlich sichtbar –
zur total guten Mutter Perdi wurde, konnte Sebastian seine Tren-
nungsangst und seine Sehnsucht nach nur guten, idealisierten Eltern symbolisch inszenieren. Heinemann selbst sieht in ihrer unbewußten Wahl der
Bermuda–Shorts auch eine Bestätigung der Einsicht Lorenzers, daß szenisches Verstehen auf einer partiellen Identifizierung beruht und eine ko-
enästhetische Regression bewirkt, „da Verstehen nicht nur die sprachsym-
bolische Interaktionsform umfaßt, sondern auch die sinnlich–symbolische,
archaischere Form." (ebd., S. 66)

Szenisches Verstehen kann also auf Seiten des Pägagogen durchaus
auch auf einer vorsprachlichen, unbewußten Ebene erfolgen, sollte dann
allerdings soweit wie möglich reflektiert werden.

Heinemanns Ausführungen machen deutlich, auf welch unterschiedlichen Wegen szenisches Verstehen das zu stärken vermag, was Leber
(1986, S. 19) als eines der wichtigsten Elemente pädagogischer Professio-
nalität bezeichnet: *Beziehungskompetenz.* Wenn nun die Behauptung
Steitz–Kallenbachs zutrifft, daß Beziehungskompetenz sich nicht zuletzt
darin äußert, „Schüler in ihrer je eigenen Individualität ernstzunehmen und
Unterrichtsinteraktion vor dem Hintergrund dieser Individualität zu verstehen" (Steitz–Kallenbach 1992, S. 187), kann festgehalten werden, daß
psychoanalytisches Arbeiten gerade in Freien Alternativschulen ideale Voraussetzungen findet. Ernsthafter als die meisten anderen Schulen bemühen
sich Freie Alternativschulen darum, die jeweils unterschiedlichen Erfahrungen, Interessen und Bedürfnisse der einzelnen Kinder zu berücksichtigen
und legen deshalb auch einen großen Wert auf ein günstiges Schüler–Lehrer–Verhältnis und die Überschaubarkeit der Schule in ihrer Gesamtheit. Zudem besteht in Freien Alternativschulen ein soziales Klima,
welches in hohem Maße durch Offenheit und gegenseitiges Vertrauen gekennzeichnet ist. Szenisches Verstehen im Sinne der psychoanalytischen
Pädagogik hat, wie Leber zutreffend bemerkt, im schulischen Kontext nur
dann eine Chance, wenn die institutionellen Rahmenbedingungen der
Schule dem Lehrer ermöglichen, wirklich vertrauensvolle und persönliche
Beziehungen zu seinen Schülern aufzubauen: „Meines Erachtens sollte er
[der Pädagoge] vor allem befähigt werden, Beziehungsprobleme, die in seinem Arbeitsfeld auftauchen, zu klären und im möglichen Rahmen zu lösen.
Das ist eng damit verbunden, wie er Kinder und Jugendliche in ihrem Ent-
wicklungs– und Beziehungsprozeß versteht und einen förderlichen Dialog
mit ihnen führen kann. Dazu braucht er unbürokratische Rahmenbedingungen, Gruppen– und Klassengrößen, bei denen Lernen und Entwicklung

über die Gestaltung von Beziehung auch möglich ist. Vor allem braucht er selbst die Gelegenheit zu eigentlich nie abgeschlossenen Lernprozessen, wie sie in psychoanalytischen Supervisionsgruppen bzw. (nach dem Begründer genannten) Balintgruppen angeboten werden." (Leber 1986, S. 19) Auch was die zweite, von Leber genannte Voraussetzung einer Entwicklung von Beziehungskompetenz betrifft, nämlich die kontinuierliche Selbstreflexion des Pädagogen und seine psychoanalytische Schulung, sind die Bedingungen in Freien Alternativschulen durchaus günstig. Viele Alternativschulkollegien (z.b. die der Freien Schule Bochum und der Glocksee–Schule) können heute bereits auf langjährige Supervisionserfahrungen zurückschauen. Außerdem werden die im Schulalltag gegebenen Chancen, Beziehungskonflikte zu besprechen und zu schlichten, in Freien Alternativschulen vergleichsweise häufig genutzt. Informelle Gespräche unter Lehrern, kollegiale Fallberatung, gegenseitige Hospitationen und ein partnerschaftliches Verhältnis zu Praktikanten können eingeschliffene Wahrnehmungsmuster korrigieren und viele Beziehungskonflikte auch ohne professionelle Hilfe lösen helfen.

Wellner weist allerdings darauf hin, daß eine nicht von Therapeuten, Supervisoren oder psychoanalytisch ausgebildeten Beratungslehrern angeleitete Selbstaufklärung in der Schule, sei es nun im Kollegengespräch oder in einsamer Selbstreflexion, systematisch begrenzt ist: „Wo es sich um im strengen Sinne unbewußte Konflikte handelt, die symptomhaft in Übertragungen oder Projektionen ausagiert werden, muß jeder Versuch der Selbstaufklärung scheitern, weil dieser weit stärkere Ängste auslösen müßte als die ebenfalls ängstigenden Interaktionserfahrungen im Unterricht." (Wellner 1980, S. 18) Zu bedenken ist weiterhin, daß Selbstaufklärung, die unbewußte, weil verdrängte Beziehungskonflikte aufdecken möchte, die gängigen Abwehrstrategien der Lehrer gegen den emotionalen Einbezug in die Konfliktlagen der Schüler brüchig werden läßt. Psychoanalytisches Arbeiten in der Schule macht pädagogisches Alltagshandeln also zunächst keineswegs leichter. (vgl. Trescher 1993, 14; Clos 1987, S. 36 f.)

Auch gilt es zu bedenken, daß jeder Versuch eines Lehrers, mit seinen Schülern über unbefriedigende oder unverstandene Kommunikationsmuster zu kommunizieren, von den Schülern aufgrund der hierarchischen Struktur der Institution Schule nur als eine „paradoxe Handlungsanweisung" im Sinne Watzlawicks (vgl. Ziehe 1984b, S. 255 ff.) aufgefaßt werden kann: der Lehrer „befiehlt" ihnen, sich mit ihm zum Zwecke einer unbefangeneren Kommunikation gleichzustellen. Unabhängig davon, wie die Schüler sich äußern oder verhalten, bleiben sie aber real die Machtlosen und greifen deshalb häufig auf die einzigen Verhaltensformen zurück, die sich ihnen im Rahmen paradoxer Erwartungen noch anbieten: sie verweigern die Kommunikation oder gebärden sich als „ratlos". „Das kann hingehen bis zu spannungsgeladenen Zuständen kollektiver Deprimiertheit, die keine kommunikative Klärung herbeiführen, sondern bei den Schülern lediglich ein

Schuldbewußtsein produzieren, trotz der 'Angebote' des Lehrers 'unfähig' zu sein, diese wahrzunehmen. Das zu bildende Selbstvertrauen in die Fähigkeit zur Selbsttätigkeit wird also gerade zerstört." (Ziehe 1984b, S. 257) Letztlich ist jeder Versuch, Beziehungsprobleme mit den Schülern *gemeinsam* zu klären, dieser strukturellen Gefahr ausgesetzt. Nach Ziehe sollte daher vor allem auch auf die *Form* geachtet werden, in der metakommunikativ reflektiert wird.

In seinem Beitrag „Die Macht der Institution Schule und die Psychoanalyse" (1993) weist Franz Wellendorf auf fünf weitere Gefahren hin, die bei dem Versuch, psychoanalytische Erkenntnisse in der Schule praktisch anzuwenden, zu bedenken sind (Wellendorf 1993, S. 16 ff.):

1. Psychoanalytisches Verstehen als belastendes Über–Ich–Gebot

Schule ist ohnehin eine Institution, die Über–Ich–Konflikte mobilisiert und für ihre Zwecke ausbeutet. Die Sozialisation von Lehrern besteht zu einem großen Teil aus einem Prozeß der Internalisierung von Über–Ich–Forderungen. Die Kehrseite dieser hohen, oftmals sehr differenzierten „pädagogischen Ansprüche" sind aber tiefe Gefühle der Ohnmacht, des Versagens, der Scham und der Schuld. Psychoanalyse steht nun in Gefahr, sich unter der Hand in eine neues und besonders belastendes Gefüge von Über–Ich–Forderungen zu verwandeln: „Du sollst bei deinem pädagogischen Handeln immer das Unbewußte beachten!" Psychoanalytische Einsichten werden so zu normativen Satzungen und lähmen die Handlungskompetenz des Lehrers, anstatt sie zu stärken.

2. Als „wertfreie Analyse" maskierte Herabwürdigung pädagogischer Praxis

Psychoanalytische Kategorien wie „Abwehr", „agieren" oder „narzißtisch" klingen oft in den Ohren nicht analytisch geschulter Menschen wie Verurteilungen. Daß dem so ist, hat sicherlich auch die Psychoanalyse selbst zu verantworten. „Die Herabwürdigung geschieht meist unbeabsichtigt und unbemerkt, aber der andere spürt sie und reagiert darauf – mit Unterwerfung oder mit offenem oder, häufiger noch, stillschweigendem Protest." (ebd., S. 16) Besonders fatal wirkt es sich nun aus, wenn der verurteilende Gebrauch psychoanalytischer Kategorien mit der bei Lehrern häufig verinnerlichten Geringschätzung des eigenen Berufstandes zusammentrifft. „Die Einheitsfront, die so entsteht, erhöht die zerstörerische Gewalt der institutionellen Macht beträchtlich und verstärkt die Abhängigkeit von der Institution." (ebd., S. 17)

3. Polarisierung in die „gute Psychoanalyse" versus die „böse Institution"

Wer psychoanalytisches Wissen im Rahmen der Institution Schule fruchtbar machen möchte, sollte sich nach Wellendorf auch der Gefahr bewußt sein, die in Spaltungs– und Polarisierungsprozessen liegt: „Dann gilt die 'Institution' als einengend, repressiv, Grenzen ziehend, vereinnahmend, d.h. als 'böse', die Psychoanalyse dagegen als aufklärend, befreiend, Entfaltung und Wachstum fördernd, d.h. als 'gut'." (ebd., S. 21) Problematisch ist eine solche Polarisierung gleich in zweifacher Hinsicht: sie macht zum einen blind für die Selbstreflexionspotentiale der Institutionen, zum anderen blendet sie die Verformungsprozesse aus, der die Psychoanalyse selbst seit ihrem Bestehen schon immer ausgesetzt war.

4. Psychoanalyse als Allheilmittel mißverstehen

Eng verknüpft mit der oben angesprochenen Polarisierung sind überzogene Erwartungen, was mit Psychoanalyse im schulischen Kontext alles zu erreichen sei. Psychoanalyse läßt sich eben nicht umstandslos für institutionelle Zwecke funktionalisieren und kann auch nicht beanspruchen, alle schulischen Konflikte adäquat erklären und Ansätze zu ihrer Überwindung bieten zu können. Oftmals verhindert sie sogar, wie Leber erläutert, eine sachliche Lösung der anstehenden Konflikte, indem sie dazu verleitet, über Gebühr den Beziehungsaspekt in den Vordergrund zu drängen. (vgl. Leber 1986, S. 18)

5. Der psychoanalytische Pädagoge als „nützlicher Idiot"

Psychoanalytisches Arbeiten im schulischen Kontext bedeutet zunächst für die Institution eine bedrohliche Infragestellung ihrer Regeln, Normen und routinemäßigen Abläufe. Die Institution neigt deshalb dazu, diesen Fremdkörper, wenn sie ihn schon nicht ganz vertreiben kann, wenigstens ins Abseits zu drängen. Konkret bedeutet dies für einen Lehrer, der sich in seinem Kollegium für psychoanalytisches Denken stark macht, daß ihm schnell Problembereiche der Schule als „sein" Handlungsfeld zugewiesen werden, die die Institution selbst bislang nicht lösen konnte, daß aber andererseits die eigentlich die Probleme verursachenden Faktoren seinem Wirken entzogen werden. Der psychoanalytisch orientierte Pädagoge wird so für die Instititution gleichsam zu einem „nützlichen Idioten". Wenn Psychoanalyse aber ihr kritisches Potential, auch gegen institutionellen Widerstand, nicht aufgeben will, muß sie sich zu einer institutionellen Analyse erweitern: „Wenn wir Psychoanalyse in der Schule als institutionelle Analyse verstehen, können wir hoffen, daß wir die Gefahr rechtzeitig erkennen und vermeiden können, als Psychoanalytiker und psychoanalytisch orientierte Pädagogen in einer „Haltung der Halb–Unterwerfung" (...) gegenüber der Institution zu erstarren." (Wellendorf 1993, S. 23)

Aus den skizzierten Schwierigkeiten und Grenzen psychoanalytischen Arbeitens in der Schule läßt sich der Schluß ziehen, daß die Aufklärung und Lösung von Beziehungskonflikten im Sinne des szenischen Verstehens nur dann eine echte Chance hat, wenn sie professionell betrieben wird, d.h. auf eine psychoanalytische Schulung der Lehrkräfte zurückgreifen kann. Ein Erspüren unbewußter Konfliktlagen der Schüler im psychoanalytischen Sinne geht eben über das gängige Alltagsverständnis und „Einfühlungsvermögen" von Pädagogen weit hinaus.

Ich habe bereits darzulegen versucht, daß Freie Alternativschulen in besonderer Weise dazu geeignet sind, Erkenntnisse der psychoanalytischen Pädagogik aufzugreifen und in der Schulpraxis nutzbar zu machen. Freie Alternativschulen bieten aufgrund ihrer pädagogischen Prägung mehr als viele andere Schulen die Chance eines dialogischen, konfliktverarbeitenden Unterrichts. Von daher wäre es wünschenswert, wenn die – derzeit noch in den Kinderschuhen steckende – Fortbildung von Alternativschullehrern die Vermittlung von psychoanalytischen Kenntnissen und Handlungskompetenzen zukünftig zu einem integralen Bestandteil ihres Konzeptes machen würde. Auf diese Weise könnte eine Stärke, die den Freien Alternativschulen ohnehin innewohnt, nämlich ihre außergewöhnliche Integrationskraft und die soziale Kompetenz im Umgang mit Kindern, professionell aufgegriffen und somit ein Beitrag zu einer deutlicheren Profilbildung der Alternativschulpädagogik geleistet werden.

Literatur

Adorno, T.W.: Tabus über dem Lehrerberuf. In: Ders.: Erziehung zur Mündigkeit. Suhrkamp Verlag. Frankfurt 1993

Ahrbeck, B.: Aggressivität als pädagogisches Problem. In: Büttner, Datler, Trescher (Hg.): Jahrbuch für Psychoanalytische Pädagogik Band 4, Mainz 1992

Ahrbeck, B.: Entwicklungsförderung und vergleichende Leistungsbewertung. In: Blickpunkt Bildung 3/1995

Balint, A.: Versagen und Gewähren in der Erziehung. In: Fürstenau 1974

Balint, M.: Ichstärke, Ichpädagogik und „Lernen". In: Cremerius 1971

Balint, M.: Das Problem der Disziplin. In: Fürstenau 1974

Becker, U.: Trennung und Übergang. Repräsentanzen früher Objektbeziehung, Tübingen 1995

Becker, U.: Von der Störung zur Botschaft. Konflikte im Unterricht mit „minimalen Einstellungsänderungen" beantworten. In: Pädagogik 10/97

Behr, M. (Hg.): Schulen ohne Zwang, München 1984

Bernfeld, S.: Über eine typische Form der männlichen Pubertät. In: Ders.: Sämtliche Werke in 16 Bänden. Band 1: Theorien des Jugendalters. Weinheim und Basel 1992

Bernfeld, S.: Über die einfache männliche Pubertät. In: Ders.: Sämtliche Werke in 16 Bänden. Band 1: Theorien des Jugendalters, Weinheim und Basel 1992

Bernfeld, S.: Antiautoritäre Erziehung und Psychoanalyse, Band 1–3, März Verlag, Frankfurt a.M. 1970

Bettelheim, B.: Der Sozialkundelehrer und die emotionalen Bedürfnisse Jugendlicher. In: Fürstenau 1974, S. 336–348

Bettelheim, B.: (Ohne Titel). In: Weidle, G.E., Gieselbusch, G.H. (Hg.): Summerhill: pro und contra. 15 Ansichten zu A.S. Neills Theorie und Praxis, Reinbek bei Hamburg 1971, S. 85–102

Bietau, A./Breyvogel, W./Helsper, W.: Zur Selbstkrise Jugendlicher in Schule und Subkultur. In: Z. f. Päd. 27. Jg., Nr. 3, 1987

Bittner, G.: Sublimierungstheorie und pädagogische Psychoanalyse. In: Psyche 5/1964

Blos, P.: Die Funktion des Agierens im Adoleszenzprozeß. In: Psyche 1/1964

Bohleber, W./Leuzinger, M.: Narzißmus und Adoleszenz. Kritische Bemerkungen zum „neuen Sozialisationstypus". In: Psychoanalytisches Seminar Zürich (Hg.): Die neuen Narzißmustheorien: Zurück ins Paradies? Frankfurt a.M. 1981

Böhm, W.: Wörterbuch der Pädagogik, Kröner Verlag, Stuttgart 1988

Bopp, J.: Die Angst vor Altern und Sterben. In: Pädagogik/ Beiheft 1993

Borchert, M./Derichs–Kunstmann, K. (Hg.): Schulen, die ganz anders sind, Frankfurt a.M. 1979

Borchert, M./Kania, H.J.: Was, wie und warum lernen Kinder an Alternativ–Schulen? In: Behr 1984

Borchert, M.: Zur Lage der Alternativschulen in der Bundesrepublik Deutschland, unveröffentlichtes Manuskript, Bochum 1987

Borchert, M.: Freie Schule Bochum – eine Alternativschule geht ihren Weg. In: Bundesverband der FAS 1992a

Borchert, M.: Kindheit in modernen Industriegesellschaften und die Arbeit der Freien Alternativschulen. In: Bundesverband der FAS 1992b

Borchert, M./Maas, M. (Hg.): Freie Alternativschulen – die Zukunft der Schule hat schon begonnen, Bad Heilbrunn 1998

Borchert, M.: Was unterscheidet Freie Alternativschulen von anderen reformpädagogischen Schulen? In: Borchert/Maas 1998, S. 35–81

Brück, H.: Das Kind vor dem Lehrer und das Kind im Lehrer. Psychoanalytische Aspekte von Lehrerängsten. In: WPB 1/1980

Brück, H.: Über Wirkungen des Unbewußten im schulischen Handeln. In: Pädagogik/Beiheft 1993

Bundesministerium für Unterricht und Kunst (Hg.): Kinder an Alternativschulen und an Regelschulen – ein Vergleich. Band 4 der Reihe „Bildungsforschung des BUMK", Wien 1993

Bundesverband der Freien Alternativschulen (Hg.): Freie Alternativschulen: Kinder machen Schule, Wolfrathshausen 1992

Burger, A.: (1992) Der Lehrer als Erzieher: Hans Zulliger und Oskar Spiel, Zürich 1992

Büttner, C./Trescher, H.-G. (Hg.): Chancen der Gruppe, Mainz 1987

Büttner, C./Hofmann, C: Aggression und Schule. In: Finger–Trescher, Trescher 1992

Büttner, C.: Schule und Aggression. In: Büttner/Finger–Trescher 1993a

Büttner, C.: Schule und Gewalt. In: Pädagogik/ Beiheft 1993b

Büttner, C./Finger–Trescher, U. (Hg.): Psychoanalyse und schulische Konflikte, Mainz 1993 (2. Aufl.)

Büttner, C.: Gruppenarbeit – eine psychoanalytisch–pädagogische Einführung, Mainz 1995

Buxbaum, E.: Massenpsychologische Probleme in der Schulklasse. In: Meng 1973

Clos, R.: Wer braucht eine Monsterschule? In: Reiser/Trescher 1987

Clos, R.: Offener Unterricht an der Schule für Lernbehinderte – Didaktik oder Therapie? In: Büttner/Finger–Trescher 1993

Combe, A.: Wie tragfähig ist der Rekurs auf Rituale? In: Pädagogik 1/1994

Cremerius, J. (Hg.): Psychoanalyse und Erziehungspraxis, Frankfurt a.M. 1971

Datler, W.: Zur Frage nach dem Bildungsbegriff (in) der Psychoanalytischen Pädagogik. In: Muck/Trescher 1993

Datler, W.: Bilden und Heilen: Auf dem Weg zu einer pädagogischen Theorie psychoanalytischer Praxis, Mainz 1995

Denecke, W.: Traumdeutung im Unterricht. In: WPB 11/1986

Dienelt, K.: Von der Psychoanalyse zur Logotherapie, München 1973

Erdheim, M.: Die gesellschaftliche Produktion von Unbewußtheit, Frankfurt a.M. 1983

Ermer, R.: Die Sehnsucht des Lehrers nach Wohlbefinden. In: Jahrbuch für Psychoanalytische Pädagogik 2, Mainz 1990

Ertle, C.: Gier und Bedürftigkeit, Teilhabe und Wiedergutmachung – Kochunterricht mit auffälligen Kindern. In: Neue Sammlung 1991, S. 616–627

Fatke, R.: Psychoanalytische Beiträge zu einer Schultheorie. In: Die Deutsche Schule 1/1986

Fatke, R./Scarbath, H. (Hg.): Pioniere Psychoanalytischer Pädagogik, Frankfurt a.M. 1995

Fatke, R.: Fritz Redl. In: Fatke/Scarbath 1995

Figdor, H.: Wissenschaftstheoretische Grundlagen der Psychoanalytischen Pädagogik. In: Muck/Trescher 1993

Finger–Trescher, U./Büttner, C.: Ergebnisse der psychoanalytischen Kleingruppenforschung und ihre Übertragbarkeit auf die pädagogische Praxis. In: Büttner/Trescher 1987

Finger–Trescher, U.: Grundlagen der Arbeit mit Gruppen. In: Muck/Trescher 1993

Finger–Trescher, U./Trescher, H.G. (Hg.): Aggression und Wachstum: Theorie, Konzepte und Erfahrungen aus der Arbeit mit Kindern, Jugendlichen und jungen Erwachsenen, Mainz 1992

Finkensiep, P.: Freie Alternativschulen – eine bildungspolitische und bildungstheoretische Begründung. Unveröffentlichte Diplomarbeit der Universität Dortmund, Witten 1990

Freie Schule Bochum: Alternativschulpraxis. Mit Kindern lernen. Ein Bericht der Freien Schule Bochum, Bochum, Marl 1983

Freie Schule Bochum: Pädagogisches Konzept, Bochum 1994

Freie Schule Prinzöfte: Lernen heißt lebendig sein. Konzept für eine Schule in freier Trägerschaft, Prinzhöfte 1997

Freud, A.: Psychoanalyse für Pädagogen, Bern 1971

Freud, S.: Formulierungen über die zwei Prinzipien des psychischen Geschehens. In: Ders: Das Ich und das Es – Metapsychologische Schriften, Fischer Taschenbuch Verlag, Frankfurt a.M. 1993

Freud, S.: Das Interesse an der Psychoanalyse. In: Ders.: Darstellungen der Psychoanalyse, Fischer Taschenbuch Verlag, Frankfurt a.M. 1991

Freud, S.: Zur Psychologie des Gymnasiasten. In: Sigmund Freud Studienausgabe Band IV: Psychologische Schriften, S. Fischer Verlag, Frankfurt a.M. 1970

Freud, S.: Das Unbehagen in der Kultur, Fischer Taschenbuch Verlag, Frankfurt a.M. 1993

Freud, S.: Neue Folge der Vorlesungen zur Einführung in die Psychoanalyse, Fischer Taschenbuch Verlag, Frankfurt a.M. 1991

Fritz, J.: Interaktionspädagogik, München 1975

Fromm, E.: Autorität und Familie. Sozialpsychologischer Teil. In: Fürstenau 1974

Füchtner, H.: Psychoanalytische Pädagogik. In: Psyche 3/1978

Füchtner, H.: Einführung in die psychoanalytische Pädagogik. Frankfurt, New York 1979

Fürstenau, P.: Zur Psychoanalyse der Schule als Institution. In: Ders. 1974

Fürstenau, P. (Hg.): Der psychoanalytische Beitrag zur Erziehungswissenschaft, Darmstadt 1974

Göhlich, M. (Hg.): Offener Unterricht, Communitiy Education, Alternativschulpädagogik, Reggiopädagogik. Die neuen Reformpädagogiken. Geschichte, Konzeption, Praxis, Weinheim 1997

Göppel, Rolf: Bruno Bettelheim. In: Fatke/Scarbath 1995, S. 109–127

Göppel, R.: Die Burlingham–Rosenfeld–Schule in Wien (1927–1932). In: Z. f. Päd. 37. Jg., Nr. 3, 1991

Gruschka, A.: Bürgerliche Kälte und Pädagogik, Wetzlar 1994

de Haan, G.: Was leisten Freie Schulen? In: Bundesverband der FAS (Hg.) 1992

Heinemann, E./Rauchfleisch, U./Grüttner, T.: Gewalttätige Kinder. Psychoanalyse und Pädagogik in Schule, Heim und Therapie, Frankfurt a.M. 1992

Helsper, W. (Hg.): Jugend zwischen Moderne und Postmoderne, Opladen 1991

von Hentig, H.: Wie frei sind Freie Schulen? Gutachten für ein Verwaltungsgericht, Stuttgart 1985

Hirblinger, H.: Die Gegenübertragungsreaktion im Unterricht. In: Jahrbuch für Psychoanalytische Pädagogik 2, Mainz 1990

Hirblinger, H.: Über Symbolbildung in der Adoleszenz. In: Jahrbuch für Psychoanalytische Pädagogik 3, Mainz 1991

Hofmann, C.: Psychoanalytische Aspekte der Lernstörungen und Lernverweigerung. In: Büttner/Finger–Trescher 1992

Hopf, H.H.: Der Lehrer als Objekt für Übertragungen. In: WPB 11/1976

Ilien, A.: Erfahrungsprozesse an der Glocksee–Schule Hannover. In: LehrerInnen der Glocksee–Schule (Hg.): Texte zur Glocksee–Pädagogik 2, Hannover 1990

Ilien, A.: Liebe und Erziehung. Zur Begründung der Erziehungsidee. Band 1 der Schriftenreihe der wiss. Begleitung der Glocksee–Schule, Hannover 1986

Jürgensmeier, H. G.: Alternative Bildung. Zur Begründung der Bildungstheorie der Glocksee–Schule. Band 3 der Schriftenreihe der wiss. Begleitung der Glocksee–Schule, Hannover 1985

Jürgensmeier, H. G.: Liebe und Erziehung. Das Subjekt in der Erziehung. Band 2 der Schriftenreihe der wiss. Begleitung der Glocksee–Schule, Hannover 1986a

Jürgensmeier, H. G. (Hg.): Alternative Bildung? Rückfragen an die alternative Pädagogik. Band 4 der Schriftenreihe der wiss. Begleitung der Glocksee–Schule, Hannover 1986b

Kamp, M.: Kinderrepubliken. Geschichte, Praxis und Theorie radikaler Selbstregierung in Kinder– und Jugendheimen. Opladen 1995

Kamp, M.: (1997) Die Pädagogik A.S. Neills. Studienbrief der Fernuniversität Hagen, Fachbereich Erziehungs– und Geisteswissenschaften. Kurseinheit 3077–1–01–S1, Hagen 1997

Kannicht, A.: Selbstwerden des Jugendlichen. Der psychoanalytische Beitrag zu einer pädagogischen Anthropologie des Jugendalters, Würzburg 1985

Keese–Philipps, H.: Alternativschulen am Ende? Frankfurt a.M. 1989

Klafki, W.: Von besonderem pädagogischen Interesse – Begutachtung eines Schulkonzeptes. In: Bundesverband der FAS 1992

Klein, E.: Schulprobleme in psychoanalytischer Sicht. In: Fürstenau 1974

Köhler, U./Krammling–Jöhrens, D.: Schulportrait der Glocksee–Schule. In: Köhler 1997

Köhler, U.: AbsolventInnenstudie zur Glocksee–Schule, bislang unveröffentlichte Dissertation an der Universität–GHS–Kassel, 1997

Körner, J.: Über das Verhältnis von Psychoanalyse und Pädagogik. In: Psyche 9/1980

Kraus, J.: Ästhetik des Lernens. Wissenschaftliche Hausarbeit an der Pädagogischen Hochschule Heidelberg, Appenweier 1992

Laplanche, J./Pontalis, J.–B.: Das Vokabular der Psychoanalyse, Frankfurt 1992

Leber, A.: Psychoanalyse im pädagogischen Alltag. In: WPB, 38. Jg., 11/1986

Lindemann, D.: Was ist an Alternativschulen so alternativ? Eine kleine Liste ihrer Grundideen. In: Behr 1984

Maas, M.: Die Freie Schule Bochum im Urteil ihrer Absolventen, unveröffentlichte Hausarbeit an der Universität Essen, Essen 1994

Maas, M.: Zur Geschichte der Alternativschulbewegung in der BRD, unveröffentlichtes Manuskript, Essen 1995

Maas, M.: Eine pädagogische Bewegung entwickelt ihr eigenes Profil. Zum zehnjährigen Bestehen des Bundesverbandes der Freien Alternativschulen. In: Pädagogik 9/1998a

Maas, M.: Geschichte, Mythen und Erfolge der Alternativschulbewegung – Versuch einer selbstkritischen Zwischenbilanz. In: Borchert/Maas 1998b

Maas, M.: „Es ist einfach lockerer hier ..." – eine Interviewstudie mit drei AbsolventInnen der Freien Schule Bochum. In: Borchert, Maas 1998c

Manzke, E. (Hg.): Glocksee–Schule. Berichte, Analysen, Materialien, Transit Buchverlag, Fulda 1981

Mattner, D.: Institution und Destruktion. In: Finger–Trescher/Trescher 1992

Meder, O.: Prüfung als Ritual. In: Pädagogik / Beiheft 1993

Mehler, F. (Hg.): Texte zur Glocksee–Pädagogik – 3, Hannover 1994

Mehler, F.: (1998) Drei Kolumnen zur Glocksee–Pädagogik. In: Borchert/ Maas 1998

Meng, H. (Hg.): Psychoanalytische Pädagogik des Schulkindes, München 1973a

Meng, H.: Strafen und Erziehen (1973b). In: Ders. 1973a

Messner, R.: Reform– und Regelschulen im Vergleich. In: Bielefeld–Kasseler Graduiertenkolleg „Schulentwicklung an Reformschulen im Hinblick auf das allgemeine Schulwesen": Grundprobleme einzelschulischer Entwicklungsforschung. Texte der 6. Studientagung, Bielefeld/Kassel 1997

Messner, R.: Pädagogische Schulentwicklung zwischen neuer Lernkultur und wachsendem Modernisierungsdruck, Universität Kassel, unveröffentlichtes Manuskript (1998)

Moeller, M. L.: Zur Psychoanalyse der Prüfungsangst (I). In: betrifft: erziehung Nr. 10, Dezember 1968

Muck, M.: Psychoanalyse und Schule, Stuttgart 1980

Muck, M.: Ist die Schule eine Krankheit? In: Pädagogik/ Beiheft 1993

Muck, M./Trescher, H.–G. (Hg.): Grundlagen der Psychoanalytischen Pädagogik, Mainz 1993

Müller, H.U.: Das Berufsmilieu des Volksschullehrers. In: Fürstenau 1974

Müller, B.: Gesellschaftliche und soziale Bedingungen: Die Bedeutung des sozialen Ortes" für die Psychoanalytische Pädagogik. In: Muck/Trescher (Hg.) 1993

Münte, S. u.a.: Übergangsprobleme von SchülerInnen der Freien Kinderschule Harburg beim Wechsel auf weiterführende Schulen. Ergebnisse einer empirischen Untersuchung, Universität Hamburg 1996

Negt, O.: Schule als Erfahrungsprozeß. In: Manzke 1981

Negt, O.: Selbstregulierung als Realitätsprinzip pädagogischer Arbeit. In: Jürgensmeier 1986b

Neidhardt, W.: Wenn das Erleben zum Thema wird... Ein Beitrag zur Beziehung zwischen Psychoanalyse und Didaktik. In: WPB 11/1986

Nietzsche, F.: „Kritische Studienausgabe" der Werke Nietzsches in 15 Bänden, dtv/de Gruyter, München, Berlin, New York 1988

Nietzsche, F.: Vom Nutzen und Nachteil der Historie für das Leben. In: ders. 1988, Band 1

Nietzsche, F.: Morgenröte. In: ders. 1988, Band 3

Nietzsche, F.: Nachgelassene Fragmente 1887–1889. In: Ders.: Band 13

Nietzsche, F.: Götzendämmerung. In: Ders. 1988, Band 6

Oelschläger, H.–J.: Lernen in Alternativschulen. In: Haller, H.–D./ Meyer, H.: Ziele und Inhalte der Erziehung und des Unterrichtes. Band 3 der Enzyklopädie Erziehungswissenschaften, Stuttgart 1986

Paukens, H.: Historische Vorläufer und Ursprünge der Alternativschulen. In: Borchert/Derichs–Kunstmann 1979

Pfannenberg, M.: Lern– und Entwicklungsberichte an der Freien Schule Wiesbaden. Werkvertrag 19/86 mit dem Hessischen Institut für Bildungsplanung und Schulentwicklung, unveröffentlichtes Manuskript, Frankfurt 1986

Ramseger, J.: Gegenschulen, Bad Heilbrunn 1975

Redl, F.: Wir Lehrer und die Prüfungsangst. In: Meng 1973

Reich, W.: Die Entdeckung des Orgons I. Die Funktion des Orgasmus. Frankfurt a.M. 1983

Reich–Büttner, U.: Du bist schuld. Einblicke in schulische Gruppenprozesse. In: Büttner/Trescher (Hg.) 1987

Reiser, H./Trescher, H.–G. (Hg.): Wer braucht Erziehung? Impulse der psychoanalytischen Pädagogik, Mainz 1987

Rödler, K.: Wider die ptolemäische Kehrtwende. Streitschrift für eine lebendige Freie Schule, Frankfurt a.M. 1984

Rutschky, K.: Schwarze Pädagogik. Quellen zur Naturgeschichte der bürgerlichen Pädagogik, Frankfurt/Berlin 1988

Schäfer, G. E.: Von anderen Seiten des Lernens. In: Neue Sammlung 31. Jg., Heft 2, 1991

Schäfer, G. E.: Donald W. Winnicott. In: Fatke/Skarbath 1995

Schmideberg, M.: Die durch die Strafe ausgelösten psychischen Vorgänge. In: Cremerius 1971

Scholz, N.: Das deutsche Privatschulrecht im internationalen Kontext, unveröffentlichtes Manuskript, Würzburg 1990

Scholz, N.: Zur Erziehungstheorie Freier Alternativschulen. Viele Quellen speisen den Fluß – Eine Synthese von Psychoanalyse, Interaktionismus, Materialismus, Antipädagogik und Gestaltpädagogik. In: BFAS 1992

Seydel, O.: Die Postmütze oder: Rituale sind klüger als Menschen. In: Pädagogik 1/1994

Sieglin, A./Goll, W.: Schule der Zukunft – Freie Schule Kreuzberg, Berlin 1990

Singer, K.: Verhindert die Schule das Lernen? Psychoanalytische Erkenntnisse als Hilfe für Erziehung und Unterricht, München 1973

Steffensky, F.: Rituale als Lebensinszenierungen. In: Pägagogik 1/1994

Steinhardt, K./Spindler, M.: Schulisches aus psychoanalytisch–pädagogischer Perspektive. In: Jahrbuch für Psychoanalytische Pädagogik 4, Mainz 1992

Steitz–Kallenbach, J.: Von der Mächtigkeit des Unbewußten im Schulalltag. In: Pädagogik / Beiheft 1993

Stubenrauch, H.: Zur historisch–gesellschaftlichen Verortung der Freien Schulen. Werkvertrag 8/86 mit dem Hessischen Institut für Bildungsplanung und Schulentwicklung, unveröffentlichtes Manuskript, Frankfurt a.M. 1986

Tietz, F.: Jungengewalt. Unveröffentlichtes Diskussionspapier einer Arbeitsgruppe im Rahmen des Bundestreffens der Freien Alternativschulen 1996 in Hannover

Trescher, H.–G.: Theorie und Praxis der Psychoanalytischen Pädagogik, Frankfurt, New York 1985

Trescher, H.G.: Vom Nutzen der Psychoanalyse für die Erziehung. In: Pädagogik / Beiheft 1993

Trescher, H.–G./Finger–Trescher, U.: Setting und Holding–Function. Über den Zusammenhang von äußerer Struktur und innerer Strukturbildung. In: dies. (Hg.): Aggression und Wachstum, Mainz 1992

Vinnai, H.: Psychoanalyse der Schule. In: Bruder, K.–J. u.a.: Kritik der pädagogischen Psychologie, Reinbeck bei Hamburg 1976

Wagner–Winterhager, L.: Die Angst des Lehrers vor der Erziehung. In: Die Deutsche Schule 4/1982

Wagner–Winterhager, L.: Pädagogik der Ich–Unterstützung. In: Die Deutsche Schule 1/1987

Wagner–Winterhager, L.: Jugendliche Ablösungsprozesse im Wandel des Generationsverhältnisses: Auswirkungen auf die Schule. In: Die Deutsche Schule 4/1990

Wehnes, F.–J.: Zur historischen Dimension der Alternativen Schulen. In: Behr, M./Jeske, W. (Hg.): Schul–Alternativen: Modelle anderer Schulwirklichkeit, Düsseldorf 1982

Wellendorf, F.: Schulische Sozialisation und Identität. Weinheim und Basel 1979

Wellendorf, F: Die Macht der Institution Schule und die Psychoanalyse. In: Büttner/Finger–Trescher 1993

Wellendorf, F.: Psychoanalyse an der Glocksee–Schule. In: Mehler 1994

Wellner, K.: Der Klassenlehrer im Beziehungsgeflecht zu Schülern: Psychoanalytische Aspekte. In: WPB 1/1980

Wellner, K.: Das Dickicht der Beziehungen. In: Pädagogik / Beiheft 1993

Wiederkehr–Benz, K.: Kohut im Überblick. In: Psyche: 1/1982

Winkel, R.: Gespräche mit Pädagogen, Weinheim und Basel 1989

Winnicott, D. W.: Vom Spiel zur Kreativität, Stuttgart 1979

Winterhager–Schmid, L.: Jugendzeit in der Schule. In: Pädagogik / Beiheft 1993

Winterhager–Schmid, L.: Idealisierung und Identifikation. In: Mehler 1994

Wirth, H. J.: Von der Wiederentdeckung einer alten Liebe. Linke, Psychoanalyse und Psychoboom. In: päd extra 7/8 1981

Ziehe, T.: Ein neuer Sozialisationstypus. Zur gesellschaftlichen Herausbildung veränderter psychischer Strukturen bei heutigen Kindern und Jugendlichen, unveröffentlichtes Manuskript der Glocksee–Schule, Hannover 1977

Ziehe, T.: Vom Umgang mit Theorie im Schulversuch Glocksee. In: Goldschmidt, D./Roeder, P.M. (Hg.): Alternative Schulen? Stuttgart 1979

Ziehe, T.: Zeitvergleiche. Jugend in kulturellen Modernisierungen, Weinheim, München 1991

Ziehe, T., Stubenrauch, H.: Plädoyer für ungewöhnliches Lernen. Reinbek bei Hamburg 1982

Ziehe, T.: Zur gegenwärtigen Motivationskrise Jugendlicher. In: Gewerkschaftliche Monatshefte 1980, Heft 6

Ziehe, T.: Gegen die Gemütlichkeit der Szene. In: Behr 1984a

Ziehe, T.: Pubertät und Narzißmus, Frankfurt, Köln 1984b
Ziehe, T.: Adieu 70er Jahre! Jugendliche und Schule in der zweiten Modernisierung. In: Pädagogik 7/8/ 1996
Zulliger, H.: Psychoanalyse und Pädagogik. In: Cremerius 1971

Torsten Linke

Sexualität und Familie

Möglichkeiten sexueller Bildung
im Rahmen erzieherischer Hilfen

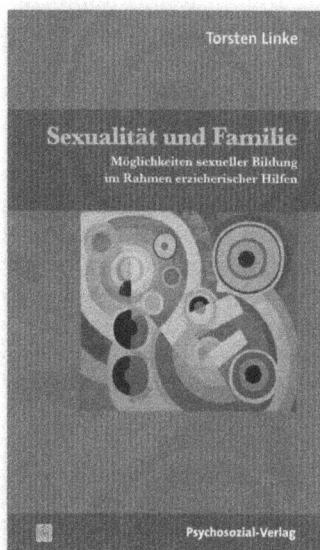

Obwohl sexuelle Themen ein wichtiger Bestandteil der sozial-pädagogischen Familienberatung und der Kinder- und Jugendhilfe sind, gibt es nur wenige Veröffentlichungen zum Thema.

Auch in der konkreten Praxis der Sozialen Arbeit sind theoretische Konzepte für sexuelle Bildung und Beratung ungenügend verankert. Dieser Lücke wendet sich der vorliegende Band zu: Ausgehend von der Studie »Partner 4« zu Jugendsexualität liefert er nicht nur allgemeine Anregungen für die Beratungspraxis, sondern unterbreitet auch Vorschläge für Konzepte, die den diversen und komplexen Lebenslagen der Kinder und Jugendlichen Rechnung tragen. Der Fokus liegt dabei auf der Sozialisationsinstanz Familie.

2015 · 109 Seiten · Broschur
ISBN 978-3-8379-2468-8

Willehad Lanwer (Hg.)

Bildung für alle

Beiträge zu einem gesellschaftlichen Schlüsselproblem

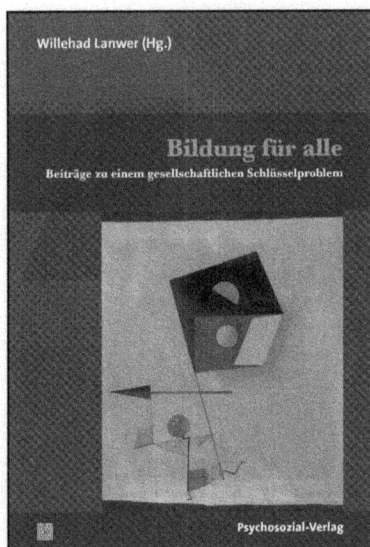

sind. Die Forderung »Bildung für alle« ist bis heute nicht eingelöst.

Entsprechend wird in den Beiträgen des vorliegenden Buches nicht nur der Frage nachgegangen, was gegenwärtig mit »Bildung für alle« gemeint ist, sondern es wird auch aus unterschiedlichen Perspektiven die Relevanz dieser Themenstellung angesichts gesellschaftlicher Herausforderungen analysiert. Berücksichtigung finden unter anderem die Aspekte Integration und Inklusion sowie der Zusammenhang zwischen Sprache und Bildung.

Mit Beiträgen von Vera Affeln, Ernst Berger, Eun Cheong, Markus Dederich, Angela Ehlers, Georg Feuser, Heinrich Greving, Wolfgang Jantzen, Manfred Jödecke, Willehad Lanwer, Christian Mürner, Ursula Stinkes, Norbert Störmer und André Frank Zimpel

2014 · 305 Seiten · Broschur
ISBN 978-3-8379-2376 6

Die freie Entfaltung eines jeden ist nach Marx die Bedingung der freien Entfaltung aller. Voraussetzung dafür ist »Bildung für alle« im doppelten Sinne als Lehren und Lernen. Bildung kann demzufolge als das Soziale in uns gefasst werden, durch das wir zu dem werden, was wir

Walltorstr. 10 · 35390 Gießen · Tel. 0641-9699 78-18 · Fax 0641-9699 78-19
bestellung@psychosozial-verlag.de · www.psychosozial-verlag.de

Siegfried Bernfeld

Sozialpädagogik

Werke, Band 4

Die empirische Grundlage von Bernfelds sozialpädagogischen Schriften bilden seine Erfahrungen im Kinderheim Baumgarten, die er im »Bericht über einen ernsthaften Versuch mit neuer Erziehung« zusammenfasst. Dieser Praxisbericht enthält eine implizite Theorie der Sozialpädagogik, deren einzelne Bausteine er in den hier abgedruckten Aufsätzen systematisch entfaltet. Die Frage, wie soziale Ordnung in pädagogischen Einrichtungen hergestellt und demokratisiert werden kann, thematisiert Bernfeld unter dem Begriff »Schulgemeinde«. Ebenso zentral ist sein Konzept des »sozialen Orts«, das Verhalten und psychische Entwicklung als Produkt einer sozialstrukturellen Lage interpretiert. Damit erhalten Verhaltensauffälligkeiten und seelische Konflikte eine gesellschaftliche Basis, auf deren Aufklärung und Veränderung sozialpädagogisches Handeln hinzielen soll.

2012 · 541 Seiten · Broschur
ISBN 978-3-8379-2075-8

Der vierte Band der Bernfeld-Werke enthält Arbeiten Bernfelds zur Heim- und Fürsorgeerziehung.

Walltorstr. 10 · 35390 Gießen · Tel. 0641-969978-18 · Fax 0641-969978-19
bestellung@psychosozial-verlag.de · www.psychosozial-verlag.de

Psychosozial-Verlag

Karin Flaake

Neue Mütter – neue Väter

Eine empirische Studie zu veränderten Geschlechterbeziehungen in Familien

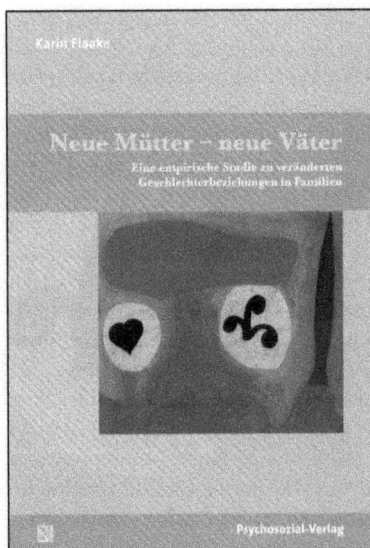

November 2014 · 312 Seiten · Broschur
ISBN 978-3-8379-2335-3

Hausmänner und Rabenmütter? Veränderungen der Geschlechterverhältnisse stellen junge Familien vor neue Herausforderungen.

Trotz Aufklärung und Emanzipation stellt sich in vielen Familien mit der Geburt des ersten Kindes ein »Traditionalisierungsschub« ein – die Frau bleibt zu Hause, der Mann verdient das Geld. Gemeinsam für Kinder, Hausarbeit und Einkünfte zuständig zu sein, ist eine Herausforderung für Eltern. Dennoch profitieren oft sowohl die Eltern als auch die Kinder davon. Wie verändern sich Geschlechterbilder dadurch? Wie sehen typische Konflikte in der Paarbeziehung und in der Familie aus? Die gleichberechtigte Arbeitsteilung der Eltern kann zur Bereicherung der Rollenverständnisse der Kinder führen: Der Entwurf von Männlichkeit wird um Aspekte wie Fürsorge und familiale Verantwortung erweitert, Mütterlichkeit und kontinuierliche Berufstätigkeit stellen keinen Widerspruch mehr dar.

Die Autorin legt eine differenzierte psychoanalytisch orientierte empirische Studie vor, in der sowohl Eltern als auch Kinder zu Wort kommen. Innere, oft unbewusste Bindungen an traditionelle Geschlechterbeziehungen werden ebenso deutlich wie die Bedingungen, Möglichkeiten und Grenzen ihrer Neugestaltungen.

Walltorstr. 10 · 35390 Gießen · Tel. 0641-969978-18 · Fax 0641-969978-19
bestellung@psychosozial-verlag.de · www.psychosozial-verlag.de